THE ROAD OF
DEEP INTEGRATION OF
INFORMATIONIZATION AND
INDUSTRIALIZATION:
THE EVALUATION THEORY AND
PRACTICE OF DEEP INTEGRATION OF
INFORMATIONIZATION AND
INDUSTRIALIZATION

两化深度融合探索之路

两化深度融合评估理论与实践

何海燕 单捷飞 赵奕艺 等 著

北京理工大学出版社
BEIJING INSTITUTE OF TECHNOLOGY PRESS

版权专有 侵权必究

图书在版编目（CIP）数据

两化深度融合探索之路：两化深度融合评估理论与实践/何海燕等著.—北京：北京理工大学出版社，2017.12
2017年全国高校出版社主题出版项目
ISBN 978-7-5682-5140-2

Ⅰ.①两… Ⅱ.①何… Ⅲ.①工业化-产业融合-信息化-研究-中国 Ⅳ.①F424

中国版本图书馆CIP数据核字（2017）第326008号

出版发行 /	北京理工大学出版社有限责任公司
社　　址 /	北京市海淀区中关村南大街5号
邮　　编 /	100081
电　　话 /	（010）68914775（总编室）
	（010）82562903（教材售后服务热线）
	（010）68948351（其他图书服务热线）
网　　址 /	http://www.bitpress.com.cn
经　　销 /	全国各地新华书店
印　　刷 /	保定市中画美凯印刷有限公司
开　　本 /	710毫米×1000毫米　1/16
印　　张 /	16
字　　数 /	238千字
版　　次 /	2017年12月第1版　2017年12月第1次印刷
定　　价 /	92.00元

责任编辑 / 申玉琴
文案编辑 / 申玉琴
责任校对 / 周瑞红
责任印制 / 王美丽

图书出现印装质量问题，请拨打售后服务热线，本社负责调换

大力推进信息化与工业化融合发展，是党中央、国务院作出的一项长期性、战略性部署。2015年，国务院印发《中国制造2025》部署全面推进实施制造强国战略，明确提出推进信息化与工业化深度融合。两化融合是我国经济、社会发展阶段的需求，更是行业、企业转型升级、转变发展方式的需要。当前我国正处在工业化发展中期，工业发展面临国际竞争加剧、要素成本上升和市场需求不足等严峻挑战，与此同时信息化在全球范围内迅速发展，以互联网产业化、工业智能化、工业一体化为代表的第四次工业革命的浪潮正在涌来。而第四次工业革命的实质是通过两化融合推动制造业深刻变革，重塑制造业格局。推动两化深度融合是发展现代产业体系、提高产业核心竞争力的重要途径，是实现国民经济又好又快发展的战略任务。两化融合评估是推进两化融合的重要抓手，也是实施两化融合战略的基础性工作。如何对工业化与信息化融合过程进行有效监测，对融合水平进行客观描述，及时了解并掌握两化融合的实施效果，是两化融合评估的主要任务。

本书编写组在密集性调研基础上，对统计年鉴与国内外文献进行系统地研读与分析，通过召开多次工作研讨会和论证会，形成了本书的整体分析框架和大纲。本书由理论篇、实践篇、路径篇和证据篇构成，从两化融合评估的基本理论与方法出发，分析两化融合评估的基本问题、常见评估理论框架和评估方法，并从数据维和文本维两个维度对2008—2017年我国两化深度融合的发展水平进行总体评估，并在此基础上对两化融合发展趋势进行展望。最后通过揭示我国两化深度融合发展的三大规律，提出相应的战略举措以及针对性的政策建议。

本书具有以下几个特色：

1. 突出理论继承与创新。本书比较系统全面地介绍了国内外关于两化融合评估的理论与方法，并在已有研究成果的基础上进行了必要的创新提高，立足两化融合的发展阶段和特征构建了 E-FAP 两化融合评估体系，有利于评估者进行两化融合发展的横向比较和全局性综合评价。

2. 采用循证式评估理念（evidence-based evaluation）。本书对 2008—2017 年我国两化融合的进展与成效进行了阶段性评价：其中，2008—2013 年的评估实践基于编写组综合调研证据报告和工信部已有的评估数据结论分析了区域（试验区）、行业和企业层面我国两化融合的进展情况；2013—2017 年的评价实践则以编写组的调研报告和我国相关部门发布的两化融合政策文本，结合企业、行业评估报告作为证据来源，运用内容分析法提出了评估发现和评估结论。

3. 重视运用发展和开放性战略思维。本书紧跟"创新驱动发展"和"互联网+"战略，积极借鉴国内外发布的最新工业和信息化战略规划，立足产业和企业视角，在评估理论篇和评估实践篇的基础上设计了提升我国两化深度融合发展成效的路径篇，构建了我国两化深度融合发展战略体系，这对于探索新时期下我国两化深度融合的发展模式与战略方向，提出我国两化深度融合工作的政策建议具有极其重要的战略意义和现实意义。

作为多专业、多领域研究人员集体智慧的结晶，本书由何海燕教授总纂和编写大纲。第一章、第二章由王君、高一方、翟昊、王茹撰写；第三章、第四章、第五章由赵奕艺、李杨锦钰、常晓涵、王道平撰写；第六章、第七章由单捷飞、张沅、何海燕、李芳撰写，第八章由单捷飞、王道平、孟祥萌、张萌、陶东梅撰写。感谢郭大成教授、韩伯棠教授、朱东华教授、颜志军教授、王奋副教授、张丽红副教授、吴杨副教授、钟华副教授、艾凤义副教授等对各章节内容的参与与支持。感谢对本书文献支持的其他专家和学者。

本书可作为高等院校管理学、经济学、教育学两化融合评估方面教学科研的参考资料，也可供从事两化融合评估的专业人士使用，为领导干部、企业领导、学者更深层次认识和把握我国两化融合进展成效提供参考，为国家和地方有关部门以及相关行业、企业推动两化深度融合提供前瞻性、科学性和实时性决策参考。

理论篇

第一章　两化融合的基本概念、实施背景与发展历程……003
 一、两化融合的基本概念……003
 二、两化深度融合的科学内涵……007
 三、我国两化融合的实施背景……012
 四、我国两化融合的发展历程……014

第二章　两化深度融合评估的理论与方法……018
 一、两化融合评估的基本问题……018
 二、两化融合评估理论框架……024
 三、两化融合评估方法……034
 四、两化融合"E-FAP"评估体系模型及原理……042

实践篇

第三章　我国两化深度融合发展评估
   ——基于2008—2013年调研数据分析……051

一、评估实施背景与评估特点 ……………………………………051
　　二、区域两化深度融合评估实践 …………………………………052
　　三、行业两化深度融合评估实践 …………………………………070
　　四、企业两化深度融合评估实践 …………………………………082
　　五、2008—2013年我国两化融合发展的总体进展特点 …………120

第四章　我国两化深度融合发展评估
　　　　——基于2013—2017年文本内容分析 ……………………125
　　一、整体评估：我国两化深度融合进入快速发展期 ……………126
　　二、区域评估：城市是推动区域两化深度融合发展的核心力量 …131
　　三、行业评估：行业间两化融合发展水平差距明显 ……………135
　　四、企业评估：企业两化深度融合稳步进入高级阶段 …………138

路径篇

第五章　我国两化融合发展形势及趋势预测 ………………………145
　　一、现阶段我国两化融合面临的形势及问题 ……………………145
　　二、我国两化深度融合趋势展望 …………………………………153

第六章　我国两化深度融合发展的内在规律与战略举措 …………160
　　一、我国两化深度融合发展的内在规律 …………………………160
　　二、我国两化深度融合的战略举措 ………………………………164

第七章　我国两化深度融合发展政策建议 …………………………170

一、做好两化深度融合顶层设计与规划⋯⋯⋯⋯⋯⋯⋯⋯⋯170

二、坚持市场机制引导下推进两化融合整体水平⋯⋯⋯⋯⋯172

三、围绕工信部立部之本建立多维、系统推进体系⋯⋯⋯⋯175

四、完善两化深度融合发展的保障措施⋯⋯⋯⋯⋯⋯⋯⋯⋯178

证据篇

第八章 我国两化融合综合调研证据分析报告⋯⋯⋯⋯⋯⋯185

一、两化融合评估调研情况介绍⋯⋯⋯⋯⋯⋯⋯⋯⋯⋯⋯⋯185

二、两化融合评估调研内容⋯⋯⋯⋯⋯⋯⋯⋯⋯⋯⋯⋯⋯⋯187

三、两化融合进展评估实证分析的评估发现⋯⋯⋯⋯⋯⋯⋯188

四、两化融合评估的调研发现与结论⋯⋯⋯⋯⋯⋯⋯⋯⋯⋯207

附件 ⋯⋯⋯⋯⋯⋯⋯⋯⋯⋯⋯⋯⋯⋯⋯⋯⋯⋯⋯⋯⋯⋯⋯⋯244

理论篇

第一章
两化融合的基本概念、实施背景与发展历程

本章首先阐述了我国两化融合的基本概念，并通过辨析工业化和信息化的关系以及分析两化深度融合的内涵等加深对两化融合概念的理解；接着从两化深度融合的战略新意、竞争优势以及演变过程等进一步探究两化深度融合的科学内涵；最后，介绍了我国两化融合的实施背景和简要发展历程。

一、两化融合的基本概念

（一）两化融合的概念界定

两化融合是中国在已经进入信息化阶段但仍未完成工业化进程的背景下，提出的跨越式发展战略和任务，是走中国特色新型工业化道路的必然选择，是调整经济结构、转变经济发展方式的必然要求，是促进工业转型升级的重要举措，是构建现代产业体系的有效途径，是贯彻落实科学发展观的具体体现[1]。两化融合涉及不同层面、不同领域和不同内容，本研究认为两化融合的概念分为狭义和广义两种。

狭义的两化融合是指工业生产和信息技术应用相结合的过程，包括行业、企业在战略和观念、技术和装备、产品、业务(工艺)流程、人才、资源和产业衍生等各方面实现信息化与工业化相互渗透、相互交融与结合。在两化融合的过程中，通过广泛应用信息技术以及改造传统工业，促进工业向着高附加值的方向发展；反之，工业发展又使得信息技术拥有广泛的

应用平台和发展基础,并促进计算机、通信等信息技术和信息产业的发展和进步;工业化和信息化相互融合过程产生发展出新兴服务业等衍生产业。通过工业化和信息化的融合过程,实现经济和产业规模化、专业化、自动化、标准化、数字化、网络化、智能化、服务化和绿色化。

广义的两化融合,是工业化社会进程和信息化社会进程相互融合、相互渗透、相互促进的创新发展方式,是一个社会经济发展的动态演进过程,其过程始终伴随着企业、产业和国家等各个领域、各个层面的转变,伴随着生产力和生产方式、生产体系组织结构、经济运行方式及政府管理运行方式、社会价值形态和生活方式等方面发生全面剧烈的变革,最终实现经济、社会、环境、政治和文化领域全方位的一体化。

两化融合本质上是一场产业优化和升级革命的过程,是一个推动社会转型的过程,而且是一个长期的过程,其动力来自"需求牵引、技术推进、政策引导",其特征是多层次、宽领域、全方位、一体化。

(二)工业化与信息化的关系辨析

两化融合的概念涉及工业化和信息化两个要素的界定,只有分析清楚两个要素之间的关系和发展规律,才能真正理解"什么是融合、如何实现融合"的命题。工业化与信息化是相互融合、相互促进的,两者具有内在联系。信息化一直是工业化进程的一个重要指标,它伴随着工业化的产生、发展,并始终起着重要,甚至是重大的推进作用。信息化的产生能够直接引致工业化的快速发展、生产模式改变、结构调整、生产效率提高,以及不断实现工业化进程中各个环节的创新,在此过程中,信息化自身也得到发展。工业化和信息化的融合过程在降低生产成本的同时,也为人类提供更为便利、丰富的产品和服务,提高了人类的生产力水平。

从产生上看,工业化是信息化的源泉,信息化是工业化的产物,虽然信息化产生于工业化,但却不是工业化的附属品。从作用上看,工业化是信息化的前提和基础,是信息化的社会环境与主要载体;而信息化是工业化的延伸和发展,是推动工业化的重要手段。工业化是人类追求发展的过程,而信息化则是人类维持可持续发展的过程。

从信息化对工业化的促进以及工业化对信息化发展的支撑可以发现，二者之间是互相促进、螺旋上升、共同发展的动态有机过程。它的最终形态是走向新的社会形态，表现为对产业结构、经济体系、组织体系以及社会结构等方面的影响。

工业化和信息化的关系，可以用"硬件"和"软件"来表示。硬件是软件的基础，软件只有依托于硬件之中才能发挥其效用和价值；而软件是硬件的核心竞争力和催化剂，只有借助软件的有效嵌入，才能更好地取得持续竞争力并实现高效快速发展。因此，唯有实现工业化和信息化之间的有效嵌入、融合，才能更好地实现整个国民经济乃至人类社会的发展。

（三）两化深度融合的发展方向

两化深度融合是一个复杂的、动态演化的系统工程，其不仅是与某个门类工业融合，而且是与所有工业门类都融合；不仅是与工业企业的某个环节融合，而且是与采购、设计、生产、销售、客服等多个环节融合；不仅体现在技术、产品层面，还体现在管理、产业层面，并把生产和管理紧密地结合起来，实现管控一体化。因此，在把握两化深度融合的概念和内涵过程中，应当重视把握两化深度融合的发展方向，即两化深度融合发展的着力点、载体和抓手，从宏观、中观和微观三个层面进行研究。

1. 宏观层面

（1）战略方面。两化深度融合在战略方面，一方面体现在信息化发展战略与工业化发展战略协调一致，信息化发展模式与工业化发展模式高度匹配，信息化规划与工业化发展规划密切配合；另一方面，需要国民在观念和意识上树立两化深度融合的发展理念和战略性视野，形成两化深度融合的经济社会文化氛围，这是两化深度融合的顶层设计和发展环境。

（2）人才方面。要加强两化深度融合人才的培育，使IT人员与领导、职工、业务人员结合。专业人才是实施两化融合的关键性力量，是整个企业实现信息化战略的核心，也是两化深度融合的持续性动力资源。

（3）政策方面。政策是两化深度融合发展的重要着力点，标准、政策法规、制度机制和基础设施建设是两化深度融合可持续发展的支撑和保证。在我国两化深度融合的发展过程中，政府是倡导者和规划者，因此对于两化深度融合的发展环境和条件的塑造非常重要。

（4）社会与生活方面。两化深度融合的最终目标和方向是注重信息化与人民生活的融合、与和谐社会的融合，使两化深度融合的成果惠及全体人民和社会生活各个领域。

2. 中观层面

主要体现在产业方面。信息产业、传统工业和服务业之间通过信息化相互融合，并衍生出新兴产业，如工业电子产业、工业信息化服务业等。信息化也能改造提升传统产业，推进工业转型升级，提高工业发展质量和效益，促进虚拟经济与工业实体经济融合，孕育新一代经济的产生，极大促进信息经济、知识经济的形成与发展。

3. 微观层面

（1）产品方面。产品方面使信息技术或数据信息融合到工业生产流程中，体现为工业产品质量标准化、产量或性能提高、产品间关联度提升、被市场接纳度扩大、产品融入了非生产形态的先进的信息技术含量和附加值。

（2）技术方面。主要体现为不同工业技术之间的融合、信息技术之间的融合、工业技术与信息技术的融合，通过融合产生新的技术，并推动技术创新和产业升级。两化融合关键共性技术主要有智能设计与制造信息化技术、先进企业生产组织模式及管理信息化技术、企业集成技术及支撑软件平台、物联网环境下的现代物流与供需链管理技术、全程电子商务、4G/5G等无线技术工业应用、嵌入式系统、数控系统、高端工业控制技术及智能系统和现代工业传感器及仪表等[2]。

（3）设备方面。通过信息技术的应用和对工业装备设备的改造升级，实现生产装备数字化、自动化、标准化、网络化与智能化，从而可以降低生产成本，节约人工费用和生产空间，优化作业流程，提高生产效率。

（4）业务（工艺）流程方面。把信息技术应用到原材料采购、产品研发设计、生产制造、市场营销、财务管理、人力资源管理等各个环节，促进业务创新和管理创新[3]，并降低生产成本，提高生产效率，实现高效、绿色、文明、科学生产秩序。

二、两化深度融合的科学内涵

（一）两化深度融合的战略新意

从党的"十六大"提出要以信息化带动工业化、以工业化促进信息化，"十七大"提出要大力推进信息化与工业化融合，到"十八大"提出促进工业化、信息化、城镇化、农业现代化同步发展，"十九大"报告提出"确保到2020年基本实现机械化，信息化建设取得重大进展"，中央围绕"稳增长、调结构、促改革、惠民生"的战略部署，提出了更高要求。本章研究两化深度融合"的概念，要在理解两化融合内涵的基础上，把握两化深度融合的战略新意。

第一，两化深度融合的战略新意，体现在两化融合的内涵更加丰富、含义更加广泛。两化深度融合着重体现在广义的两化融合，不仅有工业企业生产运营中对信息技术的运用，还有工业化社会进程和信息化社会进程相互融合、相互渗透、相互促进的创新发展方式。它是一个社会经济发展的动态演进过程，其过程始终伴随着企业、产业和国家等各个领域、各个层面的转变，伴随着生产力和生产方式、生产体系组织结构、经济结构和经济运行方式、社会价值形态和生活方式等各个方面的变革，最终实现经济、社会、环境、政治和文化领域全方位的一体化。两化深度融合旨在通过信息化与工业化的渗透、融合，来改变经济增长方式，促进产业的转型升级，推动两型社会建设，改善社会生产生活方式，最终提高人们的生活质量。

第二，两化深度融合的战略新意，体现在两化融合发展层次和水平的深化与提升。两化深度融合要求两化融合的推进更加系统，并在推进两化融合进程的过程中，建立起宏观、中观、微观，点（项目）、线（行业、企业）、面（区域、试验区）、体（顶层设计）和关键领域的多维、系统的推进体系；两化融合的行业更加细化，将从大类行业向各自细分行业扩展，并从工业扩展到生产性服务业；两化融合的范围更加延伸，向地市、区县、产业集群、园区、中小型企业等基层单位延伸；两化融合的领域更加拓展，即信息化发展从单个企业向产业链延伸，从管理领域向研发设计、生产制造等领域延伸；两化融合的层次逐级深化，不只是停留在技术应用层面，还将引发商业模式创新甚至是商业革命，并催生更多的新兴产业；两化融合使得应用全面集成，物联网、云计算等新一代信息技术将与工业领域结合并得到应用，企业信息化从单项应用向局部集成应用、全面集成应用发展；两化融合的管理更加全面，两化融合的发展和管理过程要求建立全生命周期管理、全产业链管理、全过程管理和全方位评估的"四全"动态、立体化监控体系。

（二）两化深度融合旨在建立三个层面的竞争优势

两化深度融合的目标是建立综合竞争优势，利用信息手段，通过信息化和工业化融合的倍增作用，围绕各个层面的竞争优势建立，实现微观、中观和宏观三个层面的转变：通过信息技术与工业过程的有效融合，提高产品设计、生产过程、市场销售和管理运营的水平；通过行业与国家层面的集聚与组织，促进工业转型升级；构建现代产业体系，提高人民生活品质。

企业、产业和国家三个层面目标的形成，是互为联系的。企业竞争优势的集聚构成产业竞争优势，而企业竞争优势又是在国家和产业的有序组织下建立的；产业竞争优势的集聚构成国家竞争优势，而产业竞争优势则需要国家的宏观指导与组织。三层次竞争优势的互动，是有规律可循的，这就是复杂适应系统机制。在复杂适应系统机制建立过程中，政策、法规和技术是杠杆，人才、信息基础设施平台和管理是环境。

三个层面竞争优势的建立，是三个层面在两化融合过程中目标、任务的具体体现。基于"需求牵引、技术推进、政策引导"的原则，建立从意识、政策、法规、技术与机制上完善的保障体系，并围绕综合竞争优势的形成建立演化机制。

（1）企业层面竞争优势的建立。主要表现在 3 个方面：信息化与研发设计融合，可以提升产品创新能力；信息化与工业技术、装备、生产过程融合，可以促进工业精益化生产；信息化与企业战略、企业经营管理流程融合，可以提升企业绩效及核心竞争力。企业要结合国家和行业的政策法规与标准规范，面向市场需求，开发高信息附加值的产品，通过信息技术提高产品生产效率，建立产品研发、测试、市场销售、管理决策与评估信息化平台，制定相应的技术与产品标准，促进市场、管理模式的转变，建立以信息为中心的现代企业体系，着力提高企业的综合竞争力和竞争优势。

（2）产业层面竞争优势的建立。信息技术、电子商务与采购、生产和营销产业体系创新融合，基于信息技术的生产性服务业对产业价值链重构，信息产业及其衍生产业自身也在融合过程中发展壮大。信息化与工业化融合推动产业结构优化、行业结构升级，提高产业效率，增强产业联系和带动人力资源开发，形成以高新技术产业为先导，基础产业和传统产业为支撑，服务业全面发展的新局面，促使经济增长方式从粗放式向集约式转变，推进产业、行业、地区实现新型工业化和信息化，推进工业经济向信息经济过渡[4]。

结合国家的政策法规，建立行业两化深度融合公共支撑平台，制定行业两化深度融合标准规范，支撑与引导行业两化深度融合发展；组织开展行业两化深度融合共性技术的研究与攻关，牵引行业两化深度融合技术的发展；建立行业两化深度融合评估体系，对行业两化深度融合进行"过程监测＋效果评估"的全过程调控与管理；提高行业发展规划水平，提升行业协同能力，构建行业的市场、管理能力，建立行业公共信息平台，组织行业两化深度融合的应用示范与推广，推进行业两化深度融合的整体协调发展，以信息为中心建立行业的综合竞争优势，促进现代产业体系的形成。以产业发展带动区域发展，促进区域内工业发展质量提高、节能减排、安全生产及产业结构布局优化的实现，建立我国区域经济发展的综合竞争优势。

（3）国家层面竞争优势的建立。北京英伦凯悦管理咨询有限公司认为，推进信息化与工业化在宏观国家和社会层面的融合，大大促进了生产力解放，提升了社会生产效率，使社会经济基础、经济结构、生产力与生产关系从工业社会向信息社会过渡,传统经济向信息经济过渡,工业经济转变为网络经济、信息经济和知识经济,实现社会经济信息化;促进了信息技术与传统生活模式融合,产生了新的生活模式,进而有效提升了人们的生活品质;促进了信息文明最大程度的传播,促使人们转变原有的生产生活观念与思维模式,促进社会和谐稳定[5]。

在国家层面,可以制定国家两化深度融合政策法规,引导国家两化深度融合发展;实施国家两化深度融合人才培养战略,培育两化深度融合的文化环境;建立两化深度融合国家级公共支撑平台,建立两化深度融合评估体系;组织两化深度融合共性技术研究,带动国家两化深度融合技术发展;组织"国家—行业—企业"两化深度融合的应用示范与推广,推进国家两化深度融合的整体协调发展。

(三)两化深度融合是一个由初级到高级的长期动态演进的发展过程

两化深度融合是一个动态演进的体系工程,是一个由初级到高级的长期的动态演进发展过程,依次表现为生产要素融合、产品业务流程融合、产业融合及新兴产业衍生、社会价值模式与经济运行方式的变革等。这种融合以及新兴产业的衍生必然会导致社会价值模式以及经济运行方式的变革,这是信息化与工业化融合的最高级别。

(四)两化深度融合是建设"五位一体"系统的综合性工程

两化深度融合不是一个简单的技术或者经济问题,而是一个涉及经济、能源、环境、社会等系统的综合问题,两化深度融合的终极标准是建立"五位一体"系统的综合性工程。

党的"十八大"把中国特色社会主义建设的总体布局确定为经济建设、政治建设、文化建设、社会建设、生态文明建设"五位一体","十九大"延续了这一总体布局。"新时代坚持和发展中国特色社会主义基本方略"

针对"五位一体"进行了深刻阐述：坚持新发展理念、以供给侧结构性改革为主线的经济建设，坚持人民当家做主的政治建设，坚持社会主义核心价值体系的文化建设，发展中国特色社会主义文化，坚持在发展中保障和改善民生的社会建设，坚持人与自然和谐共生的生态文明建设。将两化深度融合发展融入经济、政治、文化、社会和生态文明建设各方面和全过程，既是科学发展、和谐发展的要求，也是科学发展、和谐发展的内容，还是科学发展、和谐发展的保证，是对人类赖以生存的地球家园的尊重和爱护，是中华文化和谐理念的当代彰显。两化深度融合"五位一体"的系统建设，是对经济社会可持续发展规律、自然资源永续利用规律和生态环保规律的充分认识和最高境界。

（五）两化深度融合是一种发展理念，更是一种发展模式

两化深度融合首先是一种发展理念。这种发展理念以实现经济和产业规模化、专业化、自动化、标准化、数字化、网络化、智能化、服务化和绿色化为基础前提，以最终实现经济、社会、环境、政治和文化领域全方位的一体化为目标。它是中国在已经进入信息化阶段但仍未完成工业化进程的背景下，提出的跨越式发展战略和任务，是人类经济社会发展规律的必然选择，是我国在准后工业时代、第三次工业革命浪潮和面临资源环境的挑战下，积极寻求的一种理性权衡。

两化深度融合更是一种发展模式。两化深度融合是一个动态演进的体系工程过程，是一个由初级融合到高级融合的动态发展过程，这种发展模式以促进工业化和信息化在企业行业战略和观念、技术和装备、产品、业务（工艺）流程、人才、资源和产业衍生等各方面相互渗透、相互融合为方向，建立现代产业体系，最后实现社会价值模式以及经济运行方式的变革。这种发展模式在企业层面提高工业产品的附加值，改进产品研制、生产过程的效率，促进市场、管理模式的转变，建立以信息为中心的现代企业体系；在行业层面提高行业发展规划水平，提升行业协同能力，构建行业的市场、管理能力，建立行业公共信息平台，促进现代产业体系的形成；在国家层面以信息化为基础，促进工业转型升级，构建现代产业体系，建立我国工业发展的综合竞争优势。

三、我国两化融合的实施背景

（一）信息化的迅猛发展促进两化融合

从发达国家工业史角度分析，人类近代文明可以划分为 3 个阶段，分别是农业经济和初级商业经济的商业时代、工业革命后形成的工业时代和互联网带来的信息时代[6]。工业化经历信息化和第三次工业革命的浪潮，其内涵也不断发生变化。

当前，我国正处于准工业化的中后期，即 1949 年以来，特别是改革开放 40 年，我国工业实现了跨越式发展，建立了独立完整的工业体系。但是我国与其他发达国家还有不小的差距，中国尚未完成工业化阶段[7]。而进入 21 世纪以来，新一代信息技术不断创新和发展，并逐渐渗透到生产和生活的方方面面，引起传统工业的巨大变革。信息化不仅成为工业企业进行生产管理的高效手段，更进一步渗透到工业的设计、研发、制造、销售、物流等各个环节，催动工业电子、工业软件、工业信息服务业等新产业发展，成为新型工业化建设中不可分割的一部分。面对信息化的迅猛发展对世界经济和社会发展产生深刻的影响，我国既不能越过工业化阶段直接进入信息化社会，也不能先完成工业化后再启动信息化，因此必须将信息化的时代特征与工业化的进程紧密结合，大力推进信息化与工业化融合，加快转变经济增长方式、调整产业结构，使我国工业在世界经济结构调整中把握发展主动权，提升国际竞争力[8]。正是在这样的背景下，党的"十六大"首次提出两化融合的理念，即"坚持以信息化带动工业化，以工业化促进信息化，走出一条科技含量高、经济效益好、资源消耗低、环境污染少、人力资源优势得到充分发挥的新型工业化道路"。

在我国加速发展工业化的重要阶段，通过大力推进两化融合，推进信息技术与传统工业改造结合，促进工业由大变强，提升我国工业竞争水平，为我国跨入后工业时代奠定基础，走新型工业化道路。由于这种跨越式发展方式是在工业化尚未成熟，信息化技术、生产和设施尚未普及和完善，社会文化还未完全认同，人们思想观念还未足够转变情况下推行的工业发展模式，不仅会在发展过程中体现政府推进、政策引导、典型引路、观念改变等，更为重要的是会出现"举国发展体制"的特点。

两化融合是我国社会发展客观规律的必然选择，是科学总结我国信息化与工业化发展的实践经验、适应新形势和发展要求做出的战略部署。我国对两化融合的认识，从最初的"信息化带动工业化"到"新型工业化道路"的提出、两化融合"战略的构建，再到推动工业化和信息化深度融合，从最初的"工业化部与信息产业部的分列"到"两国家级部门的融合"，这无不反映中国政府对两化融合这一人类发展客观规律的伟大认识和推进，对于深入贯彻落实科学发展观、全面建设小康社会、加快推进社会主义现代化具有重大意义，是推动产业升级、转变经济增长方式、实现两型社会的重要手段。

（二）全球范围内新一轮工业革命带动两化深度融合

2010 年，美国政府正式启动"再工业化"，瞄准新一轮产业结构升级所带来的机遇，在新能源、信息、生物、航天、新材料、3D 打印等高端制造业、新兴产业领域进行前沿技术创新的扶持，进行"互联网＋工业"的新科技革命，其重点是大数据与云计算。据统计，自 2010 年 2 月以来，制造业已为美国人创造了 53 万个就业岗位，实现连续 31 个月增长，创近 25 年以来最佳表现，其中多为高新尖端技术就业机会[9]。美国总统自豪地宣布："卡特彼勒公司正在把工作机会从日本迁回美国，福特正在把就业机会从墨西哥转回美国，苹果也将在美国本土重新开始生产 Mac 电脑。"

德国作为制造业强国，其针对自身优势提出了独特的发展道路——"工业 4.0"，以根据自身在研发制造领域的优势，力图引领新一轮工业革命，成为游戏规则的制定者。自 2013 年 4 月在汉诺威工业博览会上被正式推出以来，工业 4.0 迅速成为德国的另一个标签，并在全球范围内引发了新一轮的工业转型竞赛。

在欧美等国意图从根本上重置世界制造业格局的情况下，中国制造业如何实现突围，继续前进，最终达到与世界顶级制造业国家相当的水平，依赖于两化融合"这一基础性工作[10]。十七届五中全会在制定第十二个五年规划的建议中，提出"全面提高信息化水平，推动信息化和工业化深度融合，加快经济社会各领域信息化"，这是两化深度融合概念的首次提出。党的"十八大"再次重申，要"坚持走中国特色新型工业化、信息化、城镇化、农业现代化道路，推动信息化和工业化深度融合、工业化和城镇化良性互动、城镇化和农业现代化相互协调，促进工业化、信息化、城镇化、农业现代化同步发展"。党的"十九大"贯彻了这一路线，从两化融合到两化深度融合，充分体现了我国政府对信息化与工业化融合发展的高度重视和精准定位。以前，我国制造业技术含量不高，一直处于国际产业价值链的低端环节。在工信部的积极推动下，工业化和信息化的深度融合（两化深度融合）为制造业的网络化、智能化发展奠定了坚实基础。毫无疑问，新一轮工业革命将更快地带动两化深度融合：信息技术向制造业的全面嵌入，将颠覆传统的生产流程、生产模式和管理方式；生产制造过程与业务管理系统的深度集成，将实现对生产要素高度灵活的配置，实现大规模定制化生产。这一切都将有力地推动传统制造业加快转型升级的步伐。可以认为，未来的制造业将是建立在以互联网和信息技术为基础的互动平台上，将更多资源要素和生产要素科学整合，使生产制造和物流配送变得更加智能化、自动化、网络化、系统化，而生产制造个性化、定制化将成为制造业的新常态。对此，习近平主席在"十九大"报告中提到：要更好发挥政府作用，推动新型工业化、信息化、城镇化、农业现代化同步发展，主动参与和推动经济全球化进程，发展更高层次的开放型经济，不断壮大我国经济实力和综合国力[11]。

四、我国两化融合的发展历程

对于两化融合的发展历程，可从不同维度进行发展阶段划分。从整个两化融合进程的宏观视角分析，信息化与工业化融合是长期的发展过程，根据时间维度和两化融合发展成熟度两个维度，根据各阶段的典型特征与我国目前两化融合发展现状的对比，可以把两化融合发展大概划分为初步融合阶段、基本融合阶段及高度融合阶段三个阶段。

1. 初步融合阶段

随着信息化时代的来临，信息技术开始应用于工业领域，主要体现在生产要素、产品、设备、技术和业务工艺流程，不但降低了生产成本，而且提高了生产力和生产效率。这一阶段，信息产业和工业体系实现初步融合，但功能或技术应用不够完善。

2. 基本融合阶段

这一阶段，信息技术应用逐步趋于全面，大中小各类企业将基本实现信息化，设计、制造、管理装备基本实现信息化，企业间协同基本实现信息化，业务支持能力较强，信息产业与传统产业逐步融合，衍生产业兴起，形成比较完善的信息化体系，规划、建设、管理、维护规范逐步建立，两化深度融合开始加速重构全球工业生产组织体系和产业结构，信息技术为应对资源环境挑战提供了新方式，并逐步开始向经济社会环境等各个领域渗透，产业与社会面临转型，此时的信息化与工业化融合的现代产业体系初步确立。

中共中央办公厅、国务院办公厅印发的《2006—2020年国家信息化发展战略》强调，到2020年，我国将实现综合信息基础设施基本普及，信息产业结构全面优化，新型工业化发展模式初步确立，为迈向信息社会奠定坚实基础。同时，到2020年，"我国将成为基本实现工业化、综合国力显著增强、国内市场总体规模位居世界前列的国家。"信息化和工业化的融合是一个渐进的过程，工业化是载体，只有当工业化基本实现时，信息化和工业化才有真正意义上的全面融合。

3. 高度融合阶段

在本阶段，信息化建设与业务流程再造相结合，信息技术与管理创新相结合，并建立起完善的现代产业体系。社会经济基础、经济结构、生产力与生产关系从工业社会过渡到信息社会，从传统经济过渡到信息经济，从工业经济转变为网络经济、信息经济和知识经济，实现社会经济信息化。社会价值模式和经济运行方式都发生了深刻变革和优化升级，信息化已融入传统生活模式，信息文明得到最大程度的传播，人们的生活质量显著提高，社会和谐稳定，最终实现经济、政治、社会、文化和环境领域全方位的一体化。当然，根据学者们的认识，即使进入了第三阶段，两化融合也并不会终止，它是一个发展的过程，在此过程中，工业技术、材料、工艺在变化，信息化在变化，产品也在创新发展，所以即使到了信息化与工业化一体化的时候，仍然要随着变化进一步完善[12]。在这个过程中，工业将逐步由大变强，信息工业化道路基本形成，并且走得越来越好。

近年来，我国着力推进工业化和信息化融合，取得了一定成绩；但也要清醒看到，两化融合的推进程度，与发达国家的水平、与我国经济社会发展的要求还有很大的差距，信息化仍处于以局部应用为主的阶段，不同行业水平差异较大，多数企业的集成应用水平亟待提升，信息基础设施发展与发达国家仍存在较大差距，核心芯片、操作系统等关键技术仍未摆脱受制于人的局面，网络信息安全形势日趋严峻复杂[13]。当前国际国内经济环境错综复杂，我国经济运行存在突出矛盾。综合来看，我国目前两化融合发展水平仍处于第二阶段初期水平。到 2020 年，我国两化融合的条件基本成熟，表现为我国将实现综合信息基础设施基本普及，信息产业结构全面优化，我国新型工业化发展模式初步确立，我国将实现信息化和工业化的基本融合。

参考文献

[1] 金江军. 两化融合的现状、经验和趋势分析 [J]. 中国信息界，2011(10): 9-11.

[2] 吴澄，孙优贤，王天然，等. 信息化与工业化融合战略研究：中国工业信息化的回顾、现状及发展预见 [M]. 北京: 科学出版社，2013.

[3] 金江军. 信息化与工业化融合理论体系 [EB/OL]. https://wenku.baidu.com/view/17d798be960590c69ec376f8.html.

[4][5][7][8] 北京英伦凯悦管理咨询有限公司. 两化融合介绍 [EB/OL]. http://www.iso27001.org.cn/fuwu/iso/show_336.html.2014-10.

[6] 于乐，潘新兴. 两化融合相关问题研究综述 [J]. 价值工程，2012, (14):148-150.

[9] 岳文厚，白津夫. 美国：超级大国的"再工业化"之路 [EB/OL]. http://news.hexun.com/

2017-06-28/189814010.html.

[10] 滨海管理员. 两化融合在工业 2025 中的作用竟然是这个 [EB/OL]. http://binha i.cspiii.com/sx/rdxw/2017-05-12-1096.html.

[11] 新华社. 新华社全文播发习近平同志所作的党的十九大报告 [EB/OL]. http://www.wjdaily.com/home/view?cid=3&news_type=1&id=20731.

[12] 郭娟，李紫云. 我国两化融合的需求分析初探 [J]. 西安邮电学院学报，2011，(06): 58-60.

[13]《中国经济和信息化》杂志. 创新融合攻坚克难 稳步推进工业转型升级和发展方式转变 [EB/OL]. http://www.lw5u.com/zz/zgjjhxxh/news/itemid-273143.html.

第二章
两化深度融合评估的理论与方法

把握两化深度融合的进展成效需要不断完善和发展两化融合评估理论与方法体系，只有学习先进的科学评估理论与评估方法，才能保证我国两化深度融合评估工作的科学性和权威性。本章共划分为三个主要部分，从评估的基本问题、评估理论框架、评估方法这三个方面系统地总结归纳国内外关于工业化、信息化评估的经验和做法，为我国两化深度融合评估工作提供了理论支持和参考。

一、两化融合评估的基本问题

（一）两化融合评估的分类及构成要素

1. 两化融合评估的分类

两化融合评估是对工业化与信息化融合全过程的评估，可以分为事前、事中和事后评估。在两化融合的各类规范性文件出台之前进行的评估，属于事前评估，在这一阶段的评估多为可行性研究；而在开展工业信息化深入落实工作一段时期内开展的评估则为事后评估。在国内评估实践中，事中及事后评估的应用更为广泛。由于侧重点的区别，在进行两化融合评估时三者是相互补充的，共同对融合过程起到反馈控制的作用。

（1）事前评估。

事前评估也叫预评估。在我国两化融合的深度发展过程中，政策及法律法规的落实存在着区域性差异，政府在参与两化深度融合的过程中，对相应政策的调整和完善难免存在着时间差，且灵活性相对较低。因此，只有明确在政策制定落实的全过程进行监督的理念，才能在事前评估的基础上，根据政策实施的关键性节点落实事中评估，对作用效果进行密切关注和检测分析，并不断进行完善。

（2）事中评估。

事中评估也叫过程评估。当前我国正处于两化深度融合的关键时期，支持工业信息化的政策实施将会经历一段较长的历史时期，因此事中评估也占到了较大的比重。这种事中的评估通过对总体、区域政策的落实情况进行考察和监督，对政策的现状与各项阶段性目标的期望与实际阈值进行评估，由此为政府提出指导性意见或修正建议。这种评估通过对过程进行把控，能够较快洞悉政策落实及执行过程中的问题，通过及时纠偏，避免工作效率的降低削弱工业化与信息化深度融合的成效。

（3）事后评估。

事后评估也称总结性评估。在固定时间节点或工作收尾时实施的事后评估，首先是对两化融合的阶段性进展和融合的成效进行的价值性评定，为的是指出两化融合的现状和存在的问题。同时也可对下一阶段的工作调整和新政策的制定提供参考经验。

作为一个完整的评估体系，事前、事中和事后评估在考察客体、关注对象和分析方法上存在较大的差异，关注并利用不同阶段的差异性有助于我们更好地开展对两化深度融合多角度、全方位的认识。

2. 两化融合评估的构成要素

两化融合评估的构成要素主要包括评估的主体、评估的目的、评估的时间点、评估的理论方法与技术、评估的主要内容、评估的原则标准及程序等。除此之外，还需要关注评估适用的范围和局限性，以及评估结果的参考价值等可供选择的参照或不确定因素。

（1）两化融合实施区域的差异性。在实践中，需要根据不同地区的发展特征，有针对性地设计区域两化融合评估指标。

（2）评估对象与对应标准的差异性。对行业和企业层面两化融合的评估要结合其所对应的行业或企业融合评估标准选择合适的评估方法。从阶段性看，为保证我国两化深度融合的成效能尽早达到《信息化和工业化融合发展规划（2016—2020年）》中提到的总体目标，实现符合"十九大"两个15年宏伟蓝图的长远目标，在评估时需要对不同的监督手段进行筛选，因此相对应的评估成本和效果也存在一定的差异性。

（3）第三方评估机构工作的特殊性。工业化转型发展势必带来产能结构重组、利益再分配等复杂问题，因此致力于提出为促进两化深度融合整改意见的评判可能会使评估机构遭遇利益相关方的挑战。此外，由于两化融合尚存在信息整合不到位、体系分散的问题，使得第三方评估机构在获取评估数据方面存在一定难度。第三方评估机构所需要的各项评估资源，包括人力、物力等都需要相应的投入支持。

（4）融合落实工作行动与预期结果的因果关系不容易确定。两化融合工作评估的一项重要工作就是确认政府、产业及企业的目的性行为与产生效果之间的因果关系，从而为融合管理控制选择最优方案。此外，评估的介入与否是否会导致各种绩效指标的变动，也是难以观察到的。可以看出，在评估过程中，任何一种因素的介入都会引发多种连锁结果，从而改变原始评估环境。针对这一问题，在开展两化融合评估时需要准确定位实施措施与融合效果间的因果关系，从而为优化工作提供指向性意见。

（5）市场导向与政府调控的关系。政府可以在两化融合过程中发挥宏观调控的作用，而在具体措施的开展过程中要重视市场导向性作用。与直接的行政手段的干预相比，市场导向更能反映资源配置的合理性。

（6）其他因素。影响两化融合评估的其他因素还包括：评估者对两化融合价值认识的差异性、深度融合目标的不确定性、融合效果的多样性、评估资源的有限性等。

两化融合的涵盖范围广泛，涉及的行业企业数量多，工作落实效果纷繁复杂，影响深远。在整个评估过程中，既要完成预期的评估目标，又要考虑到其他结果出现的可能性以及衍生的相关工作。当前，我们除了对两化融合的评估侧重于通过测量预期标的与指标反映融合的程度和水平，还要重视对非预期成果的考察。这是由于出现非预期成果的原因，多是在制定和实施政策过程中对融合的发展趋势认识不够全面所导致的。值得注意的是，非预期成果不仅包括消极的结果，还包括可能出现的正向成果。

（二）两化融合评估的原则与标准

1. 两化融合评估的原则

开展两化融合的评估工作应该秉承独立客观、公正科学的工作方法。这就要求政府或第三方评估机构在开展工作时努力达到以下标准。

（1）高度的负责性。评估者应本着高度负责的工作态度，完成我国工业化与信息化深度融合的评估工作，要保质保量、按时完成评估任务，本着发现问题、解决问题的态度及时提出促进两化深度融合高效落实的建议。

（2）评估工作的客观性和公正性。要秉承全面、客观、公正的原则，开展两化评估工作，降低来自社会外部以及利益相关者的干扰和影响，以当前我国开展两化融合的实际进展情况为基础，通过系统深入的分析做出全面而客观的评估结果。

（3）评估方法的规范和科学性。在评估时要依据数据资料和客观现实进行预先论证，选择恰当的评估方法，并积极听取两化融合专项部门、行业联盟代表和相关领域专家以及社会公众提出的意见和建议，做出可靠的评估结论。

（4）保持评估立场的"不缺位"和"不越位"。进行独立评估时一方面要做到职责的"不越位"，因为越位可能会增加额外的不必要工作量，并引出公众对两化融合工作计划的过度解读；另一方面也要避免"不作为"的现象出现，在整个两化融合评估过程中要及时查漏补缺，改进评估工作的各个环节。

2. 两化融合评估的标准

（1）生产力标准。这是评估两化融合发展水平的根本标准。推动信息化与工业化深度融合，不仅能够带动经济发展，满足经济利益和社会利益，更能带动社会生产力向前发展。

（2）社会发展标准。两化融合评估的各项活动都应当以推动社会持续健康、稳定发展为标准。两化深度融合是加快工业转型升级的重要途径，是建设资源节约型、环境友好型社会的必然选择。因此，评估两化深度融合能否促使经济与社会协调发展，才是评估其是否有效的根本标准。

（3）公正标准。公正标准主要指衡量两化融合的相关工作方案、政策制定和执行的成本、收益在不同的区域、产业和相关利益群体中分配的公平程度，并通过对两化深度融合工作实施前后经济社会发展中的状况变化进行的描述和分析，评估两化融合的深入落实给社会和经济带来什么影响，造成什么后果等并做出回应。

（4）回应度标准。两化深度融合政策、方案的制定和实施，应当满足经济与产业的发展需求，两化融合能否对经济与产业需求及时回应以及其满足需求的程度，是两化融合评估的回应度标准。

（5）事实标准。评估需要以官方的评估标准为蓝本和基础，如工信部发布的《工业企业信息化和工业化融合评估规范》（GB/T 23020—2013）。

（三）两化融合评估的核心理念

1. 合法性理念

合法合规是制定两化融合评估计划的前提。在此基础上，评估能否与两化融合的重要政策规划及实践保持一致也是开展评估的重要标准。两化融合评估工作应当符合国家相关政策、法律规范的要求，要时刻注意评估是否遵循了必要的工作程序。只有这样才能提升评估的公信力，获得社会各界的认可。

2. 有效性理念

有效性是两化融合评估的核心内容。"效用性"研究的是使用、有用、影响力。它告诉我们在什么时候、以什么方式进行评估是有价值的。两化融合工作必须针对具体的实际问题，不能脱离实际、纸上谈兵。评估的有效性还体现在对多种评估方案进行比较，综合考虑评估的成本等，最终选出符合具体情况的最优方案。

3. 可行性理念

可行性讨论的是环境、文化、成本、政治、可用资源及其他因素对评估的影响，并指出了在实施评估前应首先考虑哪种可行性因素，以及在不同环境中如何保持或增强评估的可行性。两化融合评估的可行性首先指评估工作本身的执行难度，包括能否理解开展评估本身所具有的复杂性，以及评估参与者的范围是否界定清晰；其次还有评估主体的评估执行能力，这表现在是否具备相应的资质以及执行能力，能否准确理解并将工作落实到位等。

4. 效率优先理念

两化融合工作的效率反映了为实现融合目标而投入的各项资源与取得效果之间的对应关系。在一般评估方法中，对效率的评估一般采用成本—利益分析法（Cost-Benefits Analysis，CBA）以及成本—效能分析法（Cost-Effectiveness Analysis，CEA）。在这里提到的成本涵盖为开展两化融合工作付出的所有投入，而利益和效能指的是两化融合后带来的所有成果，包括经济的与非经济的、可量化的和难以量化的、直接的和间接的、即时的和未来潜在的、正面的和负面的各种结果。

5. 公平性理念

两化融合的不断推进涉及范围广泛的利益相关者，在对两化融合的评估过程中，要通过对利益相关者的合理分析，考量企业、行业和区域在两化融合中的产出和收益情况，各种资源和政府服务在不同区域、产业和企业之间是否得到了合理的分配，并就此合理规避相应的风险。

6. 可持续性理念

促进两化融合的各项工作不仅要适应当前我国的经济形势和产业机构，还应该能够根据市场导向和国际技术的传播和转移等外界环境的改变进行适当的调整，与之相应的评估工作就应该做到短期内及时反馈，发挥持续性的作用。

二、两化融合评估理论框架

（一）两化融合评估的可行性研究理论

1. 可行性研究理论概述

可行性研究（Feasibility Study）是在两化融合工作规划启动前对有关落实工作方案、技术方案进行的技术经济论证，即在社会经济现状、行业具体情况调查的基础上，通过市场分析、技术分析、财务分析和国民经济分析等，对各种工作实施可选方案可行性与经济合理性进行的整体性评估。可行性研究的基本任务，是对拟施行方案的主要问题，从技术经济角度进行全面的分析研究，并对其工作开展后的经济效果进行预测，在既定范围内进行方案论证的选择，促进资源的优化配置，完成预期的工作目标，实现一定的社会效益和经济效益。

可行性研究可以从两化融合的系统整体出发，对经济、技术、财务、商业以及环境保护、法律等多个方面进行分析和论证，确定拟采用两化融合工作的评估方案是否可行，为正确进行国家信息化战略决策提供科学依据。开展两化深度融合评估工作，不仅是针对某个门类工业的融合评估，更是对所有工业门类融合进行的评估预测。这种将产业链动态联系在一起进行的融合能力和水平评估不仅体现在技术、产品层面，还体现在管理、产业层面，实现了总体评估的管控一体化。

2006年，国家发改委和建设部颁发了《建设项目经济评估方法与参数》第三版，增加了对地区、区域经济和宏观经济影响进行分析的内容，界定了对区域经济和宏观经济影响分析的有关概念。2015年，工信部按照《信息化和工业化深度融合专项行动计划（2013—2018年）》中"企业'两化'深度融合示范推广行动"的工作部署，依据《工业企业信息化和工业化融合评估规范》（GB/T 23020—2013），推动各地方组织开展了企业两化融合评估诊断和对标引导工作。2017年，工业和信息化部《工业企业工业化和信息化融合评估——第一部分：总则和框架》已通过国际标准化组织的国际标准提案投票，标志着两化融合国际标准正式立项，启动制定工作[1]。

2. 两化融合评估可行性研究的程序

（1）机会研究。两化融合评估是对工业企业发展的方向提出建议，企业及基层单位根据生产中发现的技术问题和市场中的机会，寻找最适合生产技术优化升级的发展策略。在这一步骤中，企业要重视考察所在行业的发展趋势和政府所提供的基础设施环境，从而便于借助两化深度融合落实的服务性措施实现跨越式发展。

（2）初步可行性研究。这是进行可行性研究的前期活动，是行业企业通过收集资料，对进行工业信息化评估投入初步估算的过程，由初步可行性研究决定是否进行可行性研究。

（3）可行性研究是在初步可行性研究基础上认为基本可行，而对落实产业信息化、企业内部信息化、数据化等各方面的详细材料进行全面搜集、掌握，以此对两化融合的技术和经济诸方面进行综合分析考察，并对评估目标达成后提供的政策建议、经济作用、组织管理以及环境影响情况进行科学的预测，为决策提供确切的依据。

（4）形成评估报告。经可行性研究后，要将评估技术上可行和经济上合理与否的情况形成结论，写成报告，并对重点拟采用的评估方案进行评定和决策。

（5）评估方案的审核和决策。评估各项效益指标计算出来后，就应对两化融合的不同评估方案的效果进行对比，择优进行决策。

3. 两化融合评估可行性研究的方法

可行性研究的方法体系由三部分组成：哲学方法、逻辑方法和专业方法。哲学方法是关于认识世界、改造世界、探索实现主观世界与客观世界相一致的最一般的方法。逻辑方法使用概念、判断、推理、假说等逻辑思维形式，对两化深度融合的演进过程进行归纳、演绎、综合。专业方法是各门学科中常用的研究方法。针对两化融合评估研究的专业方法具有综合性、专业性、创新性的特点。

两化融合评估可行性研究的方法是融合工程、技术、经济、管理、财务和法律等专业知识和分析方法加以运用,并在实践中不断总结和创新而形成的方法体系。评估的主要数据资料来源有查询往年资料、发放问卷、集体商讨、数据共享、比较研究、专业人士把关等。

4. 开展两化融合评估可行性研究的主要内容

作为决策前关键性环节,两化融合评估可行性研究报告是在前一阶段的评估方案报告被批准之后对经济社会环境、科学技术水平、管理组织方式和基础设施等方面进行系统的分析,完成评估全流程各项的论证和评估,选定最佳方案,就是否应该支持开展评估工作,或终止评估,或是联合其他机构开展评估等提出有结论性意见,为决策提供科学依据,并作为进一步开展评估工作的基础。针对两化融合评估的可行性研究一般包括以下内容:

(1)开展必要性。主要根据我国相关部门的工作部署,依据工业信息化发展及预测的结果以及有关的产业政策等因素,论证开展评估的必要性。

(2)技术的可行性。主要从开展两化融合的技术角度,合理设计评估方案,并进行比选和评估。

(3)组织可行性。制定合理的两化融合评估实施进度计划,设计推进两化融合评估的常态化部门,培养或选择具有相关资质的专业评估人员,制订合理的评估落实计划等,保证各项评估工作顺利执行。

(4)风险因素及对策。主要是对开展两化融合评估可能遭遇的各类风险进行评估,如可能遭遇的新的国家关于两化融合的指导性政策、经济市场的大幅波动、产业出现颠覆性技术突破等可能产生未知影响的因素。要针对两化融合可能出现的干扰性因素进行评估,制定规避评估失败风险的对策,为开展两化融合评估全过程的风险管理提供依据。

(二)两化融合评估的动态管理理论

信息化与工业化融合是坚持以信息化带动工业化、以工业化促进信息化,是科技含量高、经济效益好、资源消耗低、环境污染少、人力资源优势得到充分发挥的工业化道路。我国两化融合的目标是构建现代化产业体系,提升产业能力和素质,实现传统产业的升级换代,发展信息化新兴产业,形成信息时代和智能化时代的经济体系和产业结构,实现创新、效率和可持续发展的产业发展模式。[2]对两化融合评估全过程进行动态管理,有助于促进评估机制的常态化发展,发挥评估反馈作用的长效作用,实现以评估促融合的可持续发展模式。

1. 两化融合评估动态管理中可持续发展的内涵

(1)强调经济、社会、资源、环境与发展的整体性,认为可持续发展是自然—经济—社会复合系统的可持续性发展,重点是要通过不断开拓技术创新领域,提高工业的环境友好程度。推进制造业工业信息化和智能化的提升,就是降低能耗与资源浪费,只有这样才能协调好经济发展与环境保护的关系,协调好经济发展与资源合理开发利用的关系。

(2)注重加强两化融合整体系统的可持续发展能力建设,把可持续发展战略的落实作为开展两化融合深入落实工作的重要组成部分,并着重从体制机制、经济市场、法律完善、科技创新等方面提出两化深度融合的系统设想。

(3)重视可持续发展的理论研究与实践相结合。根据可持续发展的思想,良好的自然环境是可持续发展的基础,经济的发展是可持续发展的条件,科技进步是可持续发展的动力,社会发展是可持续发展的目的。因此在进行两化融合评估的时候,应该在推动经济发展的基础上,重视工业信息化对环境的影响,实现区域、产业、企业的良性发展。

2. 控制与反馈思想

评估系统作为一个开放系统,时刻与外部政策、经济、自然环境有着物质、信息交换。系统要从外界取得物质投入,评估工作完成后向评估委托方交付评估结果及工作建议。这一评估系统还是一个动态系统,评估所属的状态参数随时间变化而变化。两化融合评估系统是一个开放的闭环系统,适用反馈控制方法。任何控制系统都是由施控系统和受控系统两个子系统构成。在评估工作中,施控系统就是开展评估的相关机构,当作为开展评估的目的输入信息下达到评估机构后,目标会被分解成可以衡量工业化、信息化融合的相关指标(控制信息),作用于接受评估的客体(受控系统），最后将本轮评估产生的结果反馈至下达评估命令的管理机构处，由此对两化深度融合的目标再输出产生影响，起到控制作用，以达到系统目的。值得注意的是，由于外界社会、经济、政治环境不断变化，与之相关的干扰信息总会使接受评估的区域、产业、企业所处的评估环境、实际评估结果与预期有一定的偏差。而进行反馈控制，就是依据被评估客体运行的现实状态与给定状态之间的偏差信息，减少或消除系统偏差，使评估工作运行状态维持在一个给定的偏差范围内，提高受控系统运行的稳定性，达到对两化融合评估进行控制和管理的目的，如图2-1所示。

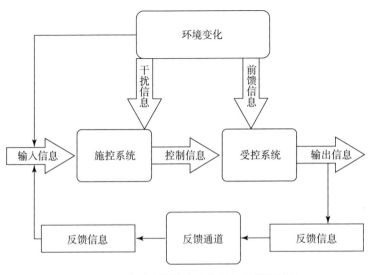

图2-1 两化融合评估中"控制与反馈"过程

3. 基于可持续发展的评估系统动态管理

赫尔曼·戴利（Herman Daly）于1991年提出维持可持续性的三条原则：使用可再生资源的速度不超过其再生速度；使用不可再生资源的速度不超过可再生替代物的开发速度；污染物的排放速度不超过环境的自净容量。

秉承了可持续发展理念的事后评估实际上就是反馈控制法在系统动态管理中的具体运用。两化深度融合的工作目标是否正确，以及推进全产业链信息化实际程度怎样，首先可以用反馈控制方法进行检测，预测产业进行技术性优化的成果，并以此来设定下一个阶段工业发展目标。其次是要考虑在推进工业转型升级、产业结构优化的过程中，国家投入的公共资源与服务是否超出投入物临界，有没有违背可持续性三原则。然后根据目标制定实施方案，通过对方案的分析和论证，把分析结果反馈给决策者，找出当前两化融合工作方案的利弊并提出改进意见。对这一过程的不断迭代能够使管理机构在进行决策前纠正可能出现的偏差，以保证方案尽可能的周密，经过论证、重新决策并付诸实施。除了在两化融合工作的筹备和落实阶段开展评估，还应在工作落实后将执行结果与原定的目标的差值进行比较性评估，调整下一阶段的工作计划和重点。主反馈的作用是检查目标决策是否符合我国工业发展的社会经济水平和技术实际能力，以便采取行政手段或市场化措施等，或调整工作方案的方式，保证阶段目标的实现，提高相关工作效益。在评估的全过程中，要检验两化融合后工业企业产出的负向效益有没有超出临界值，有没有违背可持续性三条原则。图2-2为两化融合评估系统的动态管理过程。

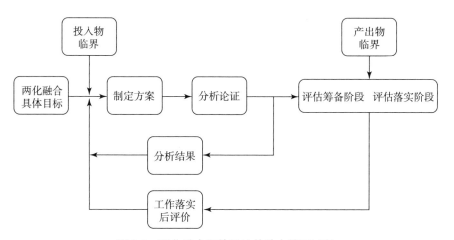

图 2-2 两化融合评估系统的动态管理过程

在两化融合评估系统的反馈控制中，遵守可持续性三条原则，就是重视环境、自然资源的价值。只有对两化融合各投入要素和产出实施临界控制，才能够动态地实现对资源环境的永续利用、代际公平等。在两化融合工作落实后评估过程中，立足于可持续发展的视角，去评估项目对社会、环境和生态的影响，并实施项目的控制与反馈，具有现实和深远的意义。

（三）两化融合评估的系统分析理论

1. 两化融合评估系统的基本特征

两化融合评估系统是由相互作用和相互依赖的若干部分和要素结合而成的，具有特定功能的有机整体，并且该整体又从属于两化融合的系统，是促进我国工业现代化总系统的一个组成部分。也就是说，两化融合评估系统是同类评估参与者以及评估相关事务按照一定工作架构和运行规律组成的整体，相对于我国工业发展环境而言，两化融合评估系统因其评估工业化、信息化融合发展目的和功能相对独立。

两化融合评估系统作为动态开放系统，时刻与所处的自然、社会、经济政治环境有着资金、资源和信息的交换。两化融合的评估工作因为涵盖范围广泛，研究内容深入到社会化生产的每一环节，由于其层次结构与不同子系统之间有着很强的耦合作用被认为是复杂系统，因而具有高度的不确定性和实时性。

对两化融合进行系统分析是系统方法在提升国家政府执政能力、开展科学决策中的具体应用。开展两化融合工作的系统分析，就是从推进经济发展的实质性变革，提高全要素生产率，加快建设实体经济、科技创新、现代金融、人力资源协同发展的产业体系目标出发，在选定工业转型升级目标和信息化标准的基础上，分析构成两化融合系统的各级子系统的功能和相互关系以及系统同环境的相互作用；运用科学的分析工具和方法，对系统的目的、功能、环境、费用和效益进行充分的调研、信息收集、比较分析、数据处理，并建立必要的数学模型，进行计算分析；将分析、计算的结果和评估的目的、要求进行比较，为推进两化融合发展工作做出最终的判断提供科学依据和信息。

2. 系统工程理论

一般的评估方法根据工作的总体周期可以划分为若干个阶段，由于各个阶段的工作重点有所不同，评估内容和方法也有所区别，因此要有选择性地开展阶段评估工作。在开展两化融合评估阶段，即事前评估阶段，主要就两化融合发展客观规律审核可行性研究报告，分析可行性研究报告中的各项指标计算是否正确，然后从企业、国家和社会等方面综合分析和判断开展两化融合推进工作的经济效益和社会效益。从两化融合各项工作启动到落实工作过程中,职能管理部门对两化融合整体水平和效果进行检查,及时发现两化融合工作中存在的问题,分析产生的原因,重新评估阶段性融合发展目标是否可能达到、各项规定指标是否可以实现,并有效地针对需解决问题提出对策和措施,以便决策者及时做出调整方案,使两化深度融合按照《中华人民共和国国民经济和社会发展第十三个五年规划纲要》《中国制造2025》《信息化和工业化融合发展规划(2016—2020)》中提的目标进行发展。在阶段性信息化工作完成后,进入事后评估阶段。

按系统工程的思想,两化融合本身作为一个大的开放的动态系统,与外部环境进行信息交换及资源和技术的输入,通过实施完成,最后向外界输出具有高科技附加值的技术产品。同时,系统的各个状态参数随时间的变化而产生动态变化。这个动态系统包括了两化深度融合工作落实的全过程。事前评估是为两化融合推进做好准备;而执行过程中的评估,又为执行工作后的评估积累了数据和资料;执行后评估的根本目的在于吸取教训,不断完善两化融合工作的各项配套措施。这几个评估过程是相互联系、相互作用的,所以不能将其孤立地切割成几个部分,而要从系统的观点来进行两化融合各项工作进展和结果的评估,如图2-3所示。

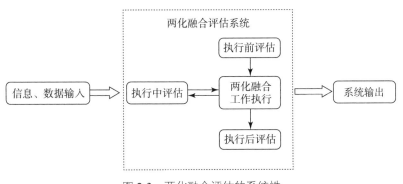

图2-3 两化融合评估的系统性

(四)两化融合评估的反馈控制理论

1. 控制系统概述

系统是具有输入和输出功能的有机整体,其过程是输入物质、能量和信息，在系统内部进行处理，输出新的物质、能量和信息，并利用反馈对系统进行有效的控制。该过程处在一定的环境中，并与环境进行物质、能量和信息的交换。任何一个系统都需要输入、转换、输出三部分组成，加上反馈就构成了一个完备的系统。反馈中最主要的是信息的反馈，存在于输入、转换、输出的各个过程，信息反馈一般是系统和环境之间的信息反馈。

2. 两化融合评估的反馈控制

为了保证总体经济、产业和企业发展的良性循环，在对两化融合评估的管理中，应具体应用反馈控制理论做好工作，落实评估。这里的反馈控制过程是两化融合工作方案的决策者根据工业发展的需要，通过决策评估确定融合目标，根据目标来制定具体工作实施方案，并通过对方案的可行性分析和论证，把分析结果反馈给管理决策者，这种局部反馈使决策者在选取推进工业信息化方案决策阶段及时纠正偏差，改进完善目标方案，作出正确决策并付诸实施。在两化融合工作的实施阶段，执行者将实施信息及时反馈给决策管理者，并通过工作中的实时评估提出分析意见和建议，使决策者掌握融合工作实施全过程的动态，及时调整方案和执行计划，使相关政策措施或行业规范顺利实施并投入运营。到融合具体工作开展一段时间后，通过工作后评估将建设信息化生产、管理流程所产生的经济效益、社会效益等与决策阶段的目标相比较，对两化融合工作的全过程作出科学、客观的评估，反馈给政策和行业、企业规范制定者，从而对今后的生产、管理目标作出正确的决策。两化融合评估系统的反馈控制思想如图 2-4 所示。

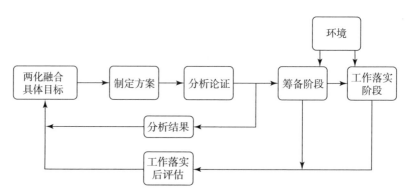

图 2-4　两化融合评估系统的反馈控制思想

工作落实后的评估通常将系统工程理论和反馈控制理论结合起来应用，对工业信息化过程中的行业形态演变或发展及其产能结果作出科学的分析和判断，并进行有效调控，以实现两化融合管理的科学化。在此，可以将两化融合评估系统划分为四种基本构成要素：输入、执行、输出和反馈。输入表现为政府及各类管理机构为促进产业调整创新投入的各种物资、资金、人力、技术和管理等要素；执行表现为两化融合工作的实施过程；输出表现为产业或企业开展信息化系统升级后产出的产品或服务；反馈则是对工业信息化生产下的产品或服务进行分析研究，考察融合主体数字化运行情况，发现问题并反馈到输入中去，以对今后的政府投入产生影响，进一步影响企业或行业产出。

（五）两化融合评估的信息化测评理论

1. 信息化的概念

信息化原指在经济生活中，以计算机信息处理技术和传输手段的广泛应用为基础和标志的新技术革命，影响和改造工业生产管理方式的过程，并在此基础上，影响人类生活进程，推进各领域逐步利用先进技术，构建信息网络的过程。根据《2006—2020国家信息化发展战略》中的定义，信息化是充分利用信息技术，开发利用信息资源，促进信息交流和知识共享，提高经济增长质量，推动经济社会发展转型的历史进程[3]。

2. 信息化测评理论

信息化测评起源于日本学者Tadao Umesao题为"论信息产业"的文章，他提出"信息化是指通信现代化、计算机化和行为合理化的总称"。因此，社会计算机化的程度是衡量社会是否进入信息化的一个重要标志。经过学界近半个世纪的研究与探索，信息化测评涉及的宏观领域涵盖经济、社会等方面，并形成了较为系统、世界认同的理论与方法。较为典型的理论主要有以下两种。

（1）波拉特法。

作为最早的信息化评估方法，1977年，马克·波拉特（M.U.Porat）在其著作《信息经济》中首次系统地提出了被称为"波拉特法"的信息经济测算方法[4]，开创了经济学对信息化定量分析的先河。该方法将信息活动划分为市场信息活动和非市场信息活动两部分。其中，一级信息部门是向市场提供信息商品或服务，参与市场交换的厂商部门；二级信息部门是满足政府或非信息企业内部消费而提供信息生产和服务的部门。波拉特法提出用信息活动的产值占国民生产总值或国内生产总值的比例大小、信息劳动者人数占就业人口的比例大小和信息部门就业者收入占国民收入的比例大小来衡量社会信息化程度。

（2）社会信息化指数。

信息化指数（Index of Information）是日本经济学家小松崎清提出用来评估社会信息化程度的定量方法。可通过纵向比较一个国家或地区不同时期的信息化程度、横向比较不同国家或地区之间的信息化程度，从信息量、信息装备率、通信主体水平和信息系数四个要素来体现社会的信息化程度[5]。该模型虽然具有数据的可获得性强、可比较性强、层次性强、系统性强等优点，但其具体指标中的绝大部分都是社会领域的，反映经济信息化的指标太少。而在反映社会信息化的众多指标中，大多与信息化建设投入、信息化设备普及直接相关，很少有与信息化绩效直接相关的具体指标，这使得信息化水平的测度研究还存在着一定的不全面性。

三、两化融合评估方法

从宏观上看，评估方法主要有定性和定量两种，也称为主观评估方法和客观评估方法。定性评估方法主要是对一些无法量化和无法获取数据的绩效指标依靠评估标准和体系进行评估。定量评估方法较为客观，根据客观的数据，运用数学、统计学说提供的概念、处理问题的方式和技巧，对两化融合进行量的描述，建立与之相适应的数学模型，进而进行计算分析，以数字来衡量绩效结果。

在针对两化融合的实际评估过程中，对工业生产和信息技术融合的定性分析必然导致对区域、产业和企业融合发展水平和能力等的定量分析，开展针对工业信息化量化数据分析的目的在于更精确地把控未来两化深度融合发展的走势。因此，在开展工业化与信息化融合的评估过程中，应该将定性分析和定量分析动态合理搭配使用，从方法的应用方面保证评估结果的科学性和实用性。

（一）两化融合定性评估方法

1. 调查分析法

调查分析法根据预测目标的要求，通过抽样、访问等方式针对特定对象进行调查，再把调查所收集的数据资料，经过整理分析，按照一定的理论和规律进行科学的判断分析，最终提出预测报告的一种预测方法。这种方法以部分调查资料推算全体，花费少，收效快；组织实施简便易行，实用性较强；集中在实际调查中取得信息，又能利用统计资料进行分析，所以预测结果的准确性较高。根据获取资料的不同，可分为抽样、调查问卷、深度访谈和资料检索等方式。

本书中对我国两化融合评估开展的调研，就是通过发放问卷和深入访谈的方式对全国两化融合重点区域、典型行业与企业的融合绩效进行调查，分析两化融合现阶段存在的问题，提出相应的政策建议。

2. 专家判定法

在开展两化深度融合评估工作的过程中可以选用专家判定法，借助相关领域专家的专业知识和历史经验来做出评估。因此评估机构专家系统的完备性也成了彰显其专业性、独特性、权威性、公正性、客观性等特征的重要理论依据。在这一环节中要注重提高外部专家的比例，建立较为系统的管理制度。尤其是在进行两化深度融合相关重大项目及工作评估时，可以要求一定比例的境外专家和评估对象系统外专家参与，并注重完善评估专家的信用制度和机制。

3. 多目标综合评估法

多目标综合评估法是一种能够对工作效应进行定性分析和定量分析

的评估方法，主要用于事前和事后评估。由于该方法能够随着系统结构的变化而进行调整，且无须对评估方法做较大改动，所以具有较好的适应性。运用该方法进行两化融合相关评估的步骤主要包括：确定相关工作方案；针对主体的发展需要选择融合评估目标和指标；确定两化融合具体遵循的评估标准和计算指标的评分制；通过多指标综合评估值以及根据综合评估制度对不同工作方法推进两化融合效果的优劣进行判断和分析。

4. 间接类比推算法

类比法是根据两个对象的已知相似性，把一个对象已知的属性或规律推介到另一个对象上，从而获得对第一个对象新认识的方法。或是把正在发展中的事物与历史上的先导事件相互类比，通过这种类比分析来预测事物的未来发展方向。我国两化融合的发展情况由于在适用产业领域、发展环境和复杂度方面与发达国家过去发展情况相似，存在一定的类比性，因此我们能够依赖对其他国家工业信息化发展的资料估算与我国两化融合发展的近似程度，进而预测未来的发展态势。

5. 指标评估方法

对事物进行的评估往往不尽合理，必须全面地从整体的角度考虑问题，指标评估方法应运而生。运用多个指标对多个参评单位进行评估，称为多变量指标评估方法。其基本思想是将多指标转化为一个能够反映综合情况的指标来进行评估。

（1）层次分析法。

层次分析法是将决策问题按总目标、各层级子目标、评估准则直至具体的筹备方案的顺序分解为不同的层次结构，然后用求解判断矩阵特征向量的办法，求得每一层次的各元素对上一层次某元素的优先权重，最后用加权和的方法递阶归并各备择方案对总目标的最终权重，最终权重最大者即为最优方案。

在对工业企业两化融合发展进行评估的过程中，可以通过将国家对工业信息化的评估指标分为几个基础层次，在此基础上对各因素的相对重要性进行排序，确定出每个层次中各因素的权重，最终得出各级权重指标。

（2）因子分析法。

因子分析法的基本目的就是用降维的思想，利用少数几个因子去描述许多指标或因素之间的联系，即将相关比较密切的几个变量归在同一类中，每一类变量就成为一个因子，以较少的几个因子反映原资料的大部分信息，简化原指标体系的结构。

国内学者从信息化程度、融合的应用和创新、融合的影响与效益三方面结合的角度提出了可用于构建两化融合的评估指标体系，在此基础上，通过检验、分析、讨论指标间的相关关系及合并的可行情况，采用因子分析法提取这些指标中的主要因子并构建综合评估指标。

由于我国用于评估信息化与工业化融合程度的各项指标都是定量化指标，其取值单位不统一，需要对这些指标进行标准化处理，再进行因子分析提取公因子，最后把各公因子对应的方差贡献率作为权数计算综合统计量，从而得出衡量融合度程度[6]。

（二）两化融合评估定量方法

1. 计量经济分析方法

计量经济学是通过使用数据、经济理论和统计方法建立经济计量模型，来对经济运行规律和相应工作开展成效进行定量分析的学科。当前计量经济学在评估中的优势不断显现，主要表现在以下几个方面：一是可以通过收集可靠的经济数据，运用不同的模型验证经济现象和理论；二是计量经济学作为一种研究方法的广泛应用，深入经济学的各个领域；三是计量经济学不仅扎根于学术，在政府、智库和金融界也有很高的实用性价值；四是计量经济分析方法不断扩大外延、深入发展，从一个侧面反映出其强大的定量分析能力。

回归分析 (Regression Analysis) 作为计量经济学常用的分析方法，是研究一个变量（被解释变量）关于另一个（些）变量（解释变量）的具体依赖关系的计算方法和理论。从一组样本数据出发，确定变量之间的数学关系式，对这些关系式的可信程度进行各种统计检验，并从影响某一特定变量的诸多变量中找出哪些变量的影响显著，哪些不显著。利用所求的关系式，根据一个或几个变量的取值来预测或控制另一个特定变量的取值，并给出这种预测或控制的精确程度。

在研究两化融合与其他因素的影响关系评估时，研究者能够通过统计面板数据考察因素之间是否存在着较明显的线性关系。如果存在就可以就此构建相关性的线性方程模型，并根据数据回归分析，得出线性回归方程，由此分析各个因素之间的相关程度。

2. 投入产出分析方法

投入产出分析法[7]的基本思路是将国民经济划分为若干个性质不同但互为联系的部门或产品群，然后借助信息方程组模拟现实经济结构和社会生产过程，最后通过测定技术系数，编制国民经济计划或预测经济未来。

当我们用这一方法来研究两化融合的问题时，它能够反映两化融合区域间差异化发展之间的联系；当其用于产业融合状况评估时，能够反映各产业之间协同合作转型升级的内在联系；当其用于企业时，它反映的就是企业内部工序调整优化之间的关系。在工业与信息化部关于工业企业两化融合发展效果评估的项目中，研究者运用柯布—道格拉斯生产函数模型为基础计算两家典型工业企业的投入产出，得出企业的信息化资金投入和人员投入对企业的生产总值有积极影响的结论。比较分析二者在年均总产值增长率、信息化投入增长率、信息化员工增长率、信息化投入增长贡献率、信息化员工增长贡献率、技术进步贡献率方面的异同，并从企业两化融合实践时间长短、企业性质、企业规模和行业背景等方面分析差异原因，探讨了两企业两化融合发展的经验和工作不足。投入产出分析方法在诞生后，经历了学界较长时间的完善和发展，除了静态投入产出模型，还衍生出了研究社会专门问题的动态、优化模型等，适用范围较广。

（三）两化融合评估通用方法

1. 专家打分评估法

专家打分评估法是在多个领域得到广泛应用的评估方法。首先根据具体要求选定评估对象，制定评估标准，聘请相关领域的专家凭借经验评估标准给出的项目，最后对专家给出的分值进行处理。专家打分表应遵循明确性、层次性和关联性原则，如表2-1所示。

表2-1 两化融合评估专家打分法举例

序号	两化融合工作	权重	调查情况	标注分值	打分分值	
一		目标1			*	
1		指标1			*	
2		指标2			*	
……		……			*	
二		目标2			*	
总计		总目标			总分	

以企业两化融合能力的评估为例，在进行评估启动时，对于指标的选择以及评估体系的构建可以采取专家评议的方法。根据专家的研究讨论，能够获得较为全面的融合能力测度指标，由此设计指标调查问卷，并选取具有行业代表性的企业的信息化主管领导进行试填工作。根据试填结果和企业领导的意见最终确定影响两化融合能力的多级指标，再根据层次分析法的原理和方法，采用专家调查法和测度准则，对各个两化融合能力评估指标的重要性比较，给各项指标分别赋值。最后根据专家评分结果形成判别矩阵，得出科学的企业两化融合能力评估指标体系表。

2. 比较分析法

比较分析法是通过将两化融合工作执行前后或是否执行的有关情况进行比较，来衡量工作效果与价值的分析法，可以定性描述也可以定量说明。

在开展两化融合的实际评估工作中,选用定量对比方法就是通过获取大量工业化信息化、衡量指标的相关参数,比较分析两化融合工作是否实施或实施前后不同地区、产业甚至同类企业间的情况变化;而对工业化、信息化的定性对比研究则通过不同工业制造国家具体情况的横向对比,来分析工业信息化评估方法上的差异。在针对我国两化深度融合的评估问题上,定性与定量结合可以使相关工作指导思想的改变易于理解、便于实行,帮助多数行业企业了解评估的作用和效果,并为下一步深入推进两化融合工作提供参考依据。

在 2008 年广州市人民政府决策咨询委托课题"广州市推进信息化和工业化融合的研究"中,研究人员运用修正后的信息化指数法对广州市信息化水平进行测算,并把广州市 2006 年的数据与美国、日本 2000 年的数据对比,得出了在总体水平上,广州市已经超过美国、日本 2000 年的信息化水平的结论,并指出广州市两化融合二级指标上仍落后于这两个国家,说明广州市的产业结构有进一步提高的空间[8]。在这种定量指标对比研究中,可以看出这种方法能够根据评估需求选取目标数据,具有直观呈现对比差异的优点;但由于研究者的学术水平差异或所参考理论的不同,可能存在对数据的选用带有研究者主观色彩的问题。

3. 社会学和社会工程评估方法

(1) 社会工程建模方法。

面对两化融合这一个复杂的系统问题,需要考虑的因素非常庞杂,且各种因素会形成盘根错节的内外联系,只有理清各个层次各个主体之间的关联关系,才能有效地应对融合过程中内外部的各种情况。依据两化融合实施方案设计者的既有经验进行的方案评判会导致部分结论缺乏实践性。针对这一情况,方案设计者可以借助仿真对真实事件进行模仿或模拟,仅用一种较小的投入达成对真实世界基本行为和运行规律相对准确的理解,避免对真实世界产生错误理解,减少主观臆断造成的损失。借助仿真软件在计算机上建立系统仿真模型,可真实地模拟项目未来的各种情况,通过深入分析各个方案的优劣点,对规划方案进行定量化的评估,给方案的优化设计选择提供有价值的意见。

在两化融合相关政策决策的科学化层面上,核心问题是一些决策方法不能适用于两化融合所面临的复杂社会环境。两化深度融合政策在落实过程中受到各方影响，包括政策本身、执政人员、行业参与者、企业及其他利益相关者、国际信息化发展环境因素，等等。这就增加了我们准确把握两化深度融合落实政策执行后果的难度。因此，开展工业化与信息化融合政策方针工作的考察、验证和确认工作，对于我国提升两化融合的工作水平和质量效率有着重要的理论意义和实用价值。

（2）"3E"评估法。

"3E"评估法是为了更好地控制政府的财政支出、节约成本而对政府的公共部门展开绩效评估的一种方法。"3E"主要是指经济性（Economy）、效率性（Efficiency）、效果性（Effectiveness）。开展两化融合评估工作时所强调的经济性，是指政府、产业或企业等由于推进工业信息化发展引发的制造、管理成本的降低程度；效率性是指取得信息化突破性进展或其他成果与开展产业结构调整、生产环节优化过程中的资源消耗之间的对比关系；效果性则是指为促进工业化、信息化所开展的相关工作或提供的公共服务在多大程度上达到了各项发展规划既定的目标。从以上三个指标的具体内涵可以看出，采用"3E"评估法能够促进融合成本的降低，这种评估方法侧重点在于量化经济效益。

（3）时间管理预测。

时间是两化深度融合落实的一项关键成本，因此在我国制定的阶段性信息化和工业化融合发展规划中，对于每个阶段如何合理安排融合工作的具体开展都有进一步的要求，因为按时完成项目工作、合理分配资源、发挥最佳工作效率是加快建设制造强国的关键内容。因此我们要确定两化融合工作总目标、实际任务、活动排序，合理估算时间期限、制订完整进度计划，资源共享分配，监控融合进度。

（4）关键绩效指标预测。

关键绩效指标预测方法主要是根据实践经验及历史数据揭示事物的发展规律、发展趋势，分析事物的发展途径和条件，尽早预知未来发展状况，从而能够控制其发展。关键绩效指标的预测方法较多，几乎涵盖了所有的预测方法，常见方法包括移动平均法、指数平滑法、时间序列法、神经网络法、德尔菲法、回归预测法、动态预测方法。

将关键绩效指标应用于我国政府两化深度融合战略绩效评估中，就是通过对政府在开展两化融合时采取的关键行为进行考核，进而推导出总体管理绩效，也就是通过对我国政府在开展两化深度融合工作时的组织内部运行过程中的关键成功要素进行提炼和归纳，对给定层次上最重要的少数评估指标进行评估。

四、两化融合"E-FAP"评估体系模型及原理

（一）"E-FAP"评估体系的总体构建思路

"E-FAP"评估体系通过对两化融合发展历程、阶段和特征的分析，将影响和衡量两化融合发展的维度分为4个方面，分别是环境（Environment，即政府政策、机构建设、国际形势等）、基础建设（Foundation，即人、财、物）、应用现状（Application，即信息化技术在工业关键环节的各层次应用情况）、进展绩效（Performance，即产出价值，包括竞争力和经济、社会效益），简称"E-FAP"。以上4个维度构成我国两化融合进展评估的主要研究体系。"E-FAP"评估体系从两化融合进展着手，并依据设计的评估框架，分别从区域、行业、企业和工信部推进工作4个层面进行深刻剖析，以期对我国两化融合进展从宏观、中观、微观等各个层面进行全面清晰的评估，如图2-5所示。

（二）"E-FAP"评估体系模型的评估维度与动力规律

1. 两化融合进展评估体系模型的4个评估维度

两化融合进展评估体系模型提出了基础建设、应用现状、进展绩效和环境4个维度。评估规范包括基于基础建设和各阶段应用现状的水平与能力评估，以及基于竞争力和进展绩效的效能与效益评估两个部分，分别提出各方面不同水平与能力级别相关的评估关键要素，并给出各要素的评估要点，如图2-6所示。

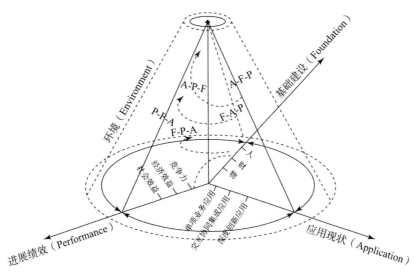

图 2-5　E-FAP 两化融合进展评估体系模型

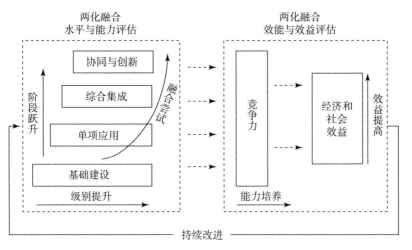

图 2-6　两化融合进展评估体系模型各评估维度关系

（1）基础建设，即工业企业两化融合基础准备程度。旨在通过评估两化融合基础设施和条件建设情况，衡量两化融合基本资源保障的水平与能力级别。主要评估内容包括与"人"相关的组织和规划，与"财"相关的资金投入、与"物"相关的设备设施3个方面。通过整合人力、物力和财力，逐步建立与两化融合相适应的各种"软硬件"环境，并在实施信息化的过程中不断完善和维护信息系统等情况。

（2）应用现状，指信息化技术在工业关键环节的各层次应用情况。评估可从信息技术与工业各环节结合的成熟度展开，例如企业或行业信息技术应用情况。评估内容分为单项业务应用、综合集成应用和协同与创新应用。单项业务应用与企业关键环节密切相关，如研发设计环节、生产过程环节和经营管理环节等；综合集成指工业企业两化融合在各单项业务整合中的应用情况；协同与创新应用指面向市场的、战略层面综合的深度应用，该类应用是两化融合效果显现的重要标志。

（3）进展绩效，即企业在信息技术应用的基础上实现的综合产出，如企业的贡献率等。进展绩效下设3个二级指标：竞争力、经济效益和社会效益。竞争力、经济效益与社会效益这3个指标充分体现了两化融合到两化深度融合新的评估要求与内涵。

（4）环境。环境因素是决定外部动力规律的决定性因素，包括政府政策、机构建设、国际形势等二级指标。外部环境的这些因素深刻影响着两化融合发展路径与模式，决定着其他3个维度的发展变化，并且环境因素具有不确定性和易变性，因此在评估过程中必须紧密关注其变化。

2. 两化融合进展评估体系模型的两个动力规律

应用现状决定两化融合的进度，基础建设是应用现状(A)和进展绩效(P)的前提条件，进展绩效(P)是应用现状(A)和基础建设(F)的驱动力。通过对工业领域两化融合的发展阶段和特征的分析可知，基础建设阶段、单项应用阶段、综合集成阶段和协同创新阶段是两化融合的四个发展阶段，在其各个发展阶段过程中，基础、应用、绩效和环境是相互依存、互为补充的四个重要方面。两化融合在不断发展变化过程中，突出体现了两个动力规律。

（1）内部动力规律。

两化融合发展初始阶段主要遵循F-A-P模式。通过对两化融合发展阶段的分析发现，企业在信息化建设的初期，关心计算机的设备购置、网络的建设，为信息技术的广泛应用打下物质基础；随着应用的逐渐普及，信息技术开始实现对各业务环节的横向覆盖和纵向渗透；在实现单项业务环节自动化、数字化基础上，逐步实现业务之间的协同和集成；最后逐渐实现与工业要素的全面融合，引发企业业务流程与模式的变革和重组，形成新的工业能力，即新的绩效。

在两化融合向纵深发展的过程中，P-F-A\A-F-P\A-P-F等多种模式并存。随着信息技术与企业各业务环节结合、渗透和融合程度的不断加深，两化融合能够极大地提升企业竞争力，并带来良好的经济和社会效益。在此过程中，由于不同区域、行业或者企业的发展环境和实际情况不同，所以引发了多种模式。

① P-F-A 模式，指绩效的提高带来了新的生产力和更高的劳动效率，在取得新的盈利和经济效益后，又投资购买最前沿的信息设备或者引进云计算等新一代管控信息技术，大大促进了信息技术的全面应用。

② A-F-P 模式，指企业在生产、管理或者物流等任何环节引进并且应用了新一代信息技术，带动了基础设备的利用率，生产效率大大提高，劳动成本大大降低，最终提高了企业利润和绩效，增强了企业综合竞争实力。

③ A-P-F 模式，指企业在生产、管理或者物流等任何环节引进并且应用了新一代信息技术，带动了企业整体经济效益的提升，大大提升了企业资本运营能力，为顺应环境的新变化和国内外信息化浪潮的新形势，企业继续进行信息化设备的投资，实现两化融合的良性循环。

内部动力规律说明，在 E-FAP 框架下评估，应当遵循系统、科学动态的原则，对任何事物两化融合发展水平的评估不能一概而论，不同行业、不同规模、不同地区的区域、行业和企业等的工业化和信息化存在较大差距，所对应的两化融合发展模式也有很大不同。因此在评估过程中应当注重具体问题具体分析、分类讨论，和多维度的横向、纵向比较分析等。

（2）外部动力规律。

应用现状、进展绩效、基础建设（APF）三者耦合是两化融合发展的内部动力定律，环境（E）与 APF 交互作用，共同推进两化融合向深度创新融合阶段发展，构成评估体系模型的外部动力规律。随着两化融合的纵深发展，软环境的不断变化对于整个两化融合发展进程和发展模式产生不断的影响，并引导两化融合向两化深度融合的最高级形式进行演进，在两化融合的带动提升作用下，最终实现经济、政治、文化、社会和环境的一体化。外部动力规律表明了，在评估过程中，应当注重外部环境和外部条件的改变，遵循动态性原则。

（三）"E-FAP"评估体系模型的评估依据与评估方法

全面而可靠的评估依据是评估的基础。在组织相关专家和评估小组对评估内容进行研究时，可以通过以下渠道搜集评估的主要支撑和依据：

（1）针对工信部前期对区域和行业等相关研究的结论进行深入归纳总结。

（2）相关文献与专著。

（3）相关政策文件的案卷研究。

（4）定期组织实施问卷调研，更新编写《综合调研证据报告》。

（5）与政府官员、工信部专家、领军科学家、行业领军人才进行座谈，召集研讨会及项目组各类交流会议。

E-FAP评估的组织架构如图2-7所示。

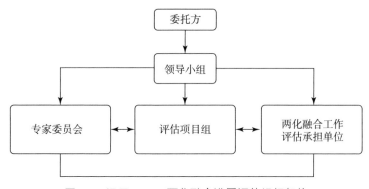

图 2-7　运用 E-FAP 两化融合进展评估组织架构

参考文献

[1] TC标委会, 中国机电一体化协会. 两化融合评估标准正式通过国际标准立项 [J]. 电信工程技术与标准化, 2017, 39(6):6-6.

[2] 张睿铎. 装备制造业企业两化融合发展浅析 [J]. 数控机床市场, 2013(5):43-44.

[3] 中共中央办公厅. 2006—2020 年国家信息化发展战略 [M]. 北京：中国法制出版社，2006.

[4] 马克·波拉特. 信息经济论 [M]. 李必详，钟华玉，译. 长沙：湖南人民出版社，1987.

[5] 吴静. 区域两化融合绩效评估理论与实证分析 [D]. 广东工业大学，2011.

[6] 李淞淋，陈文基，肖宏伟，等. 信息化与工业化融合对经济发展的拉动影响研究 [J]. 现代管理科学，2014(3):9-11.

[7] 何其祥. 投入产出分析 [M]. 北京：科学出版社，1999.

[8] 易法敏，符少玲，兰玲. 广州市信息化水平及其与工业化融合程度评估 [J]. 科技管理研究，2009(8):287-290.

実践篇

第三章
我国两化深度融合发展评估
——基于2008—2013年调研数据分析

本章是基于《我国两化融合综合调研证据分析报告》(见本书第八章)和相关统计年鉴数据形成的,从区域、行业和企业3个维度对2008—2013年我国两化融合的进展与成效进行了回顾。每一部分都包含总体性评估和E-FAP模型评估结果两部分。分析结果显示:我国两化融合创新体系在2008—2013年呈现出由初具规模向全方位、多层次、全过程发展的趋势,战略新兴产业不断壮大,促使产业链联动转向协同创新,企业核心竞争力增强,国际信息化指数显著提升。

一、评估实施背景与评估特点

此次评估是以我国两化融合进展评估的4个研究维度(基础建设、应用现状、进展绩效、环境)以及两化融合发展的4个阶段(基础建设、单项应用、综合集成和协同创新)为评估框架,并基于收集的调研数据,分析2008—2013年我国两化融合的阶段性进展与成绩。

评估范围包括区域(试验区)、行业、企业3个层面。在综合借鉴工信部已有的评估数据和结论基础上,借助E-FAP评估体系,根据其评估体系的4个维度和两个动力规律,充分运用战略布局图法、横向比较法、问卷实证调研、访谈法和案例分析等方法,分析出了区域和行业各层面的新形势、新变化、新发现。企业评估依据《我国两化融合综合调研证据分析报告》(见第八章)的数据分析,运用两个动力规律分别进行了实证分析和案例分析。"分合相成"是本次评估的主要特色。

"合"指的是统一评估维度,进行我国两化融合进展的全局系统性评估。统一评估维度能够对全国、区域、行业和企业进展进行全局性、系统性的评估,同时又能充分运用已有的相关评估成果。运用 E-FAP 的评估思维体系,在评估规范的统一指导下,能够较好地对我国两化融合各个层面及总体进展的评估进行全局性的把握。这样既不会导致区域层面的评估体系过于宏观和抽象而缺乏深度和引导性,也不会导致企业层面的评估体系过于关注个性而难以与其他地方和行业的企业进行对比分析。统一评估维度有利于进行全局性、综合性评估,有利于进行横向比较,有利于后续的评估和研究。

"分"指的是两个动力规律遵循动态的评估原则,找准评估的新变化、新发现。在统一的思维评估体系下,分别对每一部分进行具体评估,通过战略布局图法、横向比较法、问卷实证调研和案例分析等方法,试图找到外部政策刺激下两化融合进展的新变化,提出评估的新发现。这是对 E-FAP 评估体系的两个动力规律的有效运用,同时这些方法得到的结论又反过来验证了两个动力规律的有效性。因此,评估体系设计了应用现状、进展绩效和基础建设三者耦合的两化融合发展的内部动力规律,以及环境与这三者交互作用共同推进两化融合向深度创新融合阶段发展的两化融合发展的外部动力规律,以期能够系统、科学、动态地对我国企业两化融合水平进行全方位的评估。

二、 区域两化深度融合评估实践

两化融合评估工作是走中国特色两化融合道路的有力抓手,具有重要意义[1]。通过建立一套总分结合的科学评估体系,引导各地区、各行业和不同企业在统一框架下各有特色地开展两化融合评估工作,既能够准确把握总体和各方面的发展现状、重点和趋势,又能够支持深入挖掘两化融合的发展规律和实现途径,从而支持工业和信息化系统各级政府主管部门科学决策,提升行业组织服务能力和水平,指明企业两化融合的工作切入点和方向。

两化融合是战略性、全局性、系统性的变革过程,涉及理念转变、模式转型和路径创新,其推进工作需要顶层设计和把握[2]。为有效推进信息化与工业化融合,工业和信息化部采取了一系列意义深远、行之有效的重要举措。为了推进区域两化融合发展进程,带动全国两化融合发展水平的整体提升,工信部于 2008 年和 2011 年分别确定了两批"国家级信息化与工业化融合试验区"。目前,试验区"以点带面"促进区域两化融合发展的成效已经显现。

区域发展水平评估有利于摸清各地两化融合发展现状,及时发现存在问题,准确把握发展趋势和规律,引导政府部门找到发展方向和实现路径,制定具体有力的推进措施[3]。区域两化融合的现有水平是推进信息化和工业化融合的基础,因此对区域两化融合水平的评估具有重要的现实意义。

(一)区域两化融合进展的总体评估

为科学衡量全国各区域两化融合发展水平,准确把握各区域发展规律,正确引导地方政府与企业深入推进两化融合,赛迪研究院研究设计了区域两化融合发展水平评估指标体系和评估方法,在评估试点的基础上首次开展了全国区域两化融合发展水平评估,对我国各地区两化融合发展水平、发展现状等有了较为全面的摸底。本书在 2012 年《中国区域两化融合发展水平评估报告》的基础上对数据进行二次梳理、整合和总结,运用 E-FAP 评估体系分析了区域两化融合进展的总体情况。

区域两化融合发展水平评估指标体系与 E-FAP 评估体系设计框架相吻合,主要由 3 类指标构成:第一类是基础环境,涵盖网络基础设施建设、移动电话和互联网应用普及、两化融合政策环境建设、中小型企业信息化服务体系建设以及工业企业信息化环境建设等方面;第二类是工业应用,涵盖工业企业重要信息系统应用、电子商务应用、生产装备信息技术应用以及工业园区信息化应用等方面;第三类是应用效益,涵盖工业生产效益和水平、创新能力、节能减排水平以及信息产业发展水平等方面[4]。根据区域两化融合发展水平评估指标体系,基于对全国各省(自治区、直辖市)2 300 多家企业网上调查,赛迪研究院对当年全国区域两化融合发展水平进行了评估。

首先,以 2010—2011 年各省(自治区、直辖市)两化融合发展水平评估结果为例,如表 3-1 所示,江苏、上海、山东、北京、广东两化融合发展水平处于全国领先地位,福建、浙江、天津、湖北、辽宁紧随其后,甘肃、青海、云南、贵州、西藏等地区的两化融合发展水平较低,其余地区处于中间水平。

表 3-1 2010—2011 年各省(自治区、直辖市)两化融合发展水平比较

省(自治区、直辖市)	基础环境指数	工业应用指数	应用效益指数	总指数	2011年总指数排名	2010年总指数排名	与2010年相比排名变化情况
江苏	74.55	68.71	117.44	82.35	1	2	↑1
上海	76.26	72.94	102.09	81.06	2	1	↓1
山东	70.4	71.03	91.37	75.96	3	4	↑1
北京	68.59	64.89	104.14	75.63	4	3	↓1
广东	72.18	50.77	121.66	73.84	5	5	—
福建	77.83	63.7	83.59	72.2	6	6	—
浙江	74.25	57.84	93	70.73	7	7	—
天津	66.89	55.65	90.74	67.23	8	8	—
湖北	63.1	71.24	62.47	67.01	9	10	↑1
辽宁	76.35	52.86	78.05	65.03	10	9	↓1
湖南	59.27	65.45	64.39	63.64	11	12	↑1
重庆	55.7	62.22	72.39	63.14	12	15	↑3
河南	61.68	64.83	59.61	62.74	13	13	—
安徽	51.2	66.68	65.72	62.57	14	14	—
陕西	67.34	58.51	65.54	62.47	15	18	↑3
黑龙江	63.28	66.92	50.14	61.81	16	11	↓5
四川	52.78	50.68	74.63	57.19	17	19	↑2
吉林	61.47	56.68	53.06	56.97	18	16	↓2
广西	52.28	64.94	43.4	56.39	19	17	↓2
新疆	58.67	50.51	52.71	53.1	20	24	↑4
河北	49.28	56.02	49.1	52.6	21	20	↓1
内蒙古	55.89	51.1	50.45	52.13	22	21	↓1

续表

省（自治区、直辖市）	基础环境指数	工业应用指数	应用效益指数	总指数	2011年总指数排名	2010年总指数排名	与2010年相比排名变化情况
宁夏	46.47	52.6	49.69	50.34	23	26	↑3
江西	48.08	48.39	53.13	49.5	24	22	↓2
海南	57.29	46.05	42.81	48.05	25	23	↓2
山西	44.2	48.36	49.12	47.51	26	25	↓1
甘肃	47.65	44.82	35.52	43.2	27	28	↑1
青海	43.42	45.53	37.89	43.09	28	30	↑2
云南	36.26	47.31	40.46	42.83	29	27	↓2
贵州	49.59	35.77	46.09	41.8	30	29	↓1
西藏	26.95	27.15	34.84	29.02	31	31	—
全国均值	58.36	56.13	65.65	59.07	—	—	

数据来源：赛迪研究院2012年《中国区域两化融合发展水平评估报告》

其次，两化融合试验区区域示范带动作用显著。第一批两化融合试验区的两化融合指数除内蒙古和唐山两个区域外均已达到60以上，即均达到全国平均水平以上，其中江苏和上海两个地区的两化融合指数达80以上，可见两化融合试验区的带动作用十分明显。第二批两化融合试验区的两化融合指数除云南稍微落后外，其余地区也都达到50以上。

根据两化融合总指数，可将全国两化融合程度划分为4个梯度。

第一梯度，区位、环境及政策三重优势助力我国沿海两化融合一线区域发展，包括江苏、上海、山东、北京、广东、福建、浙江共7个省市。这一梯队两化融合总指数集中在70～80，其中江苏和上海两个区域处于较高的水平层次；从地理区域上来看，除北京外其余6个省市都位于沿海发达地区，两化融合发展环境较好，北京利用较好的政治条件和人才优势，也取得了很好的成效。

第二梯度，部分中西部重要地区的政策软环境显现积极成效，包括天津、湖北、辽宁、湖南、重庆、河南、安徽、陕西、黑龙江。其两化融合总指数集中在60～70。从梯度内观察，第二梯度的各地区之间的分值差距越来越小；从地理区位上看，第二梯度的地区分布比较分散。这说明中西部地区充分利用了西部大开发等政策优势，借助两化融合试验区的示范带动作用着力发展信息产业，转变经济发展方式，努力追赶其他发达地区。

第三梯度，部分地区抓住信息化发展机遇，争取政策支持，努力跻身第二梯队，包括四川、吉林、广西、新疆、河北、内蒙古、宁夏、江西、海南、山西。其两化融合总指数集中在 47～57。从梯度内观察，处于这一梯度的各地区之间指数差距不大，分布相对紧凑；从地理位置上看，处于第三梯度的多处于中部地区，这说明当时我国中部地区由于缺乏必要的资金和先进技术，在两化融合发展方面略处劣势，但是与第二梯度的差距并不是很明显。

第四梯度，西部地区整体两化融合发展水平需进一步提升，包括甘肃、青海、云南、贵州、西藏。其两化融合总指数集中在 43 以下，与其他地区差距很大。从梯度内观察，处于最末位的西藏地区，差距明显；从地理区位上看，处于第四梯度的均位于西部地区。这说明当时我国西部地区工业化与信息化基础较为薄弱，要想追赶其他地区的经济发展水平，必须抓住西部大开发的机遇，提高自身竞争力。

（二）两化融合试验区发展水平评估

1. 两化融合试验区发展水平总体评估

推进信息化与工业化融合，是时代赋予的历史使命，也是工业和信息化系统的共同责任。作为负责推进我国工业化、信息化、工业转型升级、战略新兴产业发展的工业和信息化部，其在部门职责、机构设置、工作思路等方面，不断探索推进两化融合的路径、政策和工作重点：通过研究制定指导政策，选定国家级试验区进行试点示范；举办两化融合工作培训与交流等工作会议；组织制定两化融合发展水平评估指标体系等系列工作，大力推进两化融合向深度和广度发展。其中，以试验区形式推进两化融合，是工业和信息化部落实国家政策的重要举措。工业和信息化部首先批准了上海、重庆、广州、南京、青岛、珠江三角洲地区（简称"珠三角地区"）、内蒙古"呼包鄂"地区（呼和浩特—包头—鄂尔多斯）、唐山暨曹妃甸等地区作为第一批国家级两化融合试验区。2011年又正式批复柳州、桂林、长株潭城市群、沈阳等地区为第二批国家级两化融合试验区。经过多年的发展，各试验区探索了一条战略规划引路、基础环境保障、产业发展支撑、试点示范带动、创新手段推动、区域效益提升的两化融合推进道路，形成了良好的工作格局[5]。2008—2013年试验区两化融合发展情况总体主要特点是：

（1）两化融合推进体系初步建立，工作机制逐步完善。工业和信息化部以及相关部委连同各地方工业和信息化主管部门、各行业协会、国家级和省级两化融合试验区及企业形成合力，构成区域与行业相结合的两化融合组织保障体系。

（2）工业领域信息化由单项应用向协同应用推进，信息化创新研发设计能力不断提高。工业企业普遍利用计算机辅助设计、系统仿真等技术开展研发设计，主要行业大中型企业数字化设计工具普及率超过60%；现代生产和经营管理体系不断完善，生产装备智能化和生产过程自动化进一步加快，关键工序数(自)控化率超过50%[6]。我国工业竞争力的全球排名迅速提升。

（3）中小型企业信息化从起步阶段进入大规模应用普及阶段，发展更具活力。两化融合为中小型企业特别是小微型企业的发展壮大创造了积极条件。各试验区鼓励建立中小型企业信息化服务平台、中小型企业信息化体验中心等，逐步完善行政性、公益性和市场性3种机制相结合的服务体系，为中小型企业提供信息服务、交易服务、研发设计等专业化和多样性服务，中小型企业信息化的应用水平逐年提升[7]。

（4）两化融合促进了产业转型升级，并带动了新兴产业的培育和发展。从产业链整体提升入手，传统产业的整体竞争力大幅提升。涌现出一批电子商务交易额超过2 000亿元的行业电子商务交易平台，中小型企业网上交易和网络营销的利用率达到42.1%[8]。电子商务在工业和商贸领域的应用逐渐深化，在某些领域形成了新的产业集聚优势。

（5）安全生产和绿色发展水平逐步提高。两化融合有效促进了工业行业安全生产、节能减排和绿色健康发展，单位GDP能耗呈逐年下降趋势。各试验区以信息化促进节能减排和安全生产，取得了较为明显的进展和成效。很多高耗能、高污染工业企业充分利用信息技术深挖各工序环节和管理活动的节能降耗潜力；很多地方建立起区域性的能源和环境监测平台，产生了显著的经济和社会效益；重点高危行业的企业通过信息化提升了生产本质安全水平[9]。

（6）有效促进了区域经济协调发展。各地根据自身特色优势产业发展需要，加快面向产业集群的信息化公共服务平台建设，促进了产业链上下游协作和产业集聚发展，产业基础进一步夯实，国家新型工业化产业示范基地和两化融合试验区建设成效显著[10]。区域综合实力不断提升，经济持续快速发展，两化融合正在成为区域经济协调发展新的推动力。

2. 试验区两化融合进展的 E-FAP 评估

此部分选取具有代表性的国家级两化融合试验区，利用 E-FAP 评估模型从基础建设、应用现状、进展绩效和环境 4 个维度对其融合进展水平进行评估，以期能够更加系统、科学、动态地了解各试验区两化融合的发展情况。

（1）试验区两化融合基础建设情况。

工业化与信息化的融合，需要一大批符合中国工业化与信息化发展需要、具有中国自身特色的创新人才。在信息化与工业化融合的过程中，高质量、复合型软件人才的培养将是融合能否成功实施的关键问题之一。如何制定一套全新的、系统的、科学的、合理的复合型软件人才培养方案，将对促进信息化与工业化的融合起到决定性的作用[11]。

适当加大财政资金和金融方面等支持力度，能够有效整合各级资源，完善推动信息化与工业化融合的投融资政策，强化投融资激励和约束机制，形成以政府投入为引领、企业投入为主体、其他投入作为补充的高效投融资机制；加大对信息化与工业化融合中共性技术开发、公共服务平台建设、试点示范项目的支持。通过重点技术、关键产品、示范应用和服务体系的引导和带动作用，积极探索更有效的推进方式，全面推进两化深度融合[12]。

基础设施建设作为经济社会发展的基础和必备条件，抓好了可以为发展积蓄能量、增添后劲，而建设滞后则可能成为制约发展的瓶颈。经过这些年的迅猛发展，我国的基础设施面貌有了翻天覆地的变化，促进了全国经济社会的快速持续增长。然而，由于过去基础薄弱和历史欠账多，中国基础设施的某些瓶颈制约因素仍未消除。在新的起点上推进新跨越，加强基础设施建设显得更加紧迫。

各两化融合试验区探索不同人才培养方式，高度重视人才储备。人才是两化融合的关键。各试验区对于领导组织建设和专职人员培训都十分重视，由政府牵头并支持成立两化融合创新中心或两化融合工作组，同时与企业和高校合作成立两化融合重点实验室，形成了强有力的技术支持和服务队伍。

16个试验区为解决专业人才培养和储备严重不足的问题，纷纷采取建立两化融合培训班、人才培训基地、企业联合培训点等方式，针对企业高层管理人员、首席信息官（CIO）、技术骨干、相关政府部门工作人员等，开展全方位、多层次的两化融合知识培训。3年以来，第一批国家级试验区的8个地区累计培训万人次以上，共组织各类培训20余场，其中重庆市等地区超过了5万人次，南京市甚至达到了10万人次以上，第二批国家级试验区的8个地区累计培训两千余人次。

各试验区针对各自的情况和资源采取了不同的人才培养方式。如沈阳市和珠江三角洲地区以产学研联合的方式，有效解决了两化融合发展人才和技术不足的问题。此外，珠江三角洲地区还开展了创新团队与领军人才引进工作，共引进包括电子信息、先进制造领域在内的创新团队32个，领军人才32位。重庆市开展了企业CIO培训班、信息化高级管理人员培训班、三维CAD设计培训班、网络信息安全技术与防范培训班、ERP沙盘模拟对抗培训班、电子商务与现代物流高级研讨班、ASP技术培训班等专项培训班。唐山市通过采取定向培育、对外引进、嫁接合作、联合重组、改造提升、资源共享、虚拟联合等方式有效推进区域性技术支撑体系的搭建和培育工作，成为唐山暨曹妃甸试验区工作最大亮点之一。"呼包鄂"地区积极引进和推动国家信息技术证书教育考试制度，引导和鼓励电信运营商、IT企业，针对"呼包鄂"地区中小型企业开展了推广信息技术、产品展示、专家讲课、健康体检等多种形式的培训。南京市根据企业内部信息化关键环节，全市认定了以两化融合企业实用人才培训为主、以过程自动化培训为主、以设计智能化培训为主、以系统集成化培训为主、以管理信息化培训为主、以商务电子化培训为主、以开展"三网"融合培训为主的社会办学机构为两化融合企业实用人才培训服务基地。

资金投入与财政支持带动作用明显。资金是两化融合的重要保障。各试验区十分注重两化融合项目的资金投入,以制定两化融合优惠政策,安排两化融合专项资金,开展两化融合金融服务等方式对两化融合项目有效地提供财政支持。各试验区资金投入情况如表3-2所示。

表3-2 各试验区资金投入情况(以2009—2012年为例)

第一批试验区	上海市	2009—2011年,累计支持各类两化融合项目近200个,支持资金近5亿元,带动企业信息化项目投资逾120亿元[13]
	重庆市	2009年,全市安排两化融合专项资金370万元,投入其他资金3 300万元;2010年,全市安排两化融合专项资金760万元,利用其他资金支持两化融合项目7 850万元;2011年,安排两化融合专项资金1 790万元,利用其他资金支持两化融合项目13 000万元
	南京市	明确设立全市"信息化和工业化融合及物联网应用示范工程项目的补助"专项资金。三年来,各级财政支持两化融合试验区建设共安排资金6.923 1亿元
	内蒙古"呼包鄂"地区	截至2010年年底,鄂尔多斯市工业科技活动投入10.9亿元,其中,政府投入4 550万元,企业资金7.3亿元,科技经费内部支出10.82亿元,研究与试验经费支出9.45亿元,技术市场成交额1.65亿元[14]
	珠三角地区及广州市	2009—2011年,珠三角地区安排省财政扶持资金8 263万元,带动总投资15.2亿元。省财政每年安排1.8亿元专项资金支持中小型企业自主创新和转型升级、公共(技术)服务信息平台建设、融资平台建设和服务体系建设等。2008年以来,广东省财政每年安排2亿元现代信息服务业专项扶持资金用于扶持软件和集成电路设计、两化融合、互联网、数字内容、物联网、云计算等,其中专门用于扶持制造业两化融合项目每年超过3 000万元
	青岛市	青岛市2010年拨付信息产业专项资金中两化融合16个项目600万元。2011年拨付信息产业专项资金中两化融合18个项目800万元。科技经费等财政性资金也对两化融合项目有所支持,每年资金总和超过5 000万元
	唐山暨曹妃甸地区	唐山市除了通过专项资金和税收支持投入1.18亿元外,还通过银企对接、融资支持等为企业推进两化融合提供担保资金超过20亿元,争取60亿元授信额度,落实资金16.3亿元

续表

第二批试验区	湖南省	逐年加大了对中小型企业的财政支持力度
	广西壮族自治区	2010年和2011年全区申报两化融合项目共计263项，总投资61.3亿元。经专家评审，自治区工信委、自治区财政厅正式下达两化融合项目88项，总投资14.81亿元
	陕西省	2011年，省、市财政安排两化融合资金6 000万元，共支持试验区内装备制造、煤炭、石化、汽车、食品药品等行业两化融合项目20多个，带动企业和社会投资十多亿元
	沈阳市	2011年年初，市财政支持资金共计1 420万元，引导企业投入5 000余万元。同时，2012年市财政补助资金达1.6亿元，引导企业投入7.8亿元
	兰州市	市财政预算从2010年起每年安排1 000万元设立信息产业及两化融合专项资金，并逐年递增20%
	合肥市	自2011年以来已征集项目157项，涉及投入资金43.7亿元
	昆明市	2011年在全市新型工业化资金中安排扶持资金980万元，引导企业配套安排了1.5元亿资金
	郑州市	2012年共落实支持各类两化融合项目58个，共计4 900万元，带动企业投入9.8亿元

数据来源：项目组收集整理汇总。

网络、系统、自动化设备等基础设施构成了两化融合的"硬件"基础。各试验区"硬件"基础逐步到位，并取得了一定成果，但全国各地区基础设施信息化水平差距较大。今后各试验区的基础设施建设重点依旧是逐步完善信息化基础环境。

根据相关资料可知，2010年青岛市重点企业互联网普及率达95%以上，生产设备联网率达到38%[15]。2012年年底广东省互联网普及率为55.3%[16]。唐山市大力实施宽带接入网新扩建、城市光纤化改造、WCDMA网络新建和数字广播电视网络双向改造等工程，通信光缆长度达到28.47万芯公里，城域网出口带宽超过500GB，拥有3G用户18万户，市区数字电视普及率达95%，县区和农村普及率达到68%。重庆市的中小型企业互联网应用率由2007年的23%提升到2011年的52%。"呼包鄂"地区电话普及率由2005年的56.3部/百人提高到96.4部/百人，互联网上网用户由2005年的131.85万人提高到627.9万人，宽带网络的带宽由2005年的不足 1 兆比特 / 秒提高到 2 兆比特 / 秒以上。截至 2010 年年底，光缆线路总长度 20.1 万公里；固定电话本地网局用电话交换机总容量达到 711 万门，长途电话交换机容量达 20.25 万路端；移动电话交换机容量达 3 565 万户[17]。广西壮族自治区大中型企业 70% 应用信息化技术，中型企业 80% 以上应用 CAX① 技术。

根据赛迪研究院《2013 年中国信息化与工业化融合发展水平评估报告》中 2010 年和 2011 年各地区两化融合发展水平评估结果，福建、辽宁、上海、江苏、浙江、广东、山东的基础环境明显优于全国平均水平，中小型企业信息化服务体系较完善，当地对两化融合财政支持力度较大；宁夏、山西、青海、云南、西藏的基础环境最差，固定宽带普及率和固定宽带端口平均速度较低，当地对两化融合财政支持力度较小。2011 年大部分地区两化融合发展基础环境指数比 2010 年有 5 点以上的上升幅度，反映了区域两化融合发展的基础环境明显改善，这主要得益于当地中小型企业信息化服务体系建设水平较高，对两化融合财政支持力度较大，企业比较重视信息化建设[18]。

各地区两化融合发展的基础环境呈现出"东好西差"的特点。其中，基础环境较好的省份均为东部省份，网络基础设施建设水平、宽带网络基础设施覆盖率均明显高于全国平均水平，当地居民移动信息化应用水平和互联网的渗透率较高，中小型企业信息化服务平台数量较多，政府对两化融合的资金支持力度较大，企业普遍重视信息化建设。基础环境处于中等水平的省份均为中、西部省份。基础环境较差的省份为西部省份，主要原因是其网络基础设施建设水平明显低于全国平均水平，财政资金支持力度小，两化融合政策环境需要优化。

（2）试验区两化融合信息化应用程度。

2008—2013 年，各试验区两化融合工业应用水平普遍提高。两化融合的核心是电子信息技术广泛应用到工业生产的各个环节，信息化成为工业企业经营管理的主要手段。信息技术与工业环节的紧密结合既是两化融合的关键，更是两化深度融合的基础。我国企业基本都认识到了信

---

① CAX 是 CAD、CAM、CAE、CAPP、CIM、CIMS、CAS、CAT、CAI 等各项技术之综合叫法，因为所有缩写都是以 CA 开头，X 表示所有。

息化对企业发展的重要性，80%以上的大中型企业均不同程度地开展了信息技术应用，近30%的重点企业基本实现了信息技术在各关键环节的全面覆盖，52.3%的中小型企业已有不同程度的信息化应用，各单项应用覆盖率接近25%。随着两化融合的推进，各试验区的信息化应用水平都有了一定的提高，主要呈现如下特点：数字化设计工具应用广泛，研发集成和创新初见成效；生产过程数控化水平和监管能力不断提高；信息技术在经营管理中的应用水平不断提高；企业电子商务和物流信息化应用不断深化。

广西壮族自治区柳州市支柱产业信息化应用普遍，大中型企业70%应用信息化技术，柳工、上汽通用五菱等先进控制技术在流程型生产企业中应用普及率达到75%以上；大中型企业80%以上应用CAX技术[19]。规模以上工业企业中40%实现了管理信息化，25%实现了产品设计研发和流程控制信息化。2011年，广西壮族自治区桂林市84%规模以上企业应用了包括企业资源计划（ERP）、精益生产、5S现场管理法等方式在内的管理方式，企业管理水平有明显提升。制造业企业72%应用了自动化技术，57%达到了产品数字化，30%开展了电子商务应用。电子信息、机械制造、食品饮料、生物医药四大支柱产业中，骨干企业自动化技术、管理信息化、产品数字化等方面的应用比例分别达到了76%、96%和65%。陕西省西安—咸阳国家级试验区企业信息化水平整体较高，大部分企业结合业务需求，建立了生产控制、财务、营销和人力资源系统。信息技术应用已经渗透到科研、生产、管理和决策的各个环节，优化了业务流程，改善了工作模式，提高了生产效率和管理水平。2011年，青岛市企业资源计划普及率达78%；CAD与制造（CAM）集成应用率达到42%；生产设备联网率达到38%；全市电子商务交易额超过600亿元的大企业、大集团和骨干企业85%以上应用了电子商务，26%左右的中小型企业应用电子商务。唐山市骨干企业中流程型企业先进控制系统应用率达到86.8%以上，超过原目标1.8个百分点；离散型企业自动化控制装备普及率达到82.5%以上，超过原目标2.5个百分点。重庆市2007年与2011年信息化融入程度的几项关键指标变化如表3-3所示。

表 3-3　重庆市信息化融入程度的几项关键指标变化（以 2007 年与 2011 年为例）

%

关键性指标	2007 年	2011 年
装备数字化率	20	38
管理数字化率	46	65
企业制造过程信息化应用率	12	36
计算机辅助设计与制造应用率	55	67

数据来源：项目组调研整理汇总

昆明市装备制造业重点企业三维计算机辅助设计（CAD）、产品数据管理（PDM）、计算机辅助工艺计划（CAPP）开始全面应用，并逐步实现 PDM/CAD/CAPP/ 各系统间信息集成，形成企业统一的产品数据信息平台，实现网络化设计协同，有效解决了新产品开发进度缓慢、产品开发过程中重复开发零部件以及标准不统一等问题；在高耗能行业重点企业持续推进分布式控制系统（DCS）、制造企业生产过程执行系统（MES）、能量管理系统（EMS）等应用系统，目前高耗能行业重点骨干企业生产管控应用系统的普及率达到 90% 以上。"呼包鄂"地区全区工业骨干企业的信息技术装备大多数达到了国内平均水平，重点行业的骨干企业生产装备自动化和半自动化率达到 70% 以上，先进控制技术在流程型生产骨干企业中应用普及率达到 80% 以上；骨干企业 CAD、计算机辅助制造（CAM）、CAPP、计算机辅助工程（CAE）、产品生命周期管理（PLM）等技术的应用率达到 70% 以上；重点行业的骨干企业中有 70% 以上实施 ERP 等重要管理信息系统[20]。在全国首次应用的 RFID 物资计量系统，实现了车辆自动识别、视频监控、远程定位、无人值守称重、远程数据采集等功能。

重工业基础较好的省（自治区、直辖市），工业应用水平较好。从 2010 年和 2011 年各省市两化融合发展水平评估结果看，上海、湖北、山东、江苏、黑龙江、安徽、湖南的工业应用位居全国前列，企业的 ERP、MES、PLM、软件配置管理（SCM）和电子商务普及应用水平比较高，多个业务环节的信息化应用开始走向综合集成和产业链协同。云南、海南、青海、甘肃、贵州、西藏的工业应用最差，企业信息化应用水平较低，大部分企业的信息化处于单项应用阶段，有的企业甚至尚未开始应用信息技术[21]。上海、湖北、山东、江苏、黑龙江、安徽、湖南等地重工业基础较好，它们积极利用信息技术改造和提升传统产业，加快工业转型升级步伐，不断突破资源、环境等条件的约束，因此，这些地区的规模以上工业企业信息化应用水平相对较好。云南、海南、青海、甘肃、贵州、西藏等地的工业基础普遍薄弱，它们采用信息技术改造提升传统工业的推进步伐较缓慢，工业企业信息化应用水平普遍较差[22]。

（3）试验区两化融合绩效进展情况。

绩效即企业在信息技术应用的基础上实现的综合产出[23]。两化融合的最终目的是提高企业的发展潜力和市场竞争力。因此不仅要对信息化基础和应用进行评估，还应该对其最终产出进行评估[24]。主要从竞争力、经济效益和社会效益三个方面来对绩效进行评估。

各试验区的示范带头企业在提升竞争力方面取得了可喜成绩。竞争力主要是评估企业通过两化融合直接或间接带来的质量提升、客户满意度、业务效率、财务优化和创新能力等综合竞争能力变化情况，是两化融合对企业竞争力提高的综合表现[25]。在两化融合进行的过程中，随着生产流程以及管理方式的改进与完善，各试验区的各个示范带头企业在提高竞争力方面都取得了可喜的成绩。

青岛市大力推进家电龙头企业升级转型，实现从制造型向服务型延伸，提升企业的国际竞争力。在研发层面上，产品开发周期较之系统上线前时间缩短了20%，设计成本减少10%，质量提高了20%，采购成本减少了5%以上；在市场层面上，在导航产品冰箱550平台上，基本上实现了即需即供，可以满足用户多样化的需求，还可以减少包装品用量，重复利用包装品，并采用绿色包装，减少产品运输过程中的能源消耗；在家电行业全产业微利时代，尤其是在国际金融危机的大背景下，营业收入、利润保持较快增长。珠三角地区两大中心城市深圳、广州市相继成为国家创新型城市，工业发展逐步从对外技术依赖型向技术自主型及技术输出型转变。在科技部公布的《中国区域创新能力报告》中，广东地区区域创新能力综合排名位居全国第二，其中创新的经济绩效和企业创新能力等分指标位居全国第一。陕西省西安—咸阳国家级试验区通过推进两化融合，改造传统产业，提升了企业主导产品的信息技术含量，促进了产品升级换代，提高了产品附加值。在被调查的3 828种主导产品中，1 441种主导产品应用了信息技术，占总数的38%，8种主导产品达到了国际先进水平，87种主导产品达到了国内领先水平，113种主导产品达到了国内先进水平。重庆市有50多家企业成功实施和应用多功能生产过程信息化系统（eMES）。该系统的推广应用，提高了全市企业快速响应能力和市场竞争力。重庆华洋电器有限公司实施eMES系统，其生产能力由原来的不到1个亿提升为现在的3个多亿；钣金材料优化利用率从原来的85%左右提高到现在的95%左右，仅此一项便为企业在2010年节约成本1 200多万元。南京市重点工业企业将信息技术融入研发、设计、生产、管理、采购、销售和服务等各个环节，带动了企业技术开发、生产经营和管理模式的全面创新。通过信息技术的一般应用到综合应用、集成应用和协同应用的转变，极大地促进了企业核心竞争力的提升和发展模式创新，企业不断由价值链的低端向高端攀升，越做越强、越做越大。

两化融合已经成为各区域经济发展的重要支点。随着两化融合的不断深入，信息化越来越得到企业的关注和认可，成为企业不可分割的一部分。正因为有了强大的信息化系统做支撑，企业才能够稳步快速发展，优化产业结构，取得了较好的经济效益，大幅度拉动产业和区域的经济发展。2010—2011年各两化融合试验区经济效益如表3-4所示。

表3-4 两化融合试验区经济效益（以2010—2011年为例）

第一批试验区	上海市	2010年，上海实现工业总产值31 039亿元、工业增加值6 457亿元，分别比2005年增长83.9%和55.4%[26]
	重庆市	2011年，全市工业增加值3 700亿元，年均增长21%，比全国、西部的工业增加值分别高7个百分点和3个百分点，比全市经济增速高6个百分点，对全市经济增长的贡献率达57%[27]
	南京市	2010年年底全市中小工业产值总量达到5 340亿元，2011年以来保持在28%左右的快速增长。2011年1—10月全年规模以上工业企业实现工业总产值8 638亿元，比上年增长27.5%[28]
	内蒙古"呼包鄂"地区	2000—2010年，全区工业总量由484亿元跃升到5 618亿元，在全国的位次由第24位上升至第12位，在西部地区的位次由第6位上升至第2位
	珠三角地区及广州市	2010年，以珠江三角洲为龙头带动全省规模以上装备制造业实现增加值9 033亿元，同比增长20.1%，装备制造业增加值占全省工业增加值的45%。广东省工业增加值达2.16万亿元，年均增长14.4%[29]

续表

第一批试验区	青岛市	2010年,青岛市全市七大产业完成工业总产值9 747亿元,同比增长22.7%
	唐山暨曹妃甸地区	2011年1—10月,各行业的增加值均大幅提升。其中,装备制造业完成增加值266.6亿元,同比增长45.2%;化工行业完成增加值171.1亿元,同比增长18.9%;建材行业完成增加值112.1亿元,同比增长19.3%;钢铁行业完成增加值943.2亿元,同比增长5.9%;能源行业完成增加值259.2亿元,同比增长9.8%
第二批试验区	湖南省	"长株潭"地区共完成工业总产值21.01亿元,完成年度任务的71%,同比增长39.23%
	广西壮族自治区	规模以上工业总产值1.55万亿元,增长19.5%。规模以上工业增加值增长16%,增速继续保持全国前列
	陕西省	从工业规模总量看,2009年全部工业实现增加值3 579亿元;从工业发展速度看,2006—2010年均增速达到16%,高于预期14%的水平
	沈阳市	2011年1—9月,全市规模以上工业总产值和增加值同比分别增长25.8%和16%,其中,工业增加值增幅比全国和全省平均增幅分别高出1.8和0.9个百分点。在全国15个副省级城市中,工业增加值总量居第4位
	兰州市	2011年,工业增加值同比增长15%。其中,石化行业工业增加值同比增长20%;装备制造业工业增加值同比增长21.83%;轻工行业工业增加值同比增长10.25%
	合肥市	全市完成工业总产值3 768.94亿元,同比增加1 015.8亿元;实现增加值1 052.71亿元,增长24.9%,增幅居全国省会城市首位
	昆明市	2011年1—11月,全市工业生产继续保持较快增长,质量和效益同步提高。全市规模以上工业完成工业总产值2 358.45亿元,同比增长20.7%;完成工业增加值643.45亿元,同比增长17.0%,高于年度增长15%的目标速度,高于全国平均增速1.2个百分点
	郑州市	工业保持平稳快速增长,规模以上工业累计完成工业增加值2 340.2亿元,同比增长22%,增速在全国35个大中城市中居第5位

数据来源:项目组整理汇总

两化融合在促进节能减排、安全生产和促进产业转型升级等社会效益方面成果显著。首先,两化融合作为经济可持续发展的重要引擎,对实现增长方式向集约化转变、提高能源资源利用效率、实现绿色增长起到了重要的作用;其次,促进工业领域安全生产是构建现代产业体系、走中国特色新型工业化道路的应有之义,而信息化正是提高工业企业安全生产水平的重要途径和必然选择[30];最后,两化融合是实现区域产业结构升级的重要手段。区域是经济活动的主体和实体,存在大量工业企业、完整的产业链和特色优势行业,通过推进两化融合,有利于形成企业新型业务形态和企业间协作模式,提升企业和企业群体竞争力,增强工业企业聚集度、产业链耦合度和经济发展贡献度[31]。

各试验区在加快经济发展的同时,进一步加大节能减排工作的力度,注重利用信息技术等先进手段促进节能减排工作。主要从以下几种方式推进节能减排工作:一是积极推动企业采用与节能减排有关的信息技术和产品;二是鼓励企业促进节能减排从单一环节向集成、综合方向转换;三是推进重点节能减排项目建设;四是建设了一批促进节能减排的信息化服务平台;五是利用信息技术为政府主管部门调控、监测节能减排工作提供工具和手段。各试验区2006—2010年万元GDP能耗降低幅度如图3-1所示。

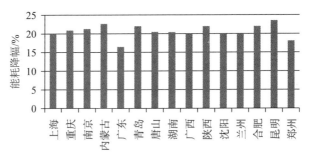

图3-1 2006—2010年各两化融合试验区万元GDP能耗降幅比例
数据来源:项目组整理汇总

在降低能耗的同时,在促进安全生产方面也取得了积极进展。两化融合促进安全生产正成为企业发展战略不可缺少的组成部分。安全生产关键环节也成为企业两化融合重要切入点和突破口;企业安全生产信息化系统正从分散孤立向集成管控方向发展;安全生产信息化系统已经成为企业落实安全管理制度的重要载体。2006—2010年,高危行业(领域)企业利用信息化手段有效地加强了安全生产管理,提高了事故风险防控能力。据国家统计局统计,2005—2010年亿元GDP事故死亡率从2005年的0.697%下降到2010年的0.201%。南京市通过安全生产监管信息系统建设、安全生产应急指挥平台建设、重大危险源数据库建设、"城市地下管线数字化"工程建设,全面完成了政府规划目标中提出的各项事故死亡人数下降控制指标和亿元GDP死亡率、从业人员万人死亡率控制指标。事故起数和死亡人数逐年呈平稳下降趋势：事故起数从2006年的4 002起下降到2009年的1 622起，降幅为59.5%；死亡人数从2006年的615人下降到2009年的598人，降幅为2.76%。唐山市通过信息技术在安全生产中的应用和安全生产监督管理信息系统平台的建立，进一步提高了安全生产突发事故监管和应急处置能力，使全市工矿企业事故率下降17.2%，煤矿百万吨死亡率为0.29，远低于1.037的控制指标[32]。广西通过推进两化融合，重要行业领域（矿山、石化矿产、烟花爆竹、船舶修造）安全生产效果显著，行业企业安全标准化达标率为70%以上。

两化融合对产业优化升级也发挥了巨大推动作用。陕西省能源化工产业、装备制造业等企业通过在设计研发、生产制造、经营管理等各个环节实施信息化，实现先进制造、科学管理、绿色发展、安全生产，使得工业整体素质不断提高，自主创新能力和可持续发展能力得以增强，促进了产业优化升级。上海市在先进制造业和现代服务业关键环节、重点领域和骨干企业广泛推广应用信息技术，带动了上海工业由数量规模型向品牌效益型、由粗放管理向精细管理、由传统制造向先进制造转变，促进了产业协同和可持续发展[33]。与此同时，信息技术的不断创新和各项应用的深入拓展，进一步加快了第二、第三产业融合，促进了上海产业结构调整优化[34]。

（4）试验区两化融合发展环境评估。

在推进两化融合工作中，能否营造一个有利于促进两化融合深度发展的环境，是决定两化融合工作能否高效推进的关键因素。各区域都通过强化政策引导、建立支撑体系等措施，积极打好两化融合基础，大力促进两化融合规范化，努力优化两化融合发展环境。

从政府政策层面看，各试验区从企业、行业和区域3个层面出发，根据自身情况及特点，积极制定两化融合配套政策，支持并引导两化融合的深入推进，如出台试验区两化融合实施方案等政策文件、各类财政资金的引导和带动以及完善细化专项系列发展规划等。

从机构建设层面看，各试验区通过建立两化融合创新中心、两化融合重点实验室、公共服务平台等形式为两化融合建立了有效的支撑服务体系，为推进两化融合起到重要作用，如重庆市成立了全国首个首席信息官

（CIO）协会。重庆 CIO 协会已成立制造业分会、数字医疗分会、电子政务分会、房地产分会和重庆市物联网产业发展联盟。会员主要由政府、企事业单位 CIO 组成。现有注册会员企业 600 余家、会员（单位）2 000 余个[35]，已初步形成了重庆市两化融合推进的组织执行体系。

从区域环境层面看，在世界经济持续调整和快速变革的关键时期，信息化与工业化融合正在加速重构全球工业生产组织体系，成为发展现代产业体系的重要途径，为企业创新发展带来了新机遇，也为应对资源环境挑战提供了新方式。

各试验区通过评估规范、政策引导和技术支持，引导培育了一批实现信息技术集成应用、具有全球配置资源能力、引领行业发展的行业骨干企业，通过加快精益制造、全生命周期管理、协同设计、供应链协同、服务型制造等先进生产管理模式的创新发展，逐步完善了两化融合发展环境，全面推动了全区的两化深度融合[36]。

三、 行业两化深度融合评估实践

（一）行业两化融合进展的总体评估

自 2009 年上半年起，工业和信息化部信息化推进司负责牵头，委托工业和信息化部电子科学技术情报研究所为总承担单位，联合相关行业协会、研究院所和重点企业，以行业为范畴、企业为对象开展了工业企业两化融合评估工作，制定了一套总分结合的科学评估体系，并在钢铁、化肥、重型机械等 7 个重点行业进行测评试点实践。2010—2011 年，工业和信息化部加大了对两化融合评估工作的支持力度，进一步完善了两化融合评估体系，提高了评估体系的科学性和可操作性，并在钢铁、冶金矿山、纯碱、水泥、电解铝等 12 个重点行业，包括近 1 000 家大中型企业的第二批试验这开展了两化融合评估工作。其中钢铁和棉纺织行业是第二次连续开展评估工作，以支撑评估体系深入完善，加强评估体系和评估结果的纵向对比分析。2012 年的评估工作从"试点开展"走向"全面推广"，对包括民爆、钢铁（集团企业）、石油、合成材料、金属制品、玻璃在内的18个行业开展了评估，除钢铁、纺织两个行业外，其余16个行业均为首次参评。2013年计划参评的行业总数达到21个，其中化工、建材、有色金属行业为首次参评。2010—2013年3年累计36个行业参评，涉及原材料工业、装备工业、消费品工业领域，其中2012年新增电子信息工业。参评行业基本情况如表3-5、图3-2所示。

总体而言，被评估的各行业分别建立和完善了行业评估指标体系，开展了实际测评，推进了行业的两化融合工作。本书在我国行业评估数据及研究成果的基础上，通过系统梳理以及横向与纵向的区域分布特点研究，对2010—2013年我国行业两化融合整体水平有了全面认识，并运用E-FAP评估体系对全国行业两化融合水平进行了系统、科学和动态的研究。

表3-5 2010—2013年两化融合评估参评行业基本情况

年份	2010年	2011年	2012年	2013年
参评行业数量/个	7	12	18	21
参评行业情况	钢铁、化肥、重型机械、轿车、造纸、棉纺织、肉制品加工	钢铁、冶金矿山、纯碱、水泥、电解铝、机床、船舶、商用车、家电、棉纺织、服装、乳制品	民爆、钢铁（集团企业）、石油、合成材料、金属制品、玻璃、工程机械、通用机械、轨道交通、仪器仪表、汽车零部件、皮革、纺织（中小型企业）、饮料、化学制品、包装、电子、通信	钢铁、冶金矿山、石油石化、化工、建材、有色金属、重型机械、机床、通用机械、工程机械、轨道交通、汽车、造船、仪器仪表、皮革、纺织、饮料、包装、化学制药、电子、通信

数据来源：工业和信息化部电子科学技术情报研究所，《工业企业信息化和工业化融合评估研究与实践（2010—2011）》

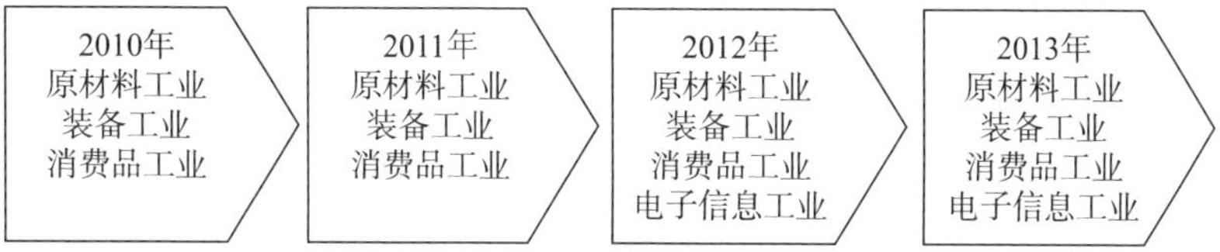

图3-2 2010—2013年两化融合评估参评工业领域

根据2011年两化融合行业评估结果，12个行业两化融合整体水平分别位列六大梯队：很高、较高、中等偏上、中等、中等偏下、较低，具体情况如图 3-3 所示。

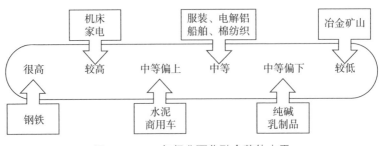

图 3-3　2011 年行业两化融合整体水平

1. 重点行业企业两化融合总体水平差异较大

从连续参加 2010 年和 2011 年评估的企业来看，处于集成提升阶段的企业比例有了小幅上升。参加 2011 年评估的 12 个重点行业两化融合总体发展水平从高到低排序依次为：钢铁、机床、家电、水泥、商用车、服装、电解铝、船舶、棉纺织、纯碱、乳制品、冶金矿山。钢铁、机床、家电行业总体处于集成提升阶段，其中处于集成提升以上阶段的企业均超过 50%；水泥、商用车、服装、电解铝、船舶、棉纺织等行业总体处于由单项覆盖向集成提升过渡阶段，各行业均有超过 30% 以上企业开展集成应用，但水平有待提高；纯碱、乳制品行业两化融合总体水平中等偏下，约 80% 的企业处于单项覆盖以下阶段，较少企业开展综合集成；冶金矿山行业企业两化融合水平偏低，56.4% 的企业仍在基础建设阶段，极少数企业开展集成应用。

2. 大部分行业两化融合总体仍处于单项应用阶段，但正在向集成应用阶段过渡和发展

如图 3-4 所示，根据 2011 年两化融合评估结果，23.5% 的样本企业仍处于基础建设阶段，应重点关注两化融合基础设施和资源环境建设；41.5% 的样本企业处于单项应用阶段，各单项业务应用有一定的成熟度，但综合集成应用尚未开展；24.2% 的样本企业处于集成应用阶段或向集成应用过

渡阶段，不同程度地开展了关键业务系统间的集成；10.8% 的样本企业处于融合创新阶段，部分开展和实现了跨企业的业务协同和模式创新，两化融合效益凸显。大部分行业企业两化融合总体仍处于单项覆盖阶段，而且正在向集成应用阶段过渡和发展。从连续两次参加评估的企业来看，处于集成应用阶段的企业比例有小幅提升。

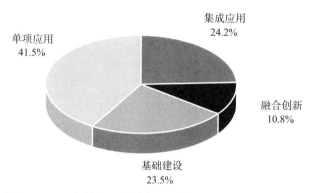

图 3-4　2011 年处于两化融合不同发展阶段的行业企业比例
数据来源：项目组调研整理汇总

（二）行业两化融合整体水平的区域分析

1. 我国行业两化融合整体水平的区域分布特点分析

我国被评估的 12 个重点行业主要分布于长三角、珠三角、京津环渤海等地区以及以西安、成都、武汉等为中心城市的中西部地区，初步形成了各行业整合协调的发展格局。在评估规范统一的框架体系下，区域、行业和企业的两化融合评估工作也实现了紧密协同；通过行业区域分布横向分析与重点行业内的重点企业两化融合实践分析，形成了对我国 12 个重点行业两化融合整体水平的布局和特点直观和全局性的认识。

（1）钢铁行业两化融合整体水平较高，其行业优势区域主要集中在华北地区和华东地区。

位于华东地区的宝钢围绕"建立以客户为中心的企业运营机制"和"整合信息资源，创新和优化流程，打造数字化宝钢"的要求，建设数字化供应链，引领了行业信息化的发展。中国钢铁行业坚持产销一体、管控衔接、

"三流"同步的钢铁企业特色,在打通产销一体、冶金规范解析、冶铸轧一体化计划与作业排程、跨区域信息系统体系结构设计与应用、关键技术突破等方面取得重大进展,行业龙头企业取得了显著成绩。

(2)机床行业和家电行业两化融合整体水平较高。机床行业优势区域主要集中在华中地区和西北地区;家电行业内优势区域主要集中在华南地区和华北地区。

陕西秦川机床工具集团攻关自主数控软件,并应用信息技术提升研发设计能力、产品信息化水平和物资管理水平,加快了企业转型升级过程。家电行业在华南、华北地区两化融合整体水平较高,其中海尔集团建立了集团统一的信息化平台,实现了从"企业的信息化"向"信息化的企业"转变,达成内外协同——端到端流程可视化,从提供产品到提供服务,形成核心价值链的整合和高效运作,实现海尔的全面信息化[37]。

(3)水泥行业和商用车行业两化融合水平处于中等偏高水平。水泥行业优势区域主要集中在西南地区和华东地区;商用车行业优势区域主要集中在华中地区。

祁连山水泥集团利用信息技术改造企业的工业设计、生产制造管理、质量检测和市场供销等环节,从宏观层面上初步形成一整套工业化与信息化结合应用的方案,促进企业由大变强,最终达到发展现代产业体系的目的。商用车行业是国民经济的支柱产业,但我国汽车工业大而不强的问题非常突出。在信息化背景下做强中国商用车工业,实现"汽车强国梦",必须加快推进信息化和汽车工业的深度融合。上海汽车集团通过建立"嵌入式软件开发管理平台""知识管理系统""应用系统开发框架"等信息系统,2012年整车销量达449万辆,全球整车企业集团排名前十,继续领先国内汽车行业,两化融合给自主品牌汽车带来了缩小与国际先进水平差距的机遇。

(4)服装、电解铝、船舶、棉纺织行业两化融合水平处于中等水平。服装行业优势区域主要集中在华北地区和华东地区;电解铝行业优势区域主要集中在西南地区、西北地区和华东地区;船舶行业优势区域主要集中在华中地区和华东地区;棉纺织行业优势区域主要集中在华北地区和华东地区。

内蒙古鄂尔多斯服装厂通过实现产品生命周期管控、企业内外部供应链优化、市场模式创新等方面，整合内外部信息和上下游资源，支撑企业智能决策。近年来，随着船舶工业的快速发展，信息化不仅有力支撑了船舶工业企业设计、制造和管理水平的提高，并且正在深刻地影响和改变着船舶工业的产品、技术、装备和活动。随着我国船舶工业逐步建立起现代造船模式，推进船舶工业两化深度融合，使信息化与船舶工业在更大范围、更广领域、更高层次、更深应用、更多智能等方面实现彼此交融，成为推动船舶工业实现转型升级的重要途径。

（5）纯碱行业和乳制品行业两化融合水平处于中等偏下水平，两行业优势区域主要集中在华北地区。

唐山三友化工将信息技术广泛用于生产过程，实现集中管控、提高生产效率，深化管理信息化系统应用，使得公司在生产方面实现了提质、降耗的目的，提高了生产稳定性。伊利集团在智慧食品、品牌营销转型、多渠道融合、集团化管控等多个环节，加速推进集团两化融合整体水平，身体力行践行乳制品行业通过两化融合加速行业转型升级的道路。

（6）两化融合水平较低的冶金矿山行业优势区域主要集中在华北地区。

首钢矿业以计算机数字技术为中心，以网络通信为手段，以数学模型为基础，形成了基础装备数字化、生产过程数字化、生产执行数字化、企业资源计划数字化、办公自动化的数字化矿山，在我国冶金矿山行业实现了历史性突破，但仍有改进余地。

2. 行业两化融合进展的 E-FAP 评估

（1）行业两化融合基础建设情况。

行业两化融合已具备良好的基础设施和环境，但仍有部分行业基础建设水平较低。评估两化融合基础建设水平，就是评估行业内企业保障两化融合发展的各种人力、物力、财力和信息资源建设水平及其适度性。

① 我国工业企业两化融合已具备良好的基础设施和环境，但是仍有部分行业基础建设水平较低，如图 3-5 所示。整体而言，计算机、网络普及率水平较高，与信息化相关的工业设施建设具备一定基础，企业信息化人员、组织、规划、制度建设日趋完善。其中，冶金矿山行业对信息化工作给予了重视和必要的投入，但是人员和制度方面显得不足，行业内企业对信息化规划、战略的制定和落实方面也存在很大差距，信息化专职人员和

现场操作人员的培训还有待进一步强化，信息安全存在较大隐患，信息化标准规范有待提高。

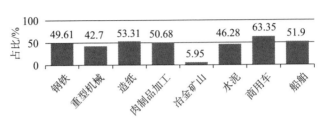

图 3-5　重点行业两化融合基础建设情况

数据来源：项目组整理汇总

② 规划和制度保障取得进展。行业两化融合统筹规划和组织制度保障取得了一定进展，但仍有上升空间。随着工业企业对信息化工作认识的不断提高，工业企业持续加强了企业信息化规划、组织、人员和制度建设，但仍具有较大的上升空间。我国工业企业开始逐步重视信息化建设，但还需与企业战略紧密结合。企业正在逐步建立信息化工作的管理体系，但企业信息化部门主管的地位不高，几乎无法参与企业的战略规划，对企业管理决策影响较小。企业信息化工作逐步走向规范化，但制度的完备性需要进一步提高。例如，钢铁、商用车等行业普遍重视信息化规划与战略、信息化组织与领导、信息化标准规范等与人的主观因素相关的方面，钢铁行业两年来在这一方面有所提高。

③ 资金投入相对不足。2010—2013 年企业平均信息化建设投入占销售投入的比例约为 0.18%，信息化运营维护投入占销售收入的比例约为 0.6%，与国外平均 1%～2% 的信息化投入占比情况相比，我国信息化资金投入相对不足。

④ 不同发展阶段行业企业信息化投入水平呈现不同特征。两化融合总体发展水平越高，信息化建设投入和系统运营维护投入越大，两者存在着明显的正相关关系。但从趋势上来看，两化融合处于高等水平的行业企业信息化建设投入增长幅度变缓，信息系统与运营维护投入增长幅度增加[38]。两化融合处于中等水平的行业企业信息化建设还处于成长期，投入的力度较大，但由于信息化建设不够成熟，因此运营维护的费用水平较低[39]。两化融合水平处于低等水平的行业企业无论是信息化投入，还是信息系统运

营维护投入均处于较低水平，需要持续加大信息化投入，推进其两化融合进程。例如，机床行业运营维护及培训投入整体较好，在总投入中占比逐年升高，但企业间差异较大，研发投入力度较大。而家电行业虽然两化融合整体水平较高，但信息化投入则是相对薄弱的环节，信息化运营维护投入总体偏少，但总体上比较注重研发投入[40]。

⑤ 信息设备完备程度较高，但工业装备的现代化水平较低。我国大中型工业企业信息设备完备程度较高，并还在进一步完善过程中，企业计算机、服务器配置以及网络建设情况良好，基本能够满足企业两化融合发展所需的信息设备需求。但我国工业装备现代化水平严重偏低，企业自动化水平和工业设备设施的数字化、网络化和智能化水平不高，且近两年这方面进展不大。各行业基础信息安全措施较为完备，都不同程度地应用了防病毒、防火墙、病毒检测等重要软硬件措施，但还需进一步加强装备建设。

⑥ 各行业生产装备自动化及数控化水平存在较大差距。多数大中型企业抓紧厂房改造、整体搬迁和建立新厂的机会，通过技术改造提高生产装备数控化程度，提升生产装备的网络化、数字化水平。我国大中型企业生产装备自动化和数控化水平有较大提升，但各行业仍存在较大差异[41]。

（2）行业两化融合信息化应用程度。

① 行业两化融合信息化应用情况有待进一步加强。行业两化融合应用情况包含单项业务应用、综合集成应用、协同创新应用3个二级指标。从关键业务环节应用水平来看，我国企业基本上都认识到了信息技术应用对企业发展的重要性，在研发设计、生产过程、经营管理等环节开展了不同程度的应用。但是研发设计信息化工具应用以及集成管理能力需进一步加强，各行业生产过程自动化及数控化水平和监管能力存在较大差距。信息技术在经营管理模块中的覆盖具有良好基础，但企业电子商务实际应用水平仍较低。从综合集成应用水平来看，企业管理与控制集成水平较低，工业企业产供销集成有待进一步深入，企业较重视财务与业务集成，但集成深度和效果还不够。行业间两化融合应用水平参差不齐，商用车、船舶行业的应用水平较高，重型机械、冶金矿山行业的应用水平较低，如图3-6所示。

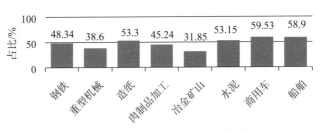

图 3-6　重点行业两化融合应用情况

数据来源：项目组调研整理所得

②单项应用深度有待加强。各行业应用差距较大，但信息技术在各业务管理模块中的覆盖具有良好的基础。参评行业企业广泛采用数字化辅助产品建模工具，但在产品性能、功能的仿真分析以及产品数据管理等方面的应用深度有待进一步加强。与产品设计的信息化水平相比，我国工业企业工艺设计信息化总体水平偏低。各行业生产制造过程的数控化水平以及车间生产过程监控能力具有较大差距，在实现车间级生产管理的信息化水平上也具有显著不同，但各行业过程信息化的水平都有待提高。各行业信息技术在各业务管理模块中的覆盖具有良好的基础，逐步利用电子商务平台开展在线采购、销售、招标、网上服务洽谈等业务，但电子商务尚未引起足够重视，交易业务实际应用比例偏低。

③综合集成应用水平较低，实现管理与控制集成是我国工业企业综合集成的短板。各行业企业在业务与财务集成方面水平较高，企业较关注将业务系统的数据及时反映在财务系统当中，实时掌握生产和管理成本的变化，但对单件产品实际成本数据的采集、共享和集成管理还有待加强；产供销集成的水平次之，大中型工业企业已经逐步开始向按照订单组织生产的方式进行过渡，但对订单进行全程跟踪的能力还需继续加强；各行业管控集成水平最低，生产管理、生产过程管理和生产过程控制三层数据自动上传和指令下达的水平较低[42]。

④协同创新应用水平有待加强。从 2011 年的评估结果看，各行业均有开展协同与创新应用的先进企业，但所占比例偏低。钢铁行业等原材料工业的典型企业着重在企业智能管控、综合节能减排和环境经营方面开展创新应用，但缺乏与市场的协同，产品全生命周期管控以及与产业链上下游的供应商和客户的协同方面开展较少；装备工业企业本应在产品全生命

周期管控和产业链方面有不少创新应用,但与国外相比,我国尚缺乏在这两方面较为突出的优秀企业,还没有形成具有核心竞争力的创新模式;消费品工业在与上下游信息协同方面已经有较大进展,但离深层次的整合资源,实现业务协同、共同发展还有较大距离。

(3)行业两化融合绩效进展情况。

两化融合对行业绩效发展具有明显的贡献。绩效进展情况是行业企业在信息技术应用的基础上实现的综合性产出。两化融合水平与企业竞争力、经济和社会效益具有正相关性,达到综合集成以上阶段可实现两化融合效能突破性提升。在两化融合初期,往往需要大量的成本投入,而在短期内可能难以获得显著效果;但当两化融合发展达到较高以上阶段时,将实现从量变到质变的飞跃,突破性提升其竞争力和经济社会效益[43]。同时,两化融合水平与企业关键竞争能力具有较强的相关性,对企业财务优化能力、质量提升、客户满意、业务效率、资源和能源利用效率的提升具有重要作用。

图 3-7 反映了重点行业两化融合绩效进展情况。由于冶金矿山行业具有采掘与处理并存、流程生产与离散生产并存、常温环境与高温环境并存、野外作业与室内作业并存的特点,存在自然矿产资源品质差与钢铁冶炼需求大、质量要求高的矛盾,存在资源利用率低等问题,因此绩效进展等方面得分较低。

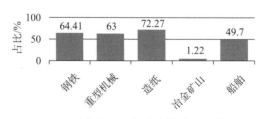

图 3-7 重点行业两化融合绩效进展情况

数据来源:项目组调研整理汇总

①两化融合发展到较高阶段对企业竞争力有突破性提升作用。在研究两化融合发展水平与竞争力的关系时,挑选竞争力中的特定指标进行分析,得出了较为显著的结论。例如,重型机械行业将样本企业按照基础建设情况和应用情况的综合评估结果分成 6 类,通过对不同基础建设水平和应用

水平企业的劳动生产率进行深入分析，发现重型机械行业两化融合基础建设水平和应用水平综合得分与企业劳动生产率具有正相关性，且存在一个突变的过程：综合得分在 50～60 分的企业，平均全员劳动生产率呈现出较大的阶梯式增长；综合得分在 60 分以上的企业，平均全员劳动生产率更是再上一个台阶[44]。棉纺织行业通过分析不同发展阶段企业两化融合总得分和企业的人均利润关系时发现：两化融合程度越高，企业人均利润水平也就越高，特别是两化融合达到集成应用阶段的企业，其人均利润水平比局部覆盖及以下阶段的企业有了突破性的提高。这充分说明两化融合发展能够显著提高企业的获利能力[45]。

②两化融合应用中的综合集成水平是影响行业内企业竞争力提升的关键。评估发现，信息技术在单项业务中的应用和综合集成均对企业竞争力的提升具有显著作用，但是协同集成对企业竞争力的提升起到更加关键的作用。企业如果要显著提高企业竞争力，就需要在提升信息技术在单项业务应用水平的基础上，关注提升综合集成水平。

③经济效益与社会效益显著提升。信息化对企业降低成本费用有一定影响。随着行业企业两化融合总体水平的不断提升，两化融合所处的阶段上升，净资产收益率、全员劳动生产率等反映经济效益的方面也在不断提升。

④社会效益反映企业在自身发展的同时为社会所做的贡献。企业的社会效益，反映了企业的社会责任和义务，也是企业间接效益的一种体现。两化融合可促进企业能源利用率提升，增强减排效果。处于协同与创新阶段及规模较大企业具有较高的社会积累率，社会效益明显。

（4）行业两化融合发展环境评估。

①行业两化融合的发展环境对行业两化融合起到了重要的推动作用，但行业间差距明显。鉴于前文已经论述了两化融合基础建设情况，此处重点对两化融合的软环境进行评估。

政府的组织领导与政策支持发挥了重要作用。政府对于两化融合的实施与推进首先在顶层设计上引导了我国各个行业，尤其是重点行业的两化融合发展，从工业和信息化部的高层领导到各个试验区的点面结合，以及各个行业协会的重点特色推进，政府的组织领导与政策支持都发挥了重要作用。同时，各级政府也顺应国际工业化、信息化发展的大环境，并结合我国两化融合的自身特色,及时地在关键领域和发展方向上予以把脉。

从节能减排领域看,为贯彻落实国务院节能减排工作的要求,工业和信息化部选择重点行业和重点领域,支持节能减排成效明显的信息系统建设,引导工业行业、企业和地方政府通过提高信息化水平,提升节能减排能力。重点行业包括钢铁、石化、有色、建材、纺织、轻工、机械、电子信息、电力、煤炭等。项目类型主要包括研发设计信息系统、产品信息化、工艺流程优化系统、装备智能化、供应链管理、生产运行管理系统(MES)、生产集中管控系统、能源管理系统(EMS)、健康安全环保管理系统(HSE)、节能减排信息化服务平台、区域性节能减排信息化监控平台、省级工业和信息化主管部门清洁生产信息化平台等12个方面。

从信息安全领域看,安全生产是我国经济社会发展面临的迫在眉睫的重大任务,促进工业领域安全生产是构建现代产业体系、走中国特色新型工业化道路的应有之义,而信息化是提高工业企业安全生产水平的重要途径和必然选择[46]。两化融合促进安全生产正成为企业发展战略的重要组成部分;安全生产的关键环节已经成为两化融合重要切入点和突破口。企业安全生产信息化系统正从分散孤立向集成管控方向发展;安全生产信息化系统已经成为企业落实安全管理制度的重要载体。工业和信息化部组织开展两化融合促进安全生产试点示范工作,确定武汉钢铁股份有限公司的冶金天车安全运行网络监控管理系统等100个项目为首批两化融合促进安全生产重点推进项目[47]。

从智能制造领域看,2012年上半年,智能制造在一些集中度较高的工业领域,如原材料、装备制造和消费品行业,得到初步发展。基于网络、面向产品全生命周期的智能制造模式普遍受到企业重视。在装备制造业,MES普及率较高,SCM和CRM普及率逐渐提升,智能化供应链系统初步形成,远程控制、远程维护初步应用。在原材料行业,很多企业正计划将ERP、MES和电子商务集成,形成智能管理系统,有的企业尝试进行精益生产。在消费品行业,大型企业已着手ERP、MES以及电子商务的总集成。

从三维技术领域看,真正以三维技术为支撑的现代制造业的设计制造管理,更能本质性体现现代工业的一种从传统的以工程图纸定义产品的模式迈到以三维模型定义的现代的、新型的工业产品定义模式，三维技术已经成为当前推动制造业信息化，推动两化融合的一个最重要、最核心的高技术支撑和应用[48]。在推动两化融合过程中，强调用数字化的设计和制造技术来促进企业的设计革命。

②行业协会发挥了重要的组织、协调和业务支撑作用，但行业间差距较为明显。2000—2010年，中国钢铁工业协会（简称中钢协）先后制定了《中国钢铁工业"十五"信息化发展规划》和《"十一五"中国钢铁企业信息化发展建议》，提出了在10年间钢铁企业信息化的预期性目标、发展重点、关键技术、共性问题、主要任务和应对措施[49]。中钢协通过总结钢铁企业信息化建设成效和经验，引导企业信息化的发展方向，推进钢铁企业信息化走向经济实用、有效适用、与业务高度融合、技术水平高、重视自主创新的适合钢铁行业发展的信息化建设途径。特别是在2006—2010年，钢铁行业信息化建设进入了全面提升阶段，钢铁企业不断加大信息技术应用的研究和投入，加快了企业信息化建设步伐，多数企业已经建立了"管控衔接、产销一体、'三流'（信息流、物资流、资金流）同步"的信息化体系[50]。

四、企业两化深度融合评估实践

（一）企业两化融合的总体进展评估

本部分基于对全国甄选出的800余家典型企业进行的问卷调查和深入的专家访谈，首先运用E-FAP评估体系，评估了我国企业两化融合进展总体情况，再根据两化融合进展评估体系模型（E-FAP）的两个动力规律原理，进行不同行业特点与不同工业化水平的企业两化融合评估的调研实证分析和案例分析，以期能够系统、科学、动态地对我国企业两化融合水平进行全方位的评估。

1. 企业两化融合进展的 E-FAP 评估

(1) 企业两化融合基础建设情况。

从微观角度来看,企业两化融合发展主要有 4 个阶段:基础建设、单项应用、综合集成和协同创新。企业起步阶段中心在于基础建设,主要任务是软硬件设备的构建,包括计算机和数控工业设备的配置、网络的建设等,也包括企业信息投入、信息化人员培养、信息化规划、信息化组织建设等,为两化融合打下基础。同时从国家宏观层面讲,国家信息化基础设施建设情况同样为企业的发展奠定着重要基础。

① 我国企业两化融合基础建设进一步夯实。

我国大部分企业信息设备完备程度较高,包括计算机和数控工业设备的配置、网络的建设等,为企业两化融合发展打下了坚实的基础。目前,我国大中型企业和中小型企业的基础建设都基本完成,大型企业只有 25% 的企业仍处于软硬件夯实阶段,中小型企业只有 40% 处于基础建设阶段,为企业两化融合应用向纵深发展奠定了基础。平均管理人员计算机拥有率约为 78%,网络建设情况良好,基本能够满足数据传输需求。我国大中型企业数据管理水平逐年提高。目前,我国大中型企业建立数据中心的企业占 74.8%,其中有 41.5% 企业实现了数据集中管理,还有 24.6% 的企业实现了应用集中。工业企业逐步关注信息安全管理,已全部应用防病毒、防火墙、病毒检测等重要软硬件措施的企业占 46.8%,绝大多数企业已通过离线或双机热备份等方式进行数据备份,约占 94%[51]。总体来看,大中型企业信息设备建设水平较高,数据管理水平不断提高,多数企业正在抓紧厂房改造,提高工业生产装备数控化程度。

企业"软件基础"包括企业信息化人员培养、资金投入、信息化组织建设等。我国企业两化融合发展信息化资金的投入具有一定的行业区分性,信息化组织建设方面不同行业之间水平差距仍然较大。从工信部对 400 家大型国有企业两化融合的测评结果来看,企业信息化投入占销售额收入的比例约 0.14%,其中钢铁行业这一比例约为 0.13%,重型机械约为 0.2%,轿车行业约为 0.23%,棉纺和造纸行业约为 0.1%。信息化建设方面,我国钢铁行业两化水平较高,有 43.3% 的企业建立了信息化常设机构,90% 的企业建立了公司级信息化工作领导小组，其中48%的企业由副总经理主管信息化工作[52]。而化肥行业两化融合水平较低，46.7%的企业信息化建设由其他业务部门代管，17.3%的企业设立了CIO。

调研我国各企业两化融合发展所处阶段分布情况，经过数据处理后，得到的有效样本量为53份，结果显示：被调研企业中处于综合集成阶段的企业有34家，占比为64.2%；其次为处于协同创新阶段的企业有15家，占比为28.3%；合计占比为92.5%，如图3-8所示。

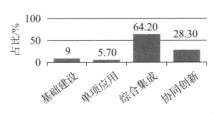

图3-8　各企业两化融合发展所处阶段分布情况

数据来源：项目组调研整理所得

通过调研各企业两化融合预期发展所处阶段分布情况的数据显示：在53个有效样本中，被调研企业中未来5年预期处于协同创新阶段的企业有41家，占比为77.4%。处于综合集成阶段的企业有10家，说明预期5年的两化融合水平基本可至少达到综合集成阶段，如图3-9所示。

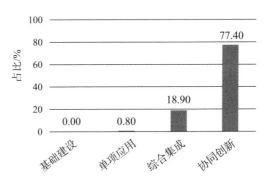

图3-9　各企业未来5年两化融合预期发展所处阶段分布情况

数据来源：项目组调研整理汇总

② 企业两化融合人才队伍不断壮大。

我国企业两化融合发展关键是要建立自己的人才队伍，这是企业核心竞争力提高的关键因素。近5年来，我国企业两化融合人才队伍在不断壮大。数据显示，在两化融合水平较高的企业，如部分央企，其内部信息技术人员多达2万多人，从事集团企业统一信息系统建设的专业化支持队伍达5 000多人。但与此同时，企业专门从事信息化工作的专职人员比例不高。目前我国大中型工业企业直接从事企业信息化建设、管理和维护的人员占员工总人数比例平均为1.46%[53]。

调研数据显示，随着两化深度融合的发展，企业对两化融合人才的需求进一步提高。企业通过内部培训，加强设计、研发、生产管理等横向及纵向上工业技术人才与信息技术人才的复合，通过重大项目引导企业人才走向两化深度融合发展之路。同时，与高校合作，加强企业两化融合基地建设和企业员工的"回炉"培训，进一步优化企业两化融合人才队伍的结构和质量。

③国家信息化基础建设为企业创造了良好硬件环境。

国家信息化基础建设情况反映了我国两化融合发展的准备程度，不仅揭示了我国两化融合进展的现状，也对我国两化融合未来发展潜力的判断具有参考作用。我国两化融合基础建设发展迅速，特别是迈入21世纪以来，正在大幅度提升。

"点—线—面—体"融合，企业与行业、区域协同发展。2010年以来，我国两化融合工作继续以"点—线—面"工作为思路，由企业带动向行业、区域协同推进扩展，注重国家层面、区域层面、行业层面和企业层面的协同发展，融合的广度和深度不断提高。在这样的两化融合发展思路的牵引下，培育和发展了大量我国龙头性企业，同时又带动促进了行业的整体实力提升。以我国战略新兴产业为例，我国企业、行业和区域融合呈现出新的特点。

案例一：集成电路产业是国家战略新兴性产业，是国民经济和社会信息化的重要基础，是两化深度融合重点发展行业之一。从2010年中国各省集成电路企业的分布图表来看，我国集成电路产业集群化分布进一步显现，已初步形成长三角、环渤海、珠三角三大核心区域聚集发展的产业空间格局。2010年国内TOP40 IC设计企业均分布在这三大区域中。京津渤海地区拥有17家，长三角地区有18家，珠三角地区拥有5家，如图3-10所示。

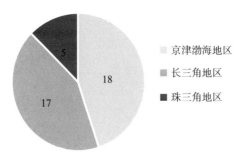

图 3-10 2010 年 TOP40 IC 设计企业区域分布

数据来源：项目组调研整理汇总

案例二：环保产业是两化深度融合的重点产业，壮大和发展我国的环保产业是走可持续发展道路、实现新型工业化的必由之路。我国环保产业已被纳入到战略新兴产业布局中，2008—2013 年始终保持较快的增长速度，并已形成"一轴一带"聚集发展的总体格局。

"一轴一带"即以环渤海、长三角、珠三角三大核心区域聚集发展的环保产业"沿海发展带"和东起上海沿江至四川等中部省的环保产业"沿江发展轴"[54]。长江三角地区环保产业基础最为良好，形成了以宜兴、常州、苏州、南京、上海等城市为核心的环保产业集群。而环渤海地区，在人力资源、技术开发转化等方面的优势较为显著。珠三角地区、中西部地区等城市打造建设了大规模的环保产业园区。

我国企业两化融合起步阶段的资源积累以国家信息化基础建设为前提。国家信息化基础建设情况包括国家信息化基础设施与国家信息化的环境条件。国家信息化基础设施包括网络设施、知识资源、信息化基本软件和基本硬件等；国家信息化的环境条件包括社会信息化、政府信息化建设与国家信用机制建设等。我国信息化基础建设取得了辉煌成绩，全面支撑了企业两化融合发展。例如，我国新一代光纤、无线接入和数字电视技术正在全速发展，为企业两化融合网络基础建设提供了前提和发展可能性。我国光缆线长度由 2001 年 158 万公里增至 2010 年的 995 万公里，增长了 5.3 倍，如图 3-11 所示。随着光纤的广泛应用，我国宽带网建设投入加大，2010 年我国互联网宽带接入端口数和 2003 年相比增长了近 10 倍。我国网民人数的快速发展也为我国企业两化融合信息化队伍建设奠定了良好的基础，如图 3-12 所示。

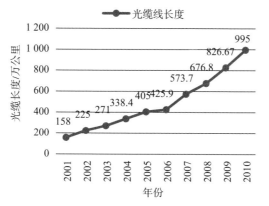

图 3-11 2001—2010 年我国光伏缆线建设情况

数据来源：根据《全国通信发展统计公报》整理

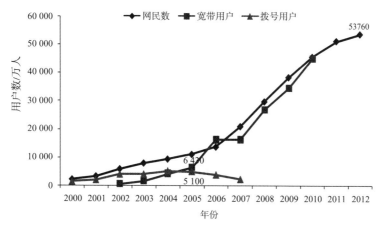

图 3-12 2000—2012 年互联网网民数、宽带用户及拨号用户数

数据来源：CNNIC 2000-2012 年《中国互联网络发展状况统计报告》

注：2012 年网民数截至 2012 年 6 月底

我国网络设施目前基本能够满足工业企业信息化需求，但随着云计算模式和物联网技术的推广，对网络宽带的要求将更高，这可以通过发展第二代互联网技术帮助解决。2013 年 8 月 17 日，国务院发布了"宽带中国"战略实施方案，部署未来 8 年宽带发展目标及路径，意味着"宽带战略"从部门行动上升为国家战略，宽带首次成为国家战略性公共基础设施[55]。

（2）企业两化融合信息化应用程度。

①我国企业两化融合应用程度总体情况是由覆盖渗透向集成综合加速过渡。

据工信部 2011 年两化融合初步评估，我国大中型企业中，约 25% 企业处于起步阶段，重点关注信息化基础设施建设；43% 的企业处于信息化局部覆盖阶段，各单项业务有一定成熟度，但综合集成基本尚未开展；22% 的企业处于集成阶段初期向综合集成阶段过渡，不同程度地开展了关键业务系统间的综合集成；10% 的企业处于协同创新阶段，在企业智能管控、产品生命周期管控和产业链集成等方面取得了初步成效[56]。我国中小型企业两化融合水平相对较低，近 40% 的企业仍处于起步阶段，绝大多数企业仍然较为关注信息技术对各业务环节的逐步覆盖，如图 3-13 所示。

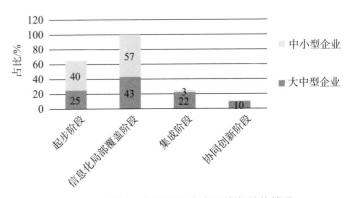

图 3-13　我国企业两化融合发展阶段总体情况

数据来源：根据《工信部 2010 年工业行业企业两化融合评估》整理汇总

企业信息化应用程度集中反映了企业两化融合阶段特征及水平高低，而不同性质不同行业的企业两化融合水平也程度不同。据工信部 2009 年对 7 个细分行业两化融合调查数据显示，我国化肥行业国有企业两化融合水平高于民营企业；轿车行业合资企业两化融合水平好于自主企业；造纸行业中"三资"企业两化融合水平高于其他类型的企业，肉类加工行业民营企业两化融合水平高于国有企业。根据各细分行业两化融合评估结果来看，两化融合发展水平与企业规模呈正相关，大型企业的两化融合发展水平明显高于中小型企业。

②企业各业务领域的信息化应用深度不断加强。

我国企业已经认识到信息化对企业发展的重要性，并且在数字化设计研发、生产过程数控化水平、经营管理信息化技术应用和企业电子商务及物流信息化方面不断提高和创新。企业两化融合应用领域的横向及纵向深度在不断加强,系统整合与协同集成获得重大进展。

首先,在企业数字化工具应用方面,我国工业企业广泛使用了数字化设计工具,初步实现了研发集成管理。例如,我国汽车、机械、船舶等企业都广泛使用了CAD设计;北京第一机床厂、海尔集团、青岛红领集团等企业将信息技术深入应用到了研发设计环节,形成了协同研发和个性化定制的新模型。其次,生产过程数控化水平方面显著提高。根据工信部电子科学技术情报研究所提供的调查数据,钢铁、有色、建材、石化等原材料工业行业大中型企业配置自动化控制系统生产线的比例均达到88.2%以上。企业普遍建立了生产过程控制系统,自动收集生产工艺过程数据,提高了过程管控水平[57],如图3-14所示。再次,信息技术在经营管理中的应用水平不断提高,大多数企业已建成财务及办公室自动化系统,逐步实现了对采购、生产制造、销售等各业务环节的全面覆盖。最后,我国企业的电子商务和物流信息化应用也在不断深化,产业链上下游的衔接及创新优势凸显。

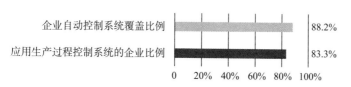

图3-14 原材料工业大中型企业生产制造自动化情况

数据来源:根据工信部电子科学技术情报研究所对钢铁、有色、建材、石化等行业两化融合的评估调研数据整理

我国企业网络化应用普及,其中在业务层面应用比例最高。样本企业中有54.1%将网络化应用于产品,有83.8%的企业将网络化应用于技术,有94.6%的企业将网络化应用于业务流程,说明企业在业务流程中的网络化应用程度最高,其次为技术环节,最后为产品环节。该结论说明现代企业的眼光已经不只局限在产品层面、技术层面的改进,而是更有战略高度的业务层面,寻求从本质上将两化融合深深扎根于企业的各个环节,利用两化深度融合完成企业的整体变革。此外,由抽样样本反映出的另一个问题是,在企业间存在着网络化应用的不均匀格局,一些企业在每一个层次上都未能应用网络化,而有些企业将网络化全方位地覆盖到企业的各个层

面上，如图 3-15 所示。

此外，调研数据还显示，被调研企业中调研年份中未能实现智能化应用的企业比例较高，为 7.1%。被调研企业中有 50.0% 的企业将智能化应用在产品环节，有 66.7% 的企业将智能化应用在技术环节，还有 76.2% 的企业将智能化应用在业务环节。与企业网络化应用相似之处为：现代企业的眼光同样不局限在产品层面、技术层面，而是转向业务层面，利用智能化在企业内部的深度融合，实现企业向现代化的迈近，该项调研中各种智能化应用比例分布如图 3-16 所示。

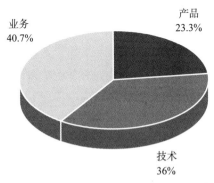

图 3-15　被调研企业网络化应用比例分布

数据来源：项目组调研整理汇总

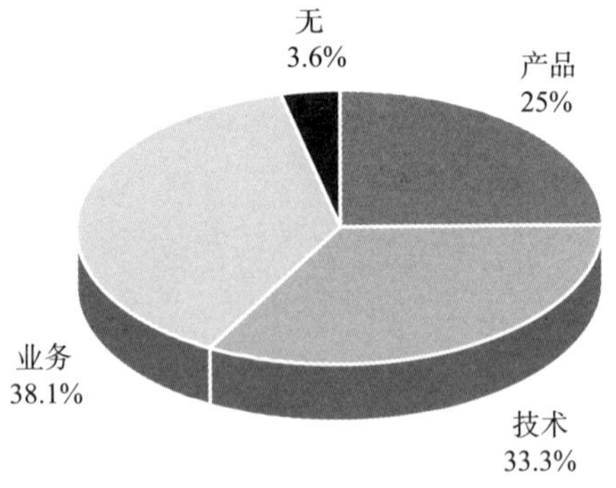

图 3-16　被调研企业智能化应用比例分布

数据来源：项目组调研整理汇总

对新一代信息技术应用的调研结果显示，被调研企业物联网应用不足，但后期发展劲头充足；云计算技术应用薄弱，可为空间充足；近半数企业应用电子商务，发展空间较大，如图 3-17～图 3-19 所示。目前，物联网的应用水平在一定程度上能够体现出两化融合的水平,但是也受到企业性质、规模等因素的制约。从所抽取的样本看,企业将物联网应用在车联网上的比例最高,这是因为车联网是物联网在汽车行业的应用,从属于物联网的范畴内。云计算相对物联网而言,是更为前沿的技术,也正因为如此,企业对云计算的运用比例明显较低,反过来也说明现在大多数企业的发展阶段还没能和世界前沿技术接轨。同时,半数以上的企业都意识到了云计算对企业发展的影响,将云计算的应用工作提上日程。电子商务是现代企业交易方式的创新,近半数的企业应用了电子商务,说明企业在交易方式上实现了两化融合,快捷的有保障的采购、销售以及交易的完成,为企业的进一步发展提供了保障。

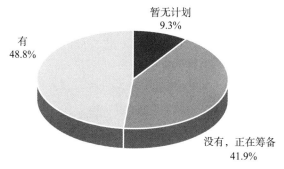

图 3-17 被调研企业物联网应用有效比例分布

数据来源:项目组调研整理汇总

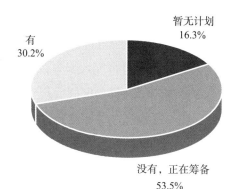

图 3-18 被调研企业云计算技术应用有效比例分布

数据来源:项目组调研整理汇总

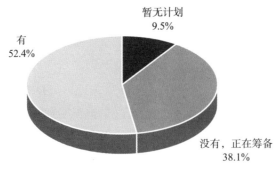

图 3-19 被调研企业电子商务应用有效比例分布

数据来源:项目组调研整理所得

③企业各环节业务协同创新能力进一步提升。

总体而言,我国企业两化融合正在全方位、多层次地发展,产业链集群和战略新兴产业聚合优势进一步显现。企业在协同创新集成的基础上开展了创新性应用。各地区示范企业以集成应用为中心,并且基本实现了业务系统整合的目标,协同创新能力进一步凸显。首先,一些标杆企业在企业研发设计、生产过程与经营管理等方面,全方位进行两化融合协同与创新。例如,大中型企业普遍建立了制造执行系统、客户关系管理、供应量管理、企业资源计划等业务系统,部分大中型企业已初步实施了过程控制和精英管理系统之间的集成。一些重点行业的重点企业在系统间的集成基础上,开展了一系列创新应用,形成了支撑企业战略发展的新型模式;并通过信息技术将业务链向前段和后端延伸,转变生产和经营模式,促进了企业市场的开拓创新,并且不断加强平台建设,实现产业链资源的整合。例如,我国中石油,中石化集团和宝钢等大型企业实现了集团企业统一管控模式;海尔、陕鼓等企业则将信息技术广泛应用于售后服务,融合互联网、通信、计算机等信息化手段和现代管理思想。

调研数据显示,被调研企业在多数业务实现信息化软件集成比例近半,但高水平集成不足。企业信息化软件的集成程度依次可划分为:局部集成、多数业务集成、全部集成以及融合创新 4 个层次。样本中有 21.4% 的企业处于局部集成阶段,有 54.8% 的企业处于多数业务集成阶段,有 9.5% 的企业处于全部集成阶段,有 9.5% 的企业处于融合创新阶段,有 4.8% 的企业处于由局部集成向多数业务集成过渡的阶段。从这个比例中可见,较低层次的集成比例较高,随着层次的提升,集成的比例逐渐下降;近半数的企业在多数业务上实现了信息化集成,说明信息化集成的程度和广度仍需进一步加强,如图3-20所示。

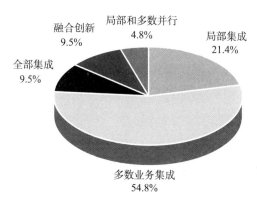

图3-20 被调研企业信息化软件集成程度有效比例分布
数据来源:项目组调研整理汇总

同时,调研发现,两化融合提升各方面作用的差异性明显,企业对各方面的认可度也不同。通过打分量表排序和相应数据处理显示,两化融合为企业带来最显著的变化是管理精细化、成本节约以及企业形象的提升。从偏度看,两化融合提升10个方面作用的不对称性突出,并且有所差异。而从峰度看,企业对某几项的打分较为集中,即意见较为一致,如图3-21所示。

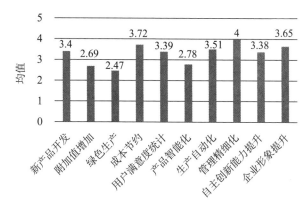

图3-21 两化融合带来的变化得分均值情况
数据来源:项目组调研整理汇总

(3) 企业两化融合绩效进展情况。

问卷调研和文献数据调研结果均显示,两化融合促进企业经济效益、社会效益显著提升,对劳动生产率贡献尤为突出,企业竞争力得到了明显加强,生产性服务业有待加强。同时问卷调研显示,推动产业升级集中表现在精细管理、流程再造方面,增长方式转变方面仍待改进。

① 企业经济效益快速增长,国际竞争力不断提升。

经过多年的发展,我国工业企业坚持走中国特色新型化工业化道路,顺应市场需求变化,加快工业转型升级,超额完成工业"十一五""十二五"规划的各项主要指标,实现了又好又快发展。2000—2011年,规模以上工业企业工业总产值及利润总额呈现逐次递增趋势,特别是自工信部成立5年以来,我国工业企业效益显著提高,如图3-22所示。2008年受金融危机影响,工业企业总产值及利润总额缓步上升,2009年出现大幅度增长,2010年工业企业总产值平均增长速度为27%。

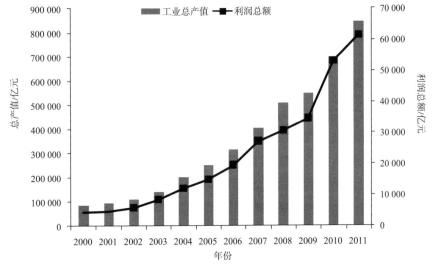

图3-22　2000—2011年规模以上工业企业工业总产值及利润总额

数据来源:根据各年份《中国工业经济统计年鉴》整理汇总

我国两化融合发展强有力地促进了我国制造业国际竞争力的提升,我国已成为全球制造业第一大国。在世界500种主要工业品中,我国有220种产品产量居全球第一位。2012年我国企业进入世界500强达73家(含香港），比 2002 年增加 62 家，位列世界第二位。2011 年粗钢产量位居世界第一，占全球粗钢产量的 44.7%；电解铝产量位居世界第一，占世界产量的 40%；船舶完工量位占世界市场份额的 42%；汽车产量由 2005 年的 570.49 万辆增至 2011 年的 1 841.9 万辆[58]。

我国大型企业和中小型企业在两化融合发展过程中，经济效益显著提升。大型企业在两化融合发展中的龙头地位凸显，少数重点企业在业务系统间集成的基础上，开展了创新应用，如三一重工、上海电气等大型企业，实现了集团企业统一管控模式，提升了集团整体效益。中小型企业近年来发展呈现增长快、质量好、后劲足的良好势头。2010 年，我国中小型企业占全国企业总数的 99%，创造的产品和服务价值已占国内生产总值的 60%，税收贡献占全部企业税收的一半，是推动经济发展的重要力量。2008—2010 年，我国国内生产总值年均增长 9.7%，同期规模以上中小型工业企业增加值年均增幅为 15.6%。

我国小型微型企业的两化融合发展也已经进一步提上日程，未来将发挥着重要的作用。小型微型企业的规模虽小，但数量庞大，依靠团队力量，产生"蝴蝶效应"，对于创造大量自我就业机会、扶助弱势群体、促进经济发展和保持社会稳定都具有积极作用。目前，国务院已出台相关支持小型微型企业健康发展意见，加大扶持力度，提供宽松发展环境，小型微型企业的经济及社会效益将进一步显现。

② 工业结构不断优化，企业劳动生产率显著提高。

一是加大企业技术改造力度，促进企业生产转型升级。2008 年以来，我国工业企业通过先进的信息技术对传统产业进行改造升级，主要围绕节能与新能源汽车产业化、装备工业基础能力提升和重点装备产品升级等主体，实现了一批技术改造项目。二是通过一系列兼并重组优化产业组织结构，提高了工业发展质量和效益。2012 年，我国进一步突出企业的主体地位，按照市场化原则推进重点行业、跨地区企业兼并重组，并取得实质性成效。2011 年，汽车、钢铁、船舶、水泥行业产业集中度分别达到 87%、49.2%、47.7% 和 26.5%，其中汽车和钢铁行业较 2008 年分别上升了 4% 和 6%[59]。三是大量减少传统能耗产业增加值比重，促进企业产业结构优化。例如，我国的水泥制造企业工业增加值占建材工业增加值的比重从 2002 年的 43% 下降为 2005 年的 34%，2010 年下降到 24%。

目前，我国工业产业结构优化仍在继续发展，产业素质明显提升，发展后劲显著增强。工业企业结构优化升级、转变发展方式是走新型工业化道路的必然选择。两化融合发展就要对传统的工业产业结构进行调整，重新构建现代产业发展新体系，控制总量、优化存量，引导企业加强技术改造，促进企业兼并重组，提高传统产业先进产能比重，提劳动生产率，实现由"工业大国"向"工业强国"转变。

③产业链发展不断完善，培育和发展了一批战略性新兴企业。

我国企业两化融合始终坚持内涵式发展，各地把培育战略新兴产业作为2011年以后工业转型升级的重要内容和提升区域竞争力的重要途径，企业加大对战略新兴产业领域的研发投入，大力推进重点领域研发和产业化，战略新兴产业的培育取得了显著成效。

在高端制造业产业方面，2010年，我国产业技术水平明显提升，具有自主知识产权的高端装备研发成功并投入使用。例如，ARJ21新型支线飞机已进入试飞取证阶段，6 400吨大型快速高效全自动冲压生产线实现了与国际同步开发，C919大型客机正式转入详细设计阶段[60]。在新一代信息产业技术方面，2011年，我国规模以上电子产品制造业实现销售收入7.49万元，软件业实现销售增长，收入超过1.84万亿元，占全球软件企业收入的比重超过15%。在新材料产业方面，2010年，我国新材料产业规模超过6 500亿元，与2005年相比增长20%。新能源汽车产业方面，2011年6月，节能汽车的市场占有率从2010年同期的22%提高到了56.9%。生物医药方面，2010年产值约3 000余元，新产品、新技术开发取得积极进展。新能源方面，2011年，我国太阳能光伏产业装机容量达300万千瓦，单晶炉、开方机等关键设备已形成自主研发能力并占据国内较大的市场份额。我国战略新兴产业瞄准重点领域和方向，以重大技术突破为支撑，以重大发展需求为导向，是党中央、国务院在应对国际金融危机中，着眼当今世界格局大变革大调整趋势作出的一项重大战略决策，对我国走新型化工业道路和经济社会的可持续发展将产生巨大的推动作用。

④自主创新能力不断提高，企业核心竞争力增强。

创新是企业的活力所在。我国工业企业认真贯彻落实中央决策部署，大力加强自主创新能力建设，加强科技成果转化和产业化，强化知识产权保护和运用，引导企业融入全球创新体系，部分领域技术已接近世界先进水平，极大地振兴了产业信心，推动工业企业走上创新驱动、内生增长的轨道。

我国工业企业依托"核高基"、新一代宽带无线移动通信网、高档数控机床与基础制造装备、大型飞机等科技重大专项，一大批重点领域关键技术取得重大突破。例如，目前采用国产 CPU 和软件的神威蓝光千万亿次计算机技术已处于国际先进行列，自主研发的存储器芯片出货量超过 430 万个，自主研发的智能手机浏览器用户超过 3 亿，65～45 纳米集成电路制造工艺实现量产，大型立式五轴联动加工中心研制成功，6 400 吨大型快速高效全自动冲压生产线已实现向发达国家出口[61]。

信息技术研发与应用投入在制造、管理、营销、节能减排等环节不断提升，使企业自主创新能力显著增强，催生了新技术、新工艺和新模式的发展[62]。目前，我国工业企业设立了 130 个国家工程研究中心、793 个国家级企业技术中心和 6 824 个省级企业技术中心，2010 年以来，已有 2 批 131 家国家技术创新示范企业。2011 年，全国规模以上工业企业 R&D 经费内部支出为 5 993.8 亿元，比 2004 年增长 4.43 倍。R&D 经费内部支出占主营业务收入的比重达 0.71%，比 2008 年提高 0.1 个百分点[63]。我国上海 2010 年工业企业 R&D 投入也达到了 268 亿元，占企业主营业务收入比重接近 1%[64]。企业两化融合发展过程中逐年加大对科技研发及信息化建设投入，也带动电子商务、生产性服务业、云计算等战略性新兴领域发展，推动生产性服务业现代化。

⑤企业节能减排效益显著，高效清洁生产进一步提高。

节能减排和发展绿色循环经济是企业可持续发展之路的总体要求，是提升企业经济效益、社会效益和核心竞争力的动力机制，也是我国企业两化融合推进社会文明进程的必然举措。

两化融合促进信息技术广泛应用，节能减排初见成效，安全生产水平明显提高。2006—2008 年，我国规模以上企业单位工业增加值能耗下降 26%；主要耗能产品单位能耗大幅度降低，实现节能量 6.3 亿吨标准煤；以年均 8.1% 的能耗增长速度支撑了工业年均 14.9% 的增长；工业领域实现 COD（化学需氧量）排放总量削减 21.63%，二氧化硫总量削减 14.02%，万元工业增加值用水量累计下降 36.7%，工业固废综合利用量超过 15 亿吨，淘汰落后产能任务全面完成；2010 年以来，相继公告了 4 批淘汰落后产能企业名单，总计约淘汰炼铁落后产能 8 000 万吨、炼钢 4 500 万吨、焦炭 6 000 万吨、水泥（熟料及磨机）5 亿吨、造纸 2 000 万吨[65]。同时，我国工业企业节能减排相关信息技术的研发和应用发挥了重要作用，部分高污染、高能耗企业实施了重大还能设备的智能控制系统改造、能源管理系统和环境检测系统改造，有效降低了能源消耗和污染排放。例如，上海焦化厂采用综合自动化信息平台技术，甲醇产量由每年 33.5 万吨提高到每年 49.1 万吨，甲醇工序能耗达到国内先进水平[66]。我国工业企业以破解能源资源约束和缓解生态环境压力为出发点，不断探索绿色发展新机制、新模式，为加快构建资源节约型、环境友好型工业体系，促进工业文明和生态文明的协调发展迈开了坚实的步伐。

（4）企业两化融合发展环境评估。

① 国内政策环境不断优化。

我国从宏观政策、具体措施、组织建设、财政支持等各方面全方位支持两化融合发展，特别是通过工信部具体工作的稳步推进，我国两化融合进展取得重大突破。

第一，我国相继出台一系列相关政策，形成两化融合政策引导体系。例如，发布《工业转型升级规划（2011—2015）》《2006—2020 年国家信息化发展战略》《关于加快信息化与工业化深度融合的若干意见》等政策文件，开展试点示范、两化融合深度行活动，投融资支持，引导企业建立首席信息官制度等；通过发展信息化规划、咨询设计、项目实施、系统运营维护和专业培训等信息服务业，建立面向工业的信息化公共服务平台，不断建立和完善集技术支撑、信息服务、中介服务、人才教育、交流培训等于一体的两化融合支撑服务体系[67]。第二，不断优化中小型企业发展环境，对中小型企业发展、高技术产业发展给予财政和资金支持。中央财政安排促进中小型企业发展的专项资金规模由 2008 年的 51.1 亿元增至 2012 年的 141.7 亿元。国家先后出台了小型微型企业减半征收企业所得税、提高增值税和营业税起征点等一系列税收优惠政策。2011 年，财政部、国家发展改革委两次发文取消或免征部分行政事业性收费，涉及项目 280 余项，每年减轻企业负担约 165 亿元。2012 年，国家进一步取消和调整了 314 项部门行政审批项目。

通过问卷调研分析可见，我国两化融合政府推动作用显著，但两化人才队伍尚缺乏。对两化融合的国内外环境建设情况的评估，分为内部环境、国际环境、未来可为空间、政府环境4个方面。融合评估的推动作用、融合金融支持的作用、融合实验区的作用、融合培训的效果均处于"很好"的程度，说明前四项政策的作用是非常明显的；高层、中层、基层对两化融合的态度均介于"支持"与"非常支持"之间，说明企业领导对两化融合的态度端正，认识水平很高；员工对两化融合的理解处于"比较清楚"的阶段；融合人才队伍呈现偏短缺状态；国际市场推动融合的作用和企业未来在两化融合上的可为空间均处于"很大"的程度，如图3-23所示。

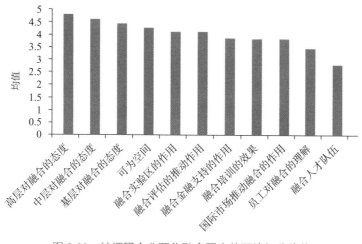

图 3-23　被调研企业两化融合国内外环境打分均值
数据来源：项目组调研整理汇总

同时，调研发现，融合培训、融合金融支持、融合评估、融合实验区的推动作用产生的效果基本相同，融合评估和融合实验区的作用略高，如图3-24所示。如图3-25所示，政府在企事业两化融合进程中已有的激励和保障措施中，实施比例最高的为"提供专项资金""搭建交流平台，向先进单位学习""搭建信息化服务平台""出台行业或区域政策"。其次为'两化'融合人才培训"和"将'两化'融合水平作为考评企业的指标之一"。"提供专项资金""将'两化'融合水平作为考评企业的指标之一""搭建交流平台，向先进单位学习"均占中型企业政府保障措施的83.3%，说明中型企业对这几项政策较为熟悉。而大型企业对"提供专项资金""出台行业或区域政策"最为熟悉。

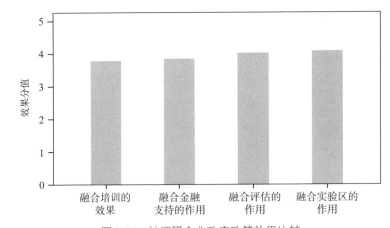

图 3-24　被调研企业政府政策效果比较

数据来源：项目组调研整理汇总

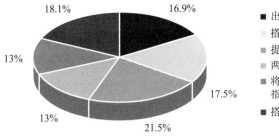

图 3-25　政府各项保障措施比例

数据来源：项目组调研整理汇总

② 信息化指数在国际的总体水平显著提升。

我国借鉴吸收国外先进的工业化与信息化理念、技术和措施，不断提高我国两化融合水平的国际竞争力。根据国家统计局制定的信息化发展指数（IDI），自 2006 年起，我国从信息化发展"中低水平"跨入了"中等水平"国家行列；2007 年，中国信息化总指数在比较研究的 57 个国家中，由 2000 年的第 44 位升至第 42 位；2001—2007 年，中国信息化发展总指数年均增长速度为 15.52%；2008 年，国际电信联盟（ITU）报告显示，中国网络就绪度指数全球排名由 2001 年的第 65 位上升至第 46 位，首次在"金砖四国"中居于首位。

2. 企业两化融合评估的主要结论

在企业评估的问卷调研过程中，不仅通过 E-FAP 评估体系调研企业两化融合进展情况，与区域和行业评估达到了有效的统一，还遵循 E-FAP "两个动力规律"的原理，进行科学、动态的问卷调研评估，试图找到关于我国企业两化融合进展中新的重大发现和评估结论。通过运用动力规律得出了新的企业评估发现和结论，同时这些结论又反过来验证了 E-FAP 的"两个动力规律"。

（1）不同企业特质与其两化融合发展现状相关性不同。

通过问卷数据处理分析得出，不同地区的企业两化融合发展阶段有所不同，如图 3-26 所示。不同地区两化融合水平不一，存在较大差异。分析原因如下：①地区经济发展水平不同，对两化融合重视程度不同；拥有企业规模、性质、经济效益等各不相同，对两化融合发展影响不同。②各地区所取企业样本量不同，对分析结果造成一定影响。因此应对落后地区实施政策倾斜，帮助其打好信息化基础，为两化融合做好准备工作；加强两化融合落后地区与先进地区的交流工作，先进地区的两化融合可以为落后地区的两化融合发展提供借鉴与支持。

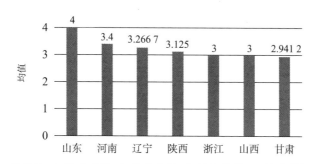

纵坐标：1. 基础建设；2. 单项应用；3. 综合集成；4. 协同创新

图 3-26 不同地区企业两化融合发展阶段水平

数据来源：项目组调研整理汇总

从样本结构上讲，不同企业性质的企业两化融合发展阶段有所不同，如图 3-27 所示。企业性质对两化融合发展阶段的影响较为明显，外资企业由于外国资本和技术的融入以及本土企业技术自主创新，两化融合的发展层次较高。不同行业类别的企业两化融合发展阶段有所不同，如图3-28所示。企业的规模对两化融合发展阶段有显著影响，如图3-29所示。外国资本和先进技术的融入一定程度上对企业两化融合的发展起到了促进作用，这主要体现在资金支持和技术方面。而民营企业由于自身性质的原因，对两化融合可能尚未重视，在两化融合方面投入的人力、物力等资源有限，制约了两化融合的发展。国有企业由于企业规模和管理流程烦琐等原因，实施两化融合较为复杂，进程不易控制，制约了两化融合的发展。

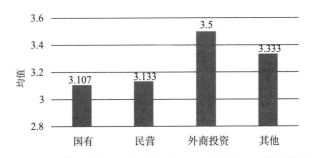

纵坐标：1.基础建设；2.单项应用；3.综合集成；4.协同创新

图 3-27　不同性质企业两化融合发展阶段水平

数据来源：项目组调研整理汇总

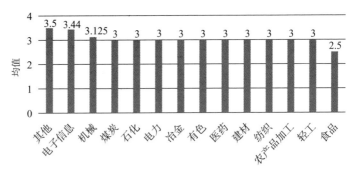

纵坐标：1.基础建设；2.单项应用；3.综合集成；4.协同创新

图 3-28　不同行业类别企业两化融合发展阶段水平

数据来源：项目组调研整理汇总

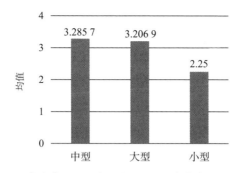

纵坐标：1. 基础建设；2. 单项应用；3. 综合集成；4. 协同创新

图 3-29　不同规模企业两化融合发展阶段水平

数据来源：项目组调研整理汇总

（2）部分企业特质决定两化融合的效益。

调研发现，不同性质企业的两化融合水平对其形象的改变作用不同，企业的规模（小型、中型、大型）影响两化融合的经济效益。两化融合对外商直接投资企业的形象提升效果最为明显，如果能够积极应用两化融合手段，积极推进两化融合，必将使其形象大为提升。

数据显示，企业所属行业影响了企业用户满意度的提升以及两化融合对企业形象的提升程度，如图 3-30 所示。在 95% 的置信水平下，企业所属的行业（煤炭、石化、电力、机械、电子信息、冶金、有色、医药、食品、建材、纺织、农产品加工以及轻工）在"用户满意度提升"和"企

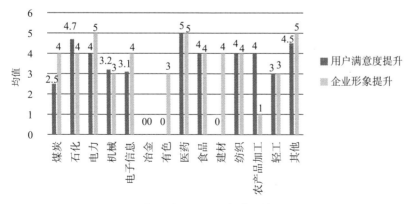

图 3-30　不同行业企业两化融合效益的打分均值概况

数据来源：项目组调研整理汇总

业形象提升"两方面产生了显著的影响。从各个行业的"用户满意度提升"数值和"企业形象提升"改变程度的均值数据可知,差异比较明显。因为行业不同,两化融合在应用中的具体表现不同,具体到用户那里,有些行业可能直接体现不出两化的效果,这样就造成了企业形象提升程度的不同。

此外,企业是否是央企这个因素直接影响两化融合对企业的成本节约效果。在95%的置信水平下,央企和非央企对成本节约效果产生影响。两化融合对央企带来成本节约改变量的均值为2.73,对非央企成本节约改变量的均值为4.11,说明两化融合对非央企带来的成本节约影响更为明显,由此说明两化融合对非央企的提升作用更大,有利于其未来的进一步发展。

(3)不同发展阶段下内外部环境对两化融合的推动作用。

如图3-31所示,通过发展阶段与政府环境的分析可以看出:一,政府环境推动作用的均值为3.406～4.25,即处在"一般"与"非常大"之间,说明政府环境起到了较大的推动作用。二,对于处在协同创新阶段的企业来说,政府环境的推动作用一般,而对于处在单项应用和基础建设阶段的企业来说,政府环境普遍起到很大的推动作用。但是总体来说,政府环境都起到了一定推动作用。

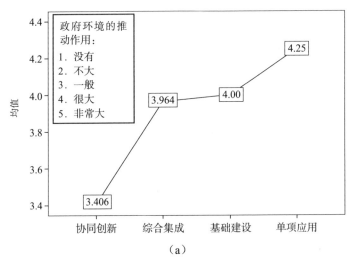

图3-31 不同发展阶段下政府环境推动作用分析

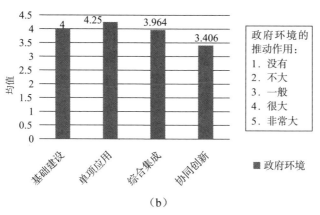

(b)

图 3-31　不同发展阶段下政府环境推动作用分析（续）

数据来源：项目组调研整理汇总

如图 3-32 所示，通过发展阶段与内部环境的分析可以分析出：一，内部环境的推动作用为 3.40～3.878，即处在"一般"与"很大"之间，说明内部环境起到较大的推动作用。二，对于处在协同创新阶段的企业来说，内部环境的推动作用一般，而对于处在单项应用、基础建设、综合集成阶段的企业来说，内部环境普遍起到很大的推动作用。但是总体来说，内部环境都起到了一定的推动作用。三，内部环境对处在不同发展阶段企业的推动作用按从大到小排序依次为：综合集成、基础建设、单

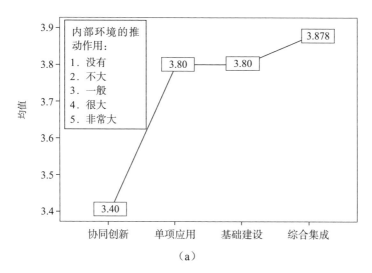

(a)

图 3-32　不同发展阶段下内部环境推动作用分析

项应用、协同创新。

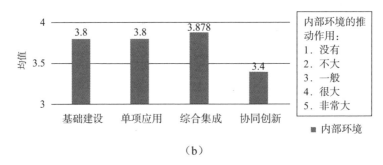

(b)

图 3-32　不同发展阶段下内部环境推动作用分析（续）

数据来源：项目组调研整理汇总

如图 3-33 所示，通过发展阶段与国际环境的分析可以看出：一，国际环境的推动作用为 3.0～4.0，即处在"一般"与"很大"之间，说明外部环境起到一定的推动作用。二，对于处在基础建设阶段的企业来说，国际环境的推动作用一般，而对于处在单项应用和协同创新阶段的企业来说，国际环境普遍起到很大的推动作用。但是总体来说，国际环境都起到了一定的推动作用。三，国际环境对企业所处发展阶段的推动作用按从大到小排序依次为：单项应用、协同创新、综合集成、基础建设。

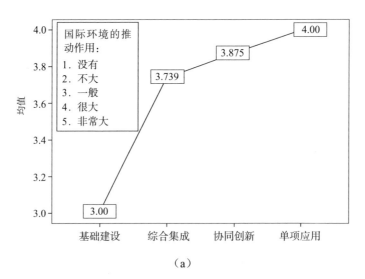

(a)

图 3-33　不同发展阶段下国际环境推动作用分析

（b）

图3-33　不同发展阶段下国际环境推动作用分析（续）

数据来源：项目组调研整理汇总

如图3-34所示，通过发展阶段与未来发展空间的分析可以看出：一，未来发展空间的推动作用为4.0～4.25，即处在"很大"与"非常大"之间，说明国际环境起到很大的推动作用。二，对于处在基础建设阶段和单项应用的企业来说，未来发展空间的推动作用很大，而对于处在综合集成和协同创新阶段的企业来说，未来发展空间的推动作用非常大。总体来说，未来发展空间起到了较大的推动作用。三，未来发展空间对企业所处发展阶段的推动作用按从大到小排序依次为：协同创新、综合集成、单项应用、基础建设。

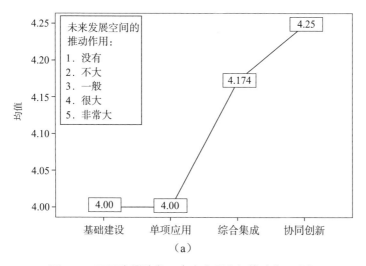

（a）

图3-34　不同发展阶段下未来发展空间推动作用分析

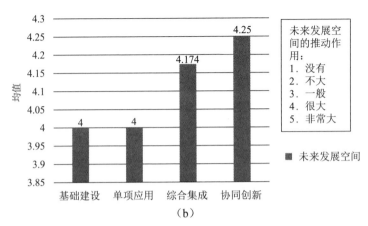

图 3-34　不同发展阶段下未来发展空间推动作用分析（续）

数据来源：项目组调研整理汇总

综上，从不同发展发展阶段与政府环境、内部环境、国际环境及未来发展空间的综合分析来看，这些环境因素都对企业发展现状起到了一定的推动作用。未来发展空间表现出的推动作用，由于项目组调查问卷的数据量不够丰富，可能出现一定偏差；同时，对于未来发展空间的调查评估只有一个指标，也可能导致一定的偏差。普遍认为，环境对处于基础建设阶段企业的推动作用一般，环境对处于单项应用和协同创新阶段的企业的推动作用较大。

（4）内外部环境对两化融合效益影响显著。

通过调研发现，内部环境、国际环境、政府环境对两化融合效益水平的影响很明显。

如图 3-35 所示，在 0.01 的显著性水平下，内部环境、国际环境、政府环境与两化融合效益水平的相关性很大，但是和两化融合的变化没有很明显的相关关系。同时，未来发展空间指标较为单一，与两化融合效益及变化均没有很大的相关性。此结论说明环境因素对于企业的两化融合效益，即对经济效益、劳动生产率及竞争力等指标有直接、明显的影响，企业如果要提高效益水平就要综合考虑内外部的环境因素；而两化融合带给企业的变化则与环境因素关系不甚明显，说明企业的变化更多还是与自身联系较多，技术创新、管理流程等因素才是导致企业变化的根本原因。

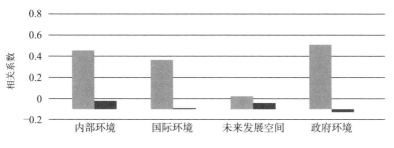

图 3-35　两化融合效益与环境相关系数

数据来源：项目组调研整理汇总

如图 3-36 所示，政府环境因素如融合评估作用、融合金融支持作用、融合实验区作用和融合培训效果都与融合绩效及融合变化等有相关关系，如与"单位经济效益提升""融合对竞争力提升作用""融合对战略新兴产业的培育作用""对劳动生产率的提升""业务协同与创新模式发展""融合推动产业升级作用""企业形象提升"等，均有很显著的相关性，表明政府环境因素对企业效益方面的因素有较明显的推动作用。

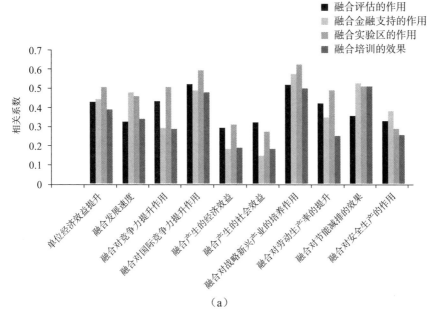

(a)

图 3-36　政府环境与融合绩效相关系数

数据来源：项目组调研整理汇总

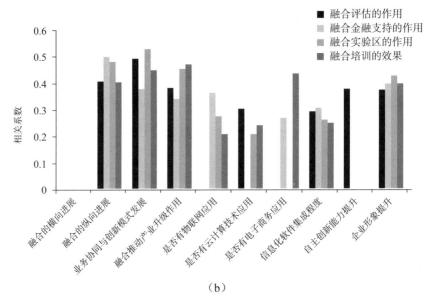

(b)

图 3-36 政府环境与融合绩效相关系数（续）

数据来源：项目组调研整理汇总

如图 3-37 所示，内部环境因素如高层、中层和基层对融合的态度，员工对融合的理解，融合人才队伍与融合绩效及融合变化的部分因素呈现出

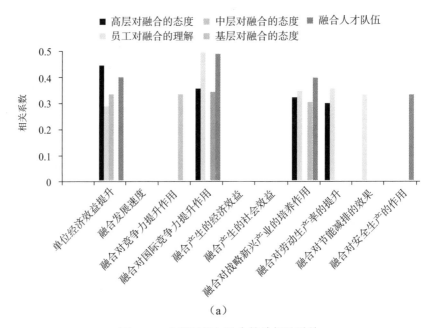

(a)

图 3-37 内部环境与融合绩效相关系数

相关关系,如与"单位经济效益的提升""融合对竞争力提升作用""融合对战略新兴产业的培育作用""融合对劳动生产率的提升""融合的纵向进展""信息化软件集成程度"等,均有很显著的相关性;中层和基层对融合的态度与大部分融合绩效变化因素没有明显的相关关系,这和样本数量有一定关系。以上分析表明内部环境因素对企业绩效方面的因素有一定的作用。

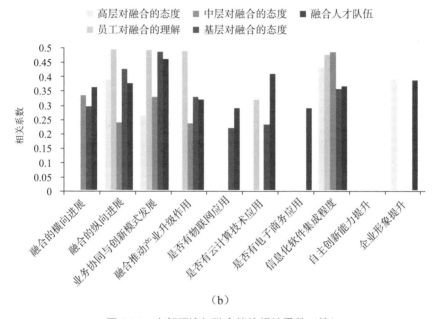

(b)

图3-37 内部环境与融合绩效相关系数(续)

数据来源:项目组调研整理汇总

如图3-38所示,国际环境因素与融合绩效及融合变化的部分因素呈现出相关关系,如与"融合对竞争力提升作用""融合对战略新兴产业的培育作用""融合对劳动生产率的提升""融合对节能减排的效果""融合横、纵向的进展""业务协同与创新模式发展""融合推动产业升级作用""信息化软件集成程度"等,均有较显著的相关性;而未来发展空间因素与大部分融合绩效变化因素没有显著的相关关系,这和问卷调查指标单一有一定关系。以上分析说明国际环境对融合绩效变化有一定的推动作用。

(5)不同两化融合阶段下遇到的问题及政策诉求各不相同(图3-39)。

各个阶段的企业对政策支持、金融支持、人才培养支持都具有广泛的需求,且需求度很高;处于两化融合不同阶段的企业对政策诉求有一定的差异。

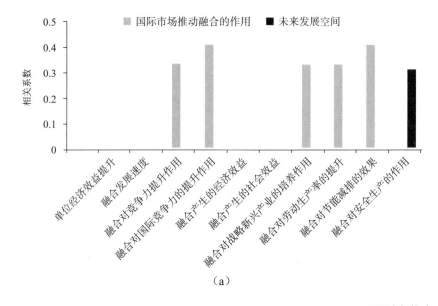

(a)

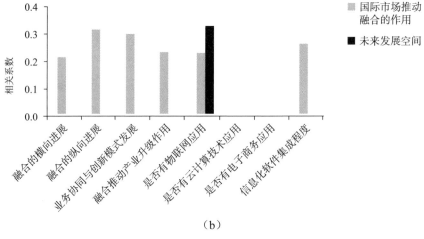

(b)

图 3-38　国际环境、未来发展空间与融合绩效相关系数
数据来源：项目组调研整理汇总

通过分析各个阶段需求值最高的三项可看出：

① 基础建设阶段的企业需求比较分散，对自身如何发展还没有明确定位，更多依赖于政策支持、金融支持以及人才支持，尤其是政策支持，说明两化融合最初的推动力来源于政府行为。

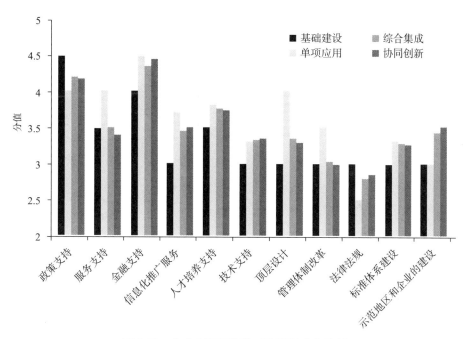

图 3-39 企业在不同阶段对政策需求度分析

数据来源：项目组调研整理汇总

② 单项应用阶段的企业对各方面的支持都有较强的需求，且比较均衡，可以说需要全面支撑提升；顶层设计需求提高，说明这一阶段需要从规划上开始指导。

③ 综合集成阶段的企业各项需求度平均值是最高的，意味着企业两化融合处于向深度融合转化的关键期，需要强有力的支撑。

④ 协同创新阶段的企业除政策支持和金融支持诉求较强外，管理体系、法律法规建设与处于前三阶段的企业相比需求减弱，说明该阶段企业已进入两化融合的稳定推进期，管理已有一定程度的磨合，但是政府行为的推进对这一阶段的企业依然有效。同时，示范企业的导向需求度提高，说明向深度融合转型的企业自身完善的目标已经确定，在未来发展空间上需要方向性、标准性的指导和借鉴。

⑤ 四个阶段企业对政策的需求度基本保持稳定，如图 3-40 所示，每个阶段都需要政策不同方面的引导，在单项政策需求上有阶段性上升然后下降的趋势，说明在不同阶段对政策需求有不同的侧重。

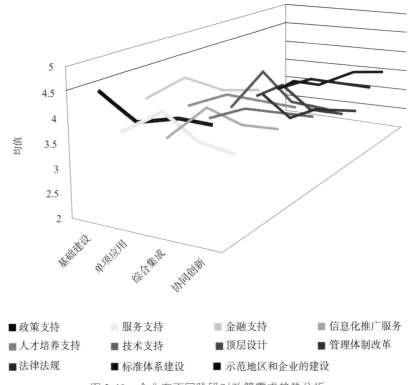

图 3-40　企业在不同阶段对政策需求趋势分析

数据来源：项目组调研整理汇总

（二）企业两化融合评估案例分析

根据两化融合进展评估体系模型（E-FAP）的"两个动力规律"的原理，在 E-FAP 框架下评估应当遵循系统、科学、动态的原则。因为我国企业工业化发展不平衡，所以企业两化融合发展水平的评估不能一概而论。不同行业、不同规模、不同地区企业的工业化和信息化存在较大差距，因此不同工业化水平所对应的两化融合发展模式也有很大不同。因此有必要对我国企业及其两化融合发展模式、发展水平等进行细致的梳理和分类。

1. 我国企业的主要行业特性

（1）流程型工业企业与离散型工业企业。

流程型工业企业主要通过对原材料进行混合、分离、粉碎、加热等物理或化学方法，使原材料增值。它主要包括啤酒、钢铁、化工、炼油、制药等企业，最终产品类型有固体、液体、能量和气体，通常以批量或连续的方式进行生产。流程型工业企业采用大规模生产方式，生产工艺技术成熟，控制生产工艺条件的自动化设备比较成熟，因此，生产过程多数是自动化，生产车间的人员主要是管理、监视和设备检修。

离散型工业企业主要是通过对原材料物理形状的改变、组装，成为产品，使其增值。它主要包括机械加工、机床等加工、组装性行业，典型产品有汽车、计算机、机械、日用器具等。离散型工业企业由于是离散加工，产品的质量和生产率在很大程度上依赖工人的技术水平，自动化主要体现在单元级，例如数控机床、柔性制造系统等，因此，离散型工业是一个人员密集型行业，自动化水平相对较低。

一般来讲，流程型工业企业两化融合水平相对较高，主要通过生产过程的自动化带动。以钢铁行业企业为例，2007年钢铁行业已经进入ERP推广应用阶段。38家重点钢铁企业已经全面实施ERP系统，实现了信息流、物流、资金流的高度集成，在降低成本、减少库存等方面发挥了重要的作用。我国钢铁行业信息化经历了从单项应用向多项应用扩展并开始加速向集成应用转变。信息化与钢铁企业的生产经营各环节融合取得了显著成效，已经成为其构建核心竞争力的必备要素。

离散型工业企业信息化难度更大，但信息化的集成水平相对较低。某些行业企业由于其产品的复杂性、国际合作较早等原因其两化融合水平较高。例如，汽车行业，整车行业基本上已经完成了ERP系统各类功能模块的应用建设。随着配套零部件企业在地域上的布局完成以及市场竞争加剧，汽车行业迫切要求降低生产成本，强化与配套的一级、二级零配件企业的协同作业管理，于是供应链管理系统的需求成为汽车行业两化融合发展的主题。

（2）资本密集型、技术密集型与劳动密集型企业。

一般来讲，资本密集型企业和技术密集型企业两化融合水平相对较高，劳动密集型企业两化融合水平相对较低。

资本密集型企业指单位劳动占用资金量较多的产业部门的企业，主要有钢铁、石油、化工、电子与通信设备制造业、电力工业、重型机械等。资本密集型企业主要分布在基础工业和重加工业，一般被看作是发展国民经济、实现工业化的重要基础。技术密集型企业又称知识密集型企业，是需用复杂、先进而又尖端的科学技术才能进行工作的生产部门和服务部门。它的技术密集程度，往往同各行业、各部门和企业的机械化、自动化程度呈正比，而同各个行业、部门和企业的所用手工操作人数呈反比。因此大部分技术密集型企业也是资本密集型企业。因为我国是国有经济体制，所以大部分资本密集型和技术密集型企业都是"国字头"企业，因此在雄厚的企业实力的基础上，也会优先发展最先进的信息化技术和信息化设备，企业两化融合整体水平较高。

相反，劳动密集型企业指进行生产主要依靠大量使用劳动力，而对技术和设备的依赖程度较低的企业，一般主要有纺织及服装、食品、家具和部分加工行业。劳动密集型的纺织、服装、食品行业，由于原有规模小，其信息化投入增长非常明显。一方面因为消费增长刺激行业企业收入增加，另一方面因为纺织服装行业的竞争加剧、食品行业国家监管深化都要求企业提升两化融合水平，所以纺织服装、食品行业企业对 ERP 等关键应用的建设投入增长明显。

（3）大型企业与中小型企业。

一般而言，大型企业的 ERP 系统建设热潮已经过去，目前进入中小型企业普遍投资建设 ERP 系统的时期。2011 年年末，全国工商登记中小型企业超过 1 100 万家，个体工商户超过 3 400 万个。推动中小型企业信息化既是一项长期而紧迫的任务，也是落实国务院促进中小型企业发展政策的举措。

2. 不同工业化水平的行业两化融合进展比较及其企业案例分析

两化融合水平跟行业密切相关，即所谓的行业差异化。按照行业工业化水平高低分为三个级别，即高级工业化水平、中级工业化水平和初级工业化水平。不同工业化水平的行业体现出不同的两化融合发展模式和发展要求。本部分以工业化高级水平和工业化中级水平为例，在每个工业化水平下分别选取若干两化融合发展较好的典型企业进行案例分析。

（1）工业化高级水平相关行业及企业两化融合发展评估。

① 飞机制造行业两化融合企业案例——中国商用飞机有限责任公司

（简称中国商飞）。

中国商飞投资 1 亿元打造的全球协同研制平台，实现了单机设计向网络化协同设计的转变。在 ARJ21 支线客机的研制中，包括上海飞机设计研究所、上海飞机制造公司、成都飞机工业公司、沈阳飞机工业集团等国内其他民机设计、生产、改装等企业，借助信息化协同平台实现远程合作，大大节省了研制时间和费用。同时，中国商飞使用数字技术打通项目管理全寿命周期每一个活动、环节和每一个阶段。这样一来，中国商飞实现了 IT 支撑下全价值链、全业务流程、产品全生命周期的管理，信息技术可以支撑基于多种方法的协同应用。质量管理涉及业务流程的各个方面，共同目标是提升流程质量和效率。信息技术成为中国商飞实现流程的结构化、标准化和自动化的手段和工具。

② 石油石化行业两化融合企业案例——中国石化集团石家庄炼化分公司（简称石炼）。

企业不断融合工业化和信息化，在几年时间内就可让信息化的触觉延伸到企业所有处室、装置，进入班组和仪表间的每个生产流程，实现全流程、全覆盖。从信息化领导小组成立到定期召开信息化专题工作会议，石炼信息化进程不断加快。在 ERP、MES 项目实施的基础上，该公司通过建立企业生产过程、生产管理、经营管理等数据平台，集中整合了企业生产、经营、管理的数据资源，覆盖了生产过程中所有岗位的全部流程，实现了信息的全覆盖和流程的再改造。2011 年，石炼将 ERP、MES、计量系统等 7 个信息系统进行集成，通过对数据深入挖掘和分析，找出生产运行的最佳点，为生产提供决策依据。为配合"一企一制"改革，石炼启动 MES3.0、计量一体化升级改造项目，将炼油和化工事业部进行整合，实现了开具销售订单、装车作业单、出厂计量单、客户信用控制和门卫放行五位一体的线上闭环管理，数据能够自动提取及回传，确保了数据和资金安全。在中国石化集团总部信息化水平评估中，公司连续三年被评为 A 级企业。

③ 制药行业两化融合企业案例——浙江海正药业股份有限公司。

浙江海正药业股份有限公司生产过程自动化和信息化建设始于 1999 年，从那时起到现在，随着海正药业股份有限公司的迅猛发展和壮大，信息化项目建设的内容包括多个品种的发酵、提取、污水处理、空压和能源管理等工段。海正药业股份有限公司协助工艺人员进行了物料添加控制形式的改进、新型工艺及控制技术的应用，避免了物料易结垢和高温焦化问题，减少了营养成分的破坏，提高了发酵水平，达到了节能降耗的目的；新型控制技术的应用，缩短了生产周期，从而提高了设备的使用率，减少了维修和染菌风险；生产过程全自动控制，减少了人为的误操作，使管理更加规范；在能源计量管理项目中，为企业的生产成本核算和工作的绩效考核提供了有效的数据[68]。通过生产过程自动化和信息化建设，企业拥有了稳定的生产控制手段和优化工艺的平台。以阿佛菌素为例，把优化生产工艺与计算机自控系统相结合，使其发酵单位提高了5%，染菌率下降3%，综合能源动力消耗减少8%，做到了节能减排，每年节约能耗近千万元，同时降低了工人的劳动强度，提高了生产管理水平[69]。工业化与信息化的结合，使海正药业股份有限公司的生产和管理水平得到了大幅度提高，关键参数的控制水平迅速与国际接轨，极大地提升了海正药业股份有限公司的国际形象和地位，扩大了企业产品出口份额，使企业获得了经济效益及社会效益的双丰收[70]。

④ 钢铁行业两化融合企业案例——宝山钢铁集团。

建厂30年来，宝钢一直坚持信息化与工程同步发展的理念，坚持信息化创新与企业管理创新同步并支撑管理创新的原则，从适应外部环境变化和自身发展的需要出发，在建设钢铁产品生产线的同时完成了工艺设备和过程控制的自动化，实现了从各过程控制系统到公司级管理信息系统的无缝集成，实现了"集中一贯"的管理模式与管理手段的高效整合[71]，形成了信息化与工业化相互促进、相互支撑的局面，为钢铁行业探索了一条从现场到市场、从制造到经营管理，逐步发展、逐步提高的两化融合新道路。

通过信息化与工业化的互动，宝钢已经在多个方面取得很好的效果，包括：支持建立以价值最大化为导向的集团企业财务管理体系；支持建立适应战略发展要求的成本和盈利能力管理体系；支持建立跨地域、多基地、产销一体化体系；支持构建规范、统一的科技管理体系，提高工程项目管理的系统性和可控性；支持宝钢日常工作透明、协同；支持宝钢与外部市场的协同等。为实现钢铁主业跨地域、多基地的一体化经营，有效发挥协同效应、快速提升管理水平和产品竞争能力，宝钢建设了一体化经营管理系统。通过这些系统的建设，支持了宝钢集中分品种的销售模式，支撑了客户需求和生产能力的综合平衡，以及资源的优化配置；实现了客户订单全程跟踪和全过程服务，提高了客户要求响应速度，提升了客户满意度；实现了物流资源的统一管理、物流计划的统一制订，统一了物流作业标准，实现了全程可视化销售物流跟踪。

通过新建和兼并相结合，宝钢规模在快速扩张。按照新一轮发展规划，宝钢的产能规模将从现在的3 000万吨逐步扩大到8 000万吨以上，信息化必须支撑宝钢应对兼并收购。一方面，通过采用统一数据标准，提高系统灵活性，在实际部署过程中对系统功能进行柔性组合和合理裁减，采用不同的部署方法等方式，强化集团管控，加强新进单元与其他单元的协同。另一方面，在区域执行层，借鉴成熟基地信息化实施经验，提高软件的产品化和标准化程度，提高软件的适应性，然后在新单元快速实施，以信息系统为载体，使成熟基地的管理经验在新单元快速生根发芽。

（2）工业化中级水平相关行业及企业两化融合发展评估。

① 家电行业两化融合企业案例——海尔集团。

两化融合推动了海尔集团的成功转型。第一，两化融合以虚实融合实现服务转型。海尔战略转型有两个含义：一是虚实网的融合，通过虚网创造需求，通过实网满足需求；二是无形和有形的融合，即通过服务卖产品、通过产品卖服务。实现转型的基础是两化融合，海尔为此提出了零库存、即需即供的概念，即海尔只生产客户需要的产品。第二，以产品生命周期管理实现产品研发全流程的整合。通过培育期的研发成本最小化和成长期至结束期的企业利润最大化，来达到降低成本和增加利润的目标。第三，以模块化支持企业即需即供的战略。具体工作包括企划的模块化、研发的结构化、采购的成套化和制造的标准化。第四，应用射频技术提高了制造、物流和供应链管理的效率，降低了企业的运营成本。第五，从传统制造企业向制造服务提供商转型。海尔不仅向客户提供产品，而且要为客户提供定制化的解决方案和服务。海尔在几年之内将实现六大转变，即向高技术研发服务商、国际化物流服务商、电子产品制造服务商、家电产品渠道运营商、家电社会化服务商和网络生活服务商转变。

② 工程机械企业两化融合企业案例——潍柴动力股份有限公司。

潍柴集团经过十几年的跨越式发展，已经形成了拥有整车、动力总成、汽车零部件、金融、后市场以及豪华游艇的大型装备制造集团。近年来，大规模的信息化建设使集团各分（子）公司的信息化水平都有了较大的提升。特别是潍坊本埠地区已经建成了六大信息化支撑平台、三十多个信息系统，并拥有各类硬件设备（服务器设备、存储、备份设备、网络设备、机房辅助设备等）和软件资产（应用软件、数据库、中间件）等基础设施百余台（套）。潍柴是重型卡车行业推动信息化比较早的企业，从2004年开始实施ERP系统，构建企业资源管理平台开始，经过6年多的建设，累计投入信息化资金超过1.2亿元，已经初步建立起了六大信息化平台，基本覆盖了企业产品研发、采购物流、生产制造和销售的各个环节，这些平台的建立对于潍柴的跨越式发展起到了非常重要的支撑作用。潍柴希望将这六大信息平台进行更多的整合与优化，进一步释放数据的价值。实现决策管理的数字化、研发的协同化、客户服务的集约化、采购物流的网络化、精益生产电子化和知识管理共享化的"六化"，是潍柴信息化在"十二五"期间的重点工作。

五、2008—2013年我国两化融合发展的总体进展特点

本章基于相关统计年鉴数据和《我国两化融合综合调研证据报告》的内容（见本书第八章），从区域、行业和企业3个维度对2008—2013年我国两化融合的进展与成效进行了分析和评估。

①两化融合创新体系由初步形成转向全方位、多层次、全过程发展。国家信息建设快速发展为两化融合奠定发展前提，两化融合推进体系初步建立，工作机制逐步完善。企业两化融合基础建设快速发展，两化融合人才队伍不断壮大，企业信息化技术应用在产品、技术、产业领域不断深化与创新。

②两化融合指数呈梯度分布，两化融合转向两化深度融合。我国两化融合发展水平不断提高，工业领域信息化由单项应用向协同应用推进，信

息化创新研发设计能力不断提高。信息技术全面融入工业活动的设计、采购、生产、管监控、销售、物流等一系列环节，电子商务成为社会经济发展重要组成部分，两化融合使工业企业的生产运转更加高效，贸易流通方式更加快捷。

③信息化广泛普及和大力推广，推动政府行政体制更加公开、透明。我国从宏观政策、具体措施、组织建设、财政支持等各方面全方位支持两化融合发展，相继出台了一系列相关政策。

④工业经济效益快速增长，国际竞争力不断提升。我国从宏观政策、具体措施、组织建设、财政支持等各方面全方位支持两化融合发展，相继出台一系列相关政策。特别是工信部在具体工作上的推进，认真践行大部门制改革要求，加快转变政府职能，坚持依法行政，完善运行机制，创新管理方式，在战略、规划、政策、标准等方面进行了卓有成效的实践，两化融合进展取得重大突破[72]。

⑤战略新兴产业不断壮大，产业链联动转向协同创新。我国企业两化融合始终坚持内涵式发展，各地把培育战略新兴产业作为"十二五"时期工业转型升级的重要内容和提升区域竞争力的重要途径，企业加大对战略新兴产业领域的研发投入，大力推进重点领域研发和产业化，战略新兴产业的培育取得了显著成效。我国战略新兴产业瞄准重点领域和方向，以重大技术突破为支撑，以重大发展需求为导向，是党中央、国务院在应对国际金融危机中，着眼当今世界格局大变革、大调整趋势作出的一项重大战略决策，对我国走新型化工业道路和经济社会的可持续发展将产生巨大的推动作用。

⑥产业结构进一步转型升级，劳动生产率显著提高。两化融合发展对传统工业产业结构进行调整，重新建构了现代产业发展体系，通过控制总量、优化存量等手段加强技术改造，促进企业兼并重组，提高传统产业先进产能比重，提劳动生产率，实现由"工业大国"向"工业强国"转变[73]。

⑦企业自主创新能力不断提高，由智能制造打造智慧企业。创新是企业的活力所在，我国大力加强自主创新能力建设，加强科技成果转化和产业化，强化知识产权保护和运用，引导企业融入全球创新体系，部分领域技术已接近世界先进水平，极大地提振了产业信心，推动工业企业走上创新驱动、内生增长的轨道[74]。

⑧中小型企业发展环境不断优化，企业核心竞争力增强。中小型企业信息化从起步阶段进入大规模应用普及阶段，发展更具活力。两化融合为中小型企业特别是小型微型企业发展壮大创造了有利条件。我国小型微型企业数量庞大，易产生"蝴蝶效应"，对创造大量自我就业机会、扶助弱势群体、促进经济发展和保持社会稳定都具有积极作用。目前，国务院已出台相关支持小型微型企业健康发展意见，加大扶持力度、提供宽松发展环境，小型微型企业经济及社会效益进一步凸显[75]。

⑨节能减排效益显著，绿色、安全生产水平进一步提高。我国企业节能减排初见成效，安全生产、绿色生产水平明显提高，以破解能源资源约束和缓解生态环境压力为出发点，不断探索绿色发展新机制、新模式，为加快构建资源节约型、环境友好型工业体系，促进工业文明和生态文明的协调发展迈开了坚实的步伐。

⑩国际信息化指数显著提升，融入全球产业链发展中。2008—2013年，我国两化融合发展同其他国家相比取得不小进展。我国借鉴吸收国外先进的工业化与信息化理念、技术和措施并同时加快自主创新，从而不断提高了我国两化融合水平的国际竞争力。

参考文献

[1] 徐愈. 全面推进两化融合评估的思路和重点 [J]. 中国经济和信息化，2012(7):18-19.
[2][3][4] 中国电子信息产业发展研究院. 2012年中国区域信息化与工业化融合发展水平评估报告 [EB/OL]. http://www.miit.gov.cn/newweb/n1146300/n1306929/c1312446/content.html.
[5] 赵立群. 两化融合 互动发展 [J]. 群众，2013(11): 33-34.
[6][10] 电子部科技情报研究所. 两化融合 成果从头说 [EB/OL]. CN11-0132 http://www.spider.com.cn/article-287542.html.
[7][9] 孟凡新. 两化融合"践行大火箭"四新"[J]. 中国信息化，2013(12):28-30.
[8] 工信部. 工业转型升级规划系列解读材料（九）[EB/OL]. http://www.miit.gov.cn/n1146295/n1146562/n1146655/c3074579/content.html.

[11] 刘芬. 我国信息管理类人才培养模式如何适应两化融合发展 [J]. 卷宗, 2013(7):206-207.

[12] 左世全. 德意志两化融合" [J]. 装备制造, 2012(4):84-88.

[13] 高扬. 装备工业：两化融合渐入佳境 [J]. 中国经济和信息化, 2012(13):81-81.

[14] 内蒙古日报, "金三角"数字区域正在成型——"呼包鄂"工业化和信息化融合试验区建设纪实 [EB/OL]. http://roll.sohu.com/20120203/n333612256.shtml.

[15] 青岛市人民政府办公厅, 关于印发青岛市"十二五"国民经济和社会信息化发展规划的通知 [EB/OL]. http://www.qingdao.gov.cn/n172/n68422/n68424/n2 2952426/n29661895/131016163355784541.html.

[16] 郑德理, 刘璟. 加快珠三角电子金融产业的发展与对策 [J]. 中小型企业投融资, 2012(8):95-96.

[17] 工业和信息化部. 2010 年全国电信业统计公报 [J]. 通信企业管理, 2011(2):82-87.

[18][21][22] 中国电子信息产业发展研究院. 2013 年中国信息化与工业化融合发展水平评估报告 [EB/OL]. http://www.docin.com/p-1221440237.html.

[19] 工业和信息化部经济日报. 柳州："数字园区"叫响"柳州智造 [EB/OL]. http://paper.ce.cn/jjrb/html/2013-09/09/content_170604.html.

[20][27][32][33] 刘俊毅. 加强两化融合促进企业转型升级 [J]. 河北企业, 2013(3):5-6.

[23][38][39][40][41][42][43][44][45][51][53] 王华萍. 河北省工业企业两化融合发展水平评估研究 [J]. 河北企业, 2012(9):42-46.

[24][25] 周剑. 两化融合的发展路径——《工业企业"信息化和工业化融合"评估规范》若干问题探讨 [J]. 信息化建设, 2012(8):30-33.

[26] 魏少平. 信息化与工业化深度融合发展的问题研究 [J]. 价值工程, 2011, 30(7):27-28.

[28] 中国电子商务研究中心, 南京中小型企业信息化建设：提高认识 示范带动 [EB/OL]. http://b2b.toocle.com/detail--5856447.html.

[29] 中国电子报, 两化融合促进区域经济转型 [EB/OL]. http://epaper.cena.com.cn/content/2012-06/15/content_235961.html.

[30][46] 中国电子报. 信息化为生产戴上"安全帽" [EB/OL]. http://m.chinabyte.com/info/159/12157159_gfh.s.html.

[31] 王真, 管雯君. 城市化、工业化、信息化融合下的"广东制造"转型升级之路 [J]. 城乡规划：城市地理学术版, 2013(1):7-14.

[34][62][64] 上海市经济和信息化委员会. 2011 年上海产业和信息化发展报告：信息化与工业化融合 [M]. 上海：上海科学技术文献出版社, 2011.

[35] 梁丽雯. 广东成立首席信息官 CIO 联盟 [J]. 金融科技时代, 2012(7):17-17.

[36] 苗圩. 创新融合 攻坚克难 急步推进工业转型升级和发展方式转变——在信息化与工业化融合高层研讨会上的主旨演讲 [J]. 中国经济和信息化, 2012(13):67-70.

[37] 李晟. 从钢铁制造商到整体解决方案提供商 [J]. 世界钢铁, 2012, 12(6):70-76.

[47] 工信部. 关于公布首批两化融合促进安全生产重点推进项目的通知, (工信部信函 [2011] 429 号) [EB/OL]. http://www.miit.gov.cn/n973401/n974407/n974408/n974414/c3803268/content.html.

[48] 新浪财经. 杨海成：三维技术是推动两化融合"的核心技术支撑 [EB/OL], 2012-

[49] 于雄飞，包兴. 煤炭行业两化融合"存在的问题及发展建议 [J]. 煤炭工程，2013, 45(10):139-141.

[50] 刘遵峰，赵爽，张春玲. 中小型企业两化融合存在问题及对策研究 [J]. 经济研究导刊，2013(17):16-17.

[52] 张永红，袁熙志，罗冬梅，等. 我国钢铁行业节能降耗现状与发展 [J]. 工业炉，2013, 35(3):16-20, 37.

[54] 刘佳琦. 中国产业结构的变迁和区域分布特征 [J]. 生产力研究，2011(7):150-151.

[55] 民政部职业技能鉴定指导中心，中民民政职业能力建设中心. 中国国务院发布"宽带中国"战略实施方案 [EB/OL]. http://jnjd.mca.gov.cn/article/zyjd/xxck/201309/20130900513634.shtml.

[56] 张睿铎. 装备制造业企业两化融合"发展浅析 [J]. 数控机床市场，2013(5):43-44.

[57] 张蓉. 半导体行业 MES 的研究与应用 [J]. 中国新通信，2013(22):59-59.

[58] 程敏. 我国成为全球装备制造业第一大国自主化水平提高 [J]. 铸造纵横，2011(8):33-34.

[59][65][66] 工信部，"十一五"工业增加值能耗下降 26%[EB/OL]. http://finance.sina.com.cn/china/bwdt/20121227/172514136457.shtml.

[60] 吴琼. 大力培育发展战略性新兴产业 [J]. 北方经贸，2011(7):29-29.

[61][63] 中国日报. 工作会专稿：自主创新能力不断提高 [EB/OL]. http://www.chinadaily.com.cn/hqpl/zggc/2012-12-27/content_7882843.html.

[67] 张成芬，李娟. 我国信息化与工业化融合发展现状和趋势 [J]. 西安邮电大学学报，2011, 16(3):97-100.

[68][69][70] 王晓东. 信息技术改善卫生保健行业服务 [J]. 信息方略，2011(11):32-35.

[71] 廖婷婷. 企业信息化的思考——以宝钢信息化为分析 [J]. 商品与质量：学术观察，2011(8):108-108.

[72] 苗圩. 全面贯彻落实党的十八大精神 努力开创中国特色新型工业化信息化发展新局面 [J]. 中国经贸导刊，2013(3).

[73] 苗圩. 2012年工业信息化部工作重点和任务 [J]. 中国科技投资，2012(Z1):6-7.

[74] 李玲玲. 全国工业和信息化工作会议召开 [J]. 软件和信息服务，2011(2):33-33.

[75] 天津日报，进一步支持小型微型企业发展 [EB/OL]. http://news.163.com/12/0516/07/81K2DDV700014AED.html.

第四章
我国两化深度融合发展评估
——基于2013—2017年文本内容分析

本章基于相关部门发布的两化融合政策文本和行业评估报告，从区域、行业和企业三个层面对2013年以来我国两化融合的总体发展情况进行了归纳和总结。总体来看，2013年以来我国两化融合工作进展良好，各区域、行业和企业层面两化融合水平均呈增长态势，但部分地方还需要借助政策优势及"互联网+"等新的机遇，实现赶超。

2013年9月，工业和信息化部印发了《信息化和工业化深度融合专项行动计划（2013—2018年）》，计划指出：当前我国面临国际产业竞争日趋激烈、核心竞争力不足、资源环境约束强化、要素成本上升等日益突出的矛盾，加之全球新一轮科技革命和产业分工调整的影响，因此在我国推动信息化和工业化深度融合，以信息化带动工业化，以工业化促进信息化，对于破解当前发展瓶颈和实现工业转型升级，具有十分重要的意义[1]。基于此，专项行动计划明确了2018年两化深度融合工作要达成的目标：两化深度融合取得显著成效，信息化条件下的企业竞争能力普遍增强，信息技术应用和商业模式创新有力促进产业结构调整升级，工业发展质量和效益全面提升，全国两化融合发展水平指数达到82。

2014年，工信部部长在智能制造国际会议上指出，推进两化融合工作主要抓好以下4个方面工作：①着力建设和推广企业两化融合管理体系标准；②全面提升工业智能化水平；③推动信息网络技术与制造业深度融合；④加强两化融合支撑能力建设[2]。基于以上推进两化深度融合的4个着力点，对照2013年颁布的专项行动计划，本章对2013年以来我国两化深度融合的发展情况进行回顾与评估，为下一步更好地完成两化深度融合工作、实现甚至赶超原定的2018年目标提供基础。本章的数据主要来自2016年工业和信息化部中国电子信息产业发展研究院发布的《2015年度中国两化融合发展水平评估报告》以及中国两化融合服务联盟发布的《中国两化融合发展数据地图（2016）》和《中国两化融合发展数据地图（2017）》。

一、整体评估：我国两化深度融合进入快速发展期

根据《2015年度中国两化融合发展水平评估报告》显示，2015年我国两化融合发展总指数为72.68，相较于2012年增长了13.61，且2013—2015年年均增长速度呈逐年加快态势，如图4-1所示。这表明我国两化融合正步入深化应用、变革创新、引领转型的新阶段，在改造提升传统产业、培育新模式新业态、增强企业创新活力等方面的作用日益增强[3]。按照2013—2015年我国两化融合发展指数的平均增长速度计算，2018年全国两化融合发展指数将达到89.4，远远超过预计目标82。

图4-1　2012—2015年全国两化融合发展总指数

数据来源：《2015年度中国两化融合发展水平评估报告》

（一）两化融合管理体系日益完善

在实施推进两化深度融合的工作中，工信部将两化融合管理体系建设作为重要举措和有力抓手，力图通过企业示范、行业评估、试验区建设等

多方面探索，推动社会各界实现对两化融合从不理解到理解、再到积极推进的重要转变。2013年，《工业企业信息化和工业化融合评估规范》正式发布，成为首个两化融合国家标准，并于2017年年初进入ISO国际标准立项程序。2014年，工信部出台《信息化和工业化融合管理体系评定管理办法》，明确了评定工作要求、管理和监督方式，全面启动贯标试点。此外，工信部借鉴ISO9000等管理体系标准，完成两化融合管理体系4项基础标准的国家标准立项[4]。2016年，工信部发布了《工业和信息化部办公厅关于继续做好两化融合管理体系贯标试点推荐工作的通知》(工信厅信软函〔2016〕140号)，经有关方面推荐、专家评审等程序，最终新增600家2016年两化融合管理体系国家级贯标试点企业，并于5月25日由《工业和信息化部办公厅关于公布2016年两化融合管理体系贯标试点企业名单的通知》(工信厅信软函〔2016〕359号)公开发布[5]。近3年来，国家级贯标试点企业共达1 702家，各省市积极组织开展省市级贯标试点，众多企业自觉开展贯标。截至2016年12月，全国贯标企业总数超过了4 000家。与2015年相比，2016年贯标企业数量翻一番，其中，通过两化融合管理体系评定企业达627家。与此同时，相关的服务机构和从业人员也不断增加。截至2016年12月，全国提供两化融合管理体系贯标咨询服务并自愿进行信息公开的机构数量已增至400家，专业服务人员达20 000余名，各级政府、行业协会、服务机构等组织开展的贯标宣贯活动达1 000余场，吸引了20余万人次参与，形成了社会各界谈标准、学标准、用标准的良好氛围。

在评定结果方面，近年来，两化融合管理体系评定结果的市场化采信机制不断取得突破，实现了在政府项目支持、投融资授信、供应商选择、招标投标等社会领域22项重点工作中的认可和应用。江苏、广东等各地政府将通过评定作为智能制造、"互联网+"等重大项目的优先支持条件；徐工、潍柴等龙头企业逐步推动其供应商及下属企业全面开展贯标，并将通过评定作为供应商遴选的优先条件；九鼎等投资机构将通过评定企业作为其投资的重点遴选对象；广西壮族自治区政府将制药企业是否贯标作为药品集中采购的重要指标[6]；另外，全国企业管理现代化创新成果审定委员会发文，明确了通过评定的企业无需推荐单位，可直接自行申报相关成果。

（二）智能制造步入快车道

步入"十三五"以来，我国工业智能化明显加速。随着"中国制造2025"等国家层面战略、政策以及各地规划的出台实施，智能制造发展的政策框架和方向路径不断清晰明确。2016年，智能制造试点示范工作稳步推进，63个试点示范项目覆盖了45个行业，分别分布在25个省（自治区、直辖市），行业、区域覆盖广泛，示范性强。我们结合具体行业、企业分析，主要有以下特点：一是制造企业智能化转型加速，海尔、华为等在传统家电、通信设备等领域加快向智能制造转型，国内的软硬件领军企业加速向智能制造系统解决方案供应商转型。二是智能制造领域正形成四大产业集聚区：珠三角、长三角在推动智能制造方面担当主角；环渤海地区的机器人研发与产业成果显著，带动培育智能制造装备产业加快集聚；中西部集聚区依托外部科技资源，在机器人领域涌现出一批行业龙头企业。三是机器人和工业软件引领智能制造发展，2016年我国工业机器人销量占全球31%，龙头企业对CAD、SCM、MES、PLM等工业软件需求加大[7]。综合看来，智能制造政策环境的优化，关键共性技术和核心装备的突破，智能制造标准体系的逐步完善，新一代信息通信技术与生产工艺、管理流程、装备及产品等的加速融合，都推动着我国智能制造发展驶入快车道。

（三）制造业与互联网深度融合成为时代主题

"十三五"期间，互联网与经济社会各领域的跨界融合和深度应用，推动"互联网+"新模式、新业态快速发展，深刻改变生产生活方式和经济社会运行。近年来，以"互联网+"与其他产业融合带来的产出增长贡献占GDP比重不断提升，其年均增速维持在17个百分点左右，是GDP增速的近两倍。在此背景下，从中央到地方促进制造业与互联网深度融合的意见和方案不断出台，加快了制造业与互联网全面融合的步伐。

从国家层面看，2015年，工信部发布"落实《国务院关于积极推进"互联网+"行动的指导意见》的行动计划（2015—2018年）"，提出到2018年，互联网与制造业融合进一步深化，制造业数字化、网络化、智能化水平显著提高。2016年，工信部研究起草并推动发布《国务院关于深化制造业与互联网融合发展的指导意见》，该意见的总体定位是把"中国制造2025"、"互联网+"和"双创"紧密结合起来，通过优化产业结构有效改善供给，释放新的发展动能，催生一场"新工业革命"。2017年10月30日，国务院总理李克强主持召开国务院常务会议，通过了《深化"互联网+先进制造业"发展工业互联网的指导意见》，意在促进实体经济振兴、加快转型升级。此外，工信部围绕"双创"、工业云、工业大数据、工业电子商务、信息物理系统、行业系统解决方案等领域遴选出多个试点示范项目，大力培育可复制、可推广的制造业与互联网融合新业态和新模式。与广东省签订合作框架协议，共同开展珠三角制造业与互联网融合发展示范城市带建设，创建"互联网+"小镇等，积极探索区域性融合发展有效途径。

从地方层面看，多地加紧推动出台具体的贯彻实施措施，探寻符合地方产业特色的融合发展新手段。2016年，宁夏出台《关于深化制造业与互联网融合发展的实施意见》，提出到2018年年底重点行业骨干企业互联网"双创"平台普及率达到60%的目标；2017年，上海市经济和信息化委员会印发《上海市推进信息化与工业化深度融合"十三五"发展规划》，大力推进上海市信息化与工业化深度融合，深入实施新一轮创新驱动和转型发展战略；天津市出台《天津市加快推进制造业与互联网融合发展实施方案》，以进一步促进天津市制造业与互联网融合发展，促进制造业转型发展，做大做强天津制造；陕西印发《关于深化制造业与互联网融合发展的实施意见》，提出以两化深度融合为主线，聚焦推进制造业研发模式、制造模式和服务模式变革，夯实网络、大数据、工业云平台和工业软件基础支撑，促进制造业提质增效和转型升级，加快制造强省建设步伐。

而在企业层面，"中国制造企业双创发展联盟""中国个性化定制联盟""网络化协同制造联盟"相继成立，汇聚了跨行业、跨领域的上千家企业和科研资源，起到加速产学研用协同创新、构建产业生态、促进产融结合、助力制造业与互联网融合全面发展的作用。

（四）基础环境建设支撑两化深度融合快速发展

宽带网络是支持两化深度融合的重要基础设施。针对这一点，政府部门在积极推动网络提速降费走向快车道上，主要有以下四个方面的工作：

一是推动电信市场开放。截至2017年3月，工信部已向198家（次）企业发放宽带接入网试点批文，发展宽带用户超过1 000万户，累计已向42家民营企业发放移动转售业务试点批文，发展用户超过4 300万。二是加强网际互联互通质量监管。2016年，工信部批准新增杭州、福州和贵阳3个国家级互联网骨干直联点，并将互联网网间结算价格下调至每月18万元/G。三是健全普遍服务政策。2016年，工信部和财政部组织开展两批电信普遍服务试点，中央财政和企业投资超过300亿元，共支持约10万个行政村光纤通达和升级。四是改善宽带网络建设环境。工信部联合住建部将信息通信基础设施发展纳入城市规划，推动"统一规划、合理布局、远近结合、共建共享"。一些省份如黑龙江、海南等省已出台电信基础设施建设和保护条例，强化地方政府对电信设施建设的支持。这些改革措施促进了市场竞争，激发了企业创新发展的动力。

网络提速降费行动取得了明显成效。一是网络能力大幅提高。地级市基本实现全光纤网络覆盖，具备百兆以上接入能力。据工信部数据，到2016年11月底，FTTH用户占宽带用户比达到75%，领先经合组织（OECD）所有国家；4G实现跨越式发展，4G用户占移动用户的55%，接近日本（55.4%）和美国（56.8%）等领先水平。二是网络速率快速提升。据宽带发展联盟发布的2016年第三季度报告，我国固定用户平均实际可用下载速率达11.03Mbps，较2015年年底提升32%；4G移动用户实际可用下载速率达到11.8Mbps，为同期3G平均下载速率的3.15倍。三是资费水平持续下降。据工信部的统计，2016年年底固定宽带单位带宽资费水平比2015年年底下降62%，移动单位流量资费水平比2015年年底下降35%。四是国际对比显示进步明显。据宽带发展联盟的数据，我国固定宽带实际可用下载速率进入全球较快梯队，超过澳大利亚、法国、意大利等发达国家；移动网络用户平均下载速率超过美国，与日本、韩国、俄罗斯处于同一水平；资费方面，固定宽带资费处于全球中游水平，移动流量价格处于全球较低价格阵营。五是提速降费带动效应突出。据中国信息通信研究院测算，提速降费，拉动上游光纤制造、网络设备、智能终端等制造企业保持14%～30%的增速，推动互联网企业加速向移动端转型，移动电商、移动搜索和移动社交业务保持高速增长[8]。信息化基础设施的有效建设，有力支撑了我国两化深度融合的快速发展。

二、区域评估:城市是推动区域两化深度融合发展的核心力量

城市是推动两化深度融合发展的核心力量。我国地级以上城市有330多个,开展两化融合评估诊断和对标引导工作的企业覆盖了我国近300个主要城市。当前,我国城市正处于转型发展的关键时期,在工业化、信息化、市场化、国际化发展的新形势下,城市发展关键是要解决经济发展中技术含量不高、产业结构失衡和生产方式粗放等问题[9]。从区域角度来看,城市是推进两化深度融合的重要主体,截至目前,参与两化融合自评估、自诊断、自对标的企业数量超过1 000的城市共计9个,具体如图4-2所示。

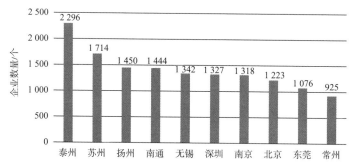

图 4-2 截至 2017 年 7 月参与两化融合评估企业数量的前十名城市

数据来源:《中国两化融合发展数据地图(2017)》

(一)全国各省两化融合程度呈梯级分布,东中西部两化融合发展水平差距进一步扩大

《2015年度中国两化融合发展水平评估报告》显示,2015年多数省(自治区、直辖市)两化融合发展总指数有不同程度的提升。其中,广东、湖北、云南、山东、浙江发展总指数增长最快;天津、贵州、黑龙江、四川、甘肃、安徽、河北、北京、福建发展总指数增速超过全国平均水平。在基础环境方面,重庆、内蒙古、河北、贵州、甘肃增长最快;在工业应用方面,

广东、云南、湖北、浙江、天津增长最快;在应用效益方面,西藏、安徽、河北、广西、山东增长最快。具体各省(自治区、直辖市)的两化融合指数如图4-3所示。可以发现整体呈现"沿海高、中东高、西南高、西北低"的态势,共分为4个梯队。第一梯队(两化融合指数不小于80)包括广东、浙江、江苏、上海、山东、北京、福建、安徽、湖北、湖南等地,主要分布于闽三角、长三角、环渤海等沿海地区;第二梯队(两化融合指数不低于70)集中在中东部地区,并围绕四川、重庆形成了"川渝"高地,包括四川、重庆、黑龙江、辽宁、河北、广西、河南、江西等地;第三梯队(两化融合指数不低于50)散布于中西部等地,包括贵州、陕西、吉林、内蒙古、新疆、海南、宁夏、山西、甘肃等地;第四梯队(两化融合指数低于50)包括青海、云南、西藏。

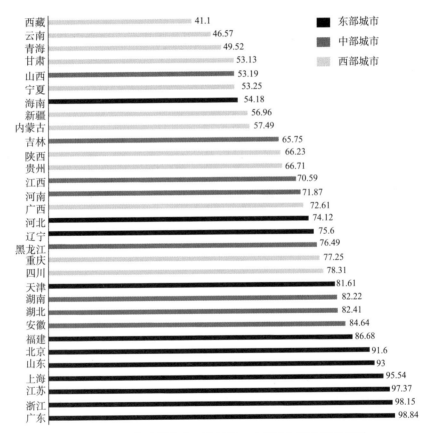

图4-3 2015年全国各省(自治区、直辖市)两化融合指数

数据来源:《2015年度中国两化融合发展水平评估报告》

2015年，东部地区两化融合平均指数是86.06，中部地区是73.40，西部地区是59.93，东—中、中—西、东—西部差值分别扩大为12.66、13.47和26.13，相对于2013年，我国东、中、西部两化融合发展水平差距在逐渐加大，如图4-4所示。

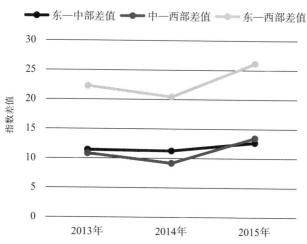

图4-4 2013—2015年我国东、中、西部两化融合差距

数据来源：《2015年度中国两化融合发展水平评估报告》

（二）华北、东北地区智能制造水平相比沿海亟待深入推进

从地域分布情况来看，智能制造水平相对领先的地区为闽三角、长三角和环渤海地区。这些地区的两化融合水平较高，表现在处于集成提升或创新突破阶段的企业比例较高，在管控集成、产供销集成和关键生产工序数控化率等方面成效显著，一批企业初步具备了探索智能制造的条件。而华北、东北、西北、西南地区的智能制造发展水平则相对落后[10]。其中，西北和西南地区本身的制造业基础就相对薄弱，而东北和华北地区则有基础和条件进一步深入推进两化融合，借着智能制造的机会加快产业转型升级和经济发展方式转变。

根据工信部2016年发布的63个智能制造试点示范项目分布图（图4-5）（同属于两个区域的，以经济较发达的区域为准）可知，闽三角、长三角、环渤海地区示范项目最多，西北、西南地区则相对较少，亟待深入推进。

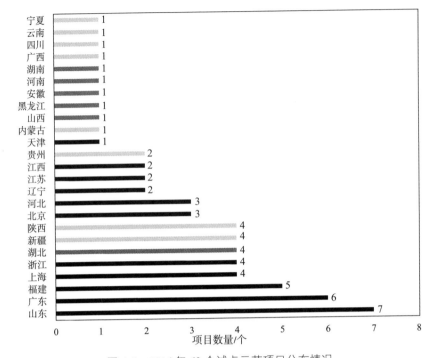

图 4-5 2016 年 63 个试点示范项目分布情况

数据来源：由工信部公布的 2016 年 63 个智能制造试点示范项目名单整理

（三）"中国制造 2025" 试点示范城市是两化融合整体提升的重要增长极

2016 年 2 月，工信部办公厅印发了《"中国制造 2025" 城市试点示范工作方案》（工信厅规〔2016〕14 号），指出其将通过 3～5 年的工作，在全国率先建成一批新型制造业强市和强区，探索形成具有推广意义的制造业转型路径和发展模式。截至 2017 年 3 月，工信部官方已批复宁波、泉州、沈阳、长春、武汉、吴忠、青岛、成都等 8 个试点示范城市和江苏苏南五市、广东珠江西岸、湖南长株潭 3 个试点示范城市群。工信部下一步将选择 20～30 个基础条件好、示范带动作用强的城市（群），继续开展 "中国制造 2025" 试点示范创建工作[11]。通过分析发现，目前 77% 的 "中国制造 2025" 示范城市两化融合发展水平高于全国平均水平，是两化融合整体提升的重要增长极。

三、行业评估：行业间两化融合发展水平差距明显

通过对冶金、石化、建材、机械、汽车等 10 个重点行业两化融合水平进行分析发现，不同行业间两化融合发展水平差距明显，两化融合发展水平相对较高而增幅较小的行业分别是处于产业链两端以及中间的能源、部分消费品行业、电子信息行业等。在智能制造方面，石化、交通设备制造等有望引领发展。而在互联网化水平方面，不同行业互联网化水平差距逐步加大，随着"互联网+"的深入推进，新的商业模式层出不穷。

（一）重点行业两化融合发展水平沿产业链呈现"三高二低"态势

沿着产业链的方向，对 2016 年重点行业两化融合发展水平进行分析，发现其呈现"三高二低"的态势，即处于产业链两端以及中间的能源、部分消费品行业、电子信息行业的两化融合发展水平相对较高，其他行业则较低，各类行业沿着产业链呈 W 形态波动，如图 4-6 所示。与 2015 年相比，装备制造业增长速度最快，达到 4.3%。其中，交通设备制造行业增长速度最快，这是因为国家大力倡导制造业与互联网融合。沿着产业链的演进方向，各细分行业两化融合发展水平的增长速度与其两化融合水平正好相反，表现为近似（M）形态波动[12]，如图 4-7 所示。具体来说，电子信息制造、电力等两化融合水平较高的行业增长速度减缓，交通设备制造、机械等装备制造业以及医药、食品、轻工、纺织等消费品制造业增长势头强劲，原材料行业中石化行业仍然保持较高的增长速度，而建材、冶金等细分行业受原材料价格上涨、产能过剩等影响，增长乏力。

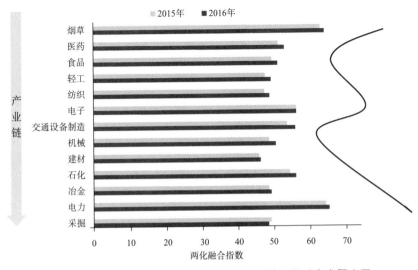

图 4-6　2015—2016 年沿产业链各细分行业的两化融合发展水平

数据来源：《中国两化融合发展数据地图（2016）》

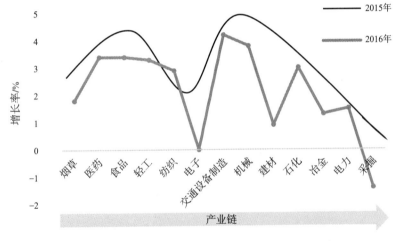

图 4-7　2016 年沿产业链各细分行业两化融合增长率情况

数据来源：《中国两化融合发展数据地图（2016）》

（二）石化、交通设备制造等行业有望成为引领智能制造发展的重点行业

根据《中国两化融合发展数据地图（2016）》的数据，对冶金、石化、建材、机械、汽车等 10 个重点行业 2014—2016 年的智能制造就绪率进行

测算，可以发现：2016 年电子行业智能制造就绪率最高，达 8.5%；石化、医药、汽车行业的智能制造就绪率略高于全国平均水平。目前，四川长虹、九江石化、中石油、中海油等多家企业已启动智能工厂建设，青岛海尔的沈阳冰箱互联工厂成为全球家电行业首个智能互联工厂。从 2014—2016 年各行业智能制造就绪率的发展情况来看，石化、交通设备制造行业的智能制造就绪率提升幅度最大，分别提升 2.2 和 1.6 个百分点，有望成为未来几年引领智能制造发展的重点行业。"十三五"期间，各行业需要结合行业共性特征在关键环节或短板上取得突破。电子行业重点是要加强工艺设计环节的信息化应用，提高研发与制造的集成水平；石化、建材行业重点是要进一步普及制造执行系统，提升管控集成水平；医药行业、钢铁行业重点是要深化供应链各环节的信息化应用，提升产供销集成水平；机械行业、纺织行业、食品行业则是要重点提高生产设备数字化率和联网率，进一步提高关键工序数控化率[13]。各个行业结合自己的行业特点和共性问题，集中攻关。

（三）不同行业互联网化水平差距逐步加大

对冶金、石化、建材、机械、汽车等 10 个重点行业 2014—2016 年的互联网化指数测算发现，汽车、食品、石化、电子、医药等 5 个行业的互联网化程度高于全国平均水平，2016 年的互联网化指数分别达到 42.4、36.3、36.2、34.8、34.7。不同行业互联网化水平差距逐步加大，电子、轻工、汽车、石化、机械、纺织等行业互联网化指数增长方面表现最为抢眼，近 3 年的平均增速分别达到 10.9%、9.8%、9.8%、9.5%、6.8%，超过全国平均水平。电子、汽车、机械等行业产品智能化水平的不断提升为其连接用户、获取用户数据、为用户提供增值服务方面提供了有利条件，互联网化转型进程将不断加速，同时推动行业内新型经营模式和商业模式层出不穷[14]。目前，在汽车领域，东风、长安等企业与华为合作，共同研发智能汽车触摸屏和操作系统；上汽集团与阿里巴巴在"互联网汽车"及相关应用服务领域开展合作。在家电领域，TCL 集团已牵手万达拟在智慧家庭、互联网商业等领域发力；海尔联手魅族科技同攻智能家居、互联网金融。

四、企业评估：企业两化深度融合稳步进入高级阶段

2017年，我国企业两化融合向中高级阶段发展的基础不断夯实，向综合集成阶段的跨越稳步推进，两化融合的综合效能、效益进一步凸显。

根据两化融合服务联盟调查数据显示，目前，全国19.3%的企业已经实现综合集成，比其他阶段企业竞争力高出15.1%，经济社会效益高出13.2%。在已经实现综合集成的企业中，15.2%的企业处于集成提升阶段（高级阶段），这些企业单项业务信息化已基本全面覆盖，并不同程度地开展了关键业务系统集成基础上的资源优化和一体化管理；4.1%的企业处于创新突破阶段（卓越阶段），在综合集成基础上实现了跨企业的业务协同和模式创新，具体如图4-8所示。此外，处于第二阶段单项覆盖的企业当中有46.2%的企业具备了开展信息化环境下的业务集成运作的良好条件，将在短期内进入集成提升阶段，加速"综合集成"跨越进程[15]。

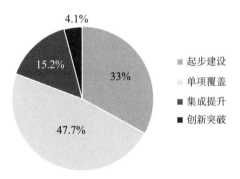

图4-8　2017年企业两化融合发展阶段分布情况

数据来源：《中国两化融合发展数据地图（2017）》

（一）大型企业是两化融合整体提升的重要增长极

与2016年相比，不同类型企业的两化融合发展水平均有一定程度的提升，如图4-9所示。从企业规模来看，企业两化融合发展水平和企业规

模呈正相关关系。大型企业是两化融合整体提升的重要增长极[16]；而在增长速度上，小型微型企业活力尽显，两化融合水平较2016年增长2.4%。从企业性质来看，国有企业两化融合水平处于领先地位，分别比民营和外商投资企业高出15.5%、8.9%；而在增长速度上，外商投资企业增速最快，民营企业紧随其后，国有企业增速较低。从企业生产类型来看，离散型企业两化融合水平最高，增速最快；混合型企业两化融合水平低于流程型和离散型企业。混合型企业产品加工过程中既包含流程生产模式，又包含离散生产模式，在推进两化融合过程中，除了面临离散行业和流程行业推进两化融合过程中的难点，还要解决流程生产和离散生产衔接的问题，信息技术与业务融合的难度相对较大。

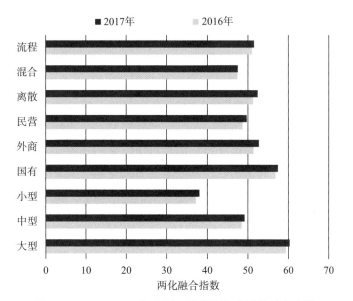

图4-9　2016—2017年全国不同类型企业两化融合水平

数据来源：《中国两化融合发展数据地图（2017）》

2017年，42.4%的中央企业实现了综合集成，超过全国19.3%的平均水平。其中，国家电网、中国电信、中国移动、商飞等中央企业两化融合发展水平超过80。此外，央企在推动两化融合的过程中，还发挥了对供应商、产业链上下游的辐射引导作用，带动了两化融合显著提升。

（二）大中型企业智能制造基础较中小型企业表现好

2016年，我国初步具备探索智能制造条件的企业比例仅为5.1%，2017年这一比例提高到5.6%。这意味着我国企业智能制造基础薄弱，未来尚需花大力气快速提高我国企业两化融合水平，不断夯实智能制造基础，并有效推进智能制造发展[17]。2017年，我国具备开展智能制造基础的大型企业比例达到14.5%，远高于5.6%的全国平均水平。我国大型企业两化融合基础较为扎实，信息技术与单项业务环节的覆盖广度和应用深度、业务系统之间的集成运作水平均较高，为开展智能制造探索创造了良好的条件。

相较于大中型企业，小型微型企业的数字化研发设计工具普及率及关键工序数控化率与"中国制造2025"的预计目标尚存在较大差距，如图4-10所示。数字化研发设计工具普及率和关键工序数控化率是"中国制造2025"中提出的两化融合目标，也是衡量数字化水平的重要标志性指标。按照"中国制造2025"的预计，2017年我国数字化研发设计工具普及率和关键工序数控化率分别应达到64%、40%。目前，大中型企业均已达到这一标准，小型微型企业还存在一定差距。根据两化融合服务联盟对2017年两化融合发展数据地图的解读，企业推进两化融合时，夯实数字化水平是基础，突破部门、业务壁垒实现集成互联是关键，智能协同是两化融合

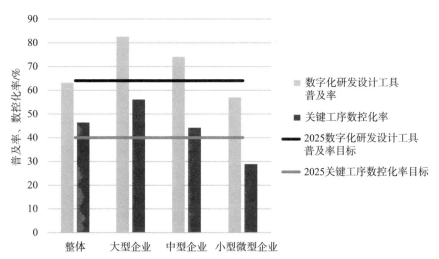

图4-10　2017年全国不同规模企业两化融合智能制造关键指标水平

数据来源：《中国两化融合发展数据地图（2017）》

的高级应用和主攻方向[18]。从这一点来说,小型微型企业的数字化水平制约了我国两化融合发展水平。

(三)企业互联网化需以用户主导和组织创新为突破

2016年,我国互联网化指数为32.7,较2015年增长7.5%;我国企业在数据应用方面得分高达38.7。具体而言,随着经营生产数据大量积累,企业逐渐重视数据资产管理,但在数据的深度开发与基于数据的个性化定制方面尚有提升空间[19]。我国企业在企业互联方面的探索相对较早,且已初见成效,全国平均得分为35.8。但是长期以来我国制造企业远离终端客户、组织刚性强,要想在用户参与和组织创新方面取得突破则更为不易,当前用户参与和组织创新的得分仅为25.1和28.3,如图4-11所示。

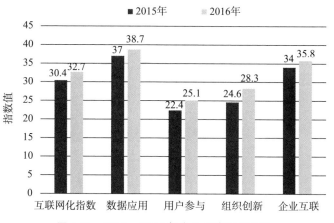

图4-11 2015—2016年企业互联网化指数

数据来源:《中国两化融合发展数据地图(2016)》

具体来看,虽然企业在互联网认知方面的水平尚可,但在全员的激励和赋权、企业组织柔性方面,大部分企业未能实现有效突破,即使是两化融合阶段较高的企业,在组织创新方面也没有显示出大的进展[20]。尽管企业在以用户为中心的理念上已经有共识,并且通过互联网实现了与用户的对接,但在全力打造用户价值、实现价值共创和商业模式创新方面均有待提升。未来,企业互联网化转型水平和实施效果的进一步推进需以用户主导和组织创新为突破重点。

参考文献

[1] 信息化司. 工业和信息化部关于印发信息化和工业化深度融合专项行动计划（2013—2018年）的通知 [EB/OL]. http://www.miit.gov.cn/n1146295/n1652858/n1652930/n3757016/c3762018/content.html.

[2] 中国电子信息产业发展研究院. 苗圩部长：推进信息化和工业化融合 打造中国制造业升级版 [EB/OL]. http://www.mei.net.cn/jxgy/201405/557090.html.

[3] 中国电子报. 全国两化融合指数正式发布，看看你的家乡排第几？[EB/OL].https://baijia.baidu.com/s?old_id=581972.

[4] 苗圩. 制造强国和网络强国建设迈出坚实步伐 [EB/OL]. http://www.miit.gov.cn/n1146290/n1146397/c5863624/content.html.

[5] 两化融合管理体系工作简报 [EB/OL]. http://www.sohu.com/a/86728261_160281.

[6] 信息化和软件服务业司. 两化融合管理体系贯标工作取得显著成效 [EB/OL]. http://www.miit.gov.cn/n1146285/n1146352/n3054355/n3057656/n3057660/c5512129/content.html.

[7] 中国经济信息社. 中经社在常州发布《2016—2017中国智能制造年度发展报告》[EB/OL]. http://silkroad.news.cn/2017/0521/33385.shtml.

[8] 马骏. 深化网络提速降费，促进"互联网+"全面发展 [EB/OL]. http://news.xinhuanet.com/info/2017-03/08/c_136108937.htm.

[9] 中国两化融合服务平台.【中国两化融合发展数据地图（2017）系列解读之三】两化融合发展步入快车道：省市两化融合发展"沿海高、西南高、西北低、东北低"[EB/OL]. http://www.sohu.com/a/190161156_286727.

[10][13][17] 中国两化融合服务平台.【中国两化融合发展数据地图（2016）系列解读之二】我国仅有5.1%的企业初步具备探索智能制造的条件 [EB/OL]. http://www.sohu.com/a/125547040_463971.

[11] 工信部. 择20～30城市开展"中国制造2025"试点示范 [EB/OL]. http://www.dzwww.com/xinwen/guoneixinwen/201703/t20170312_15649247.htm.

[12] 中国两化融合服务平台.【中国两化融合发展数据地图（2016）系列解读之七】我国各行业两化融合发展特征鲜明 [EB/OL]. http://www.cspiii.com/sx/rdxw/2017-02-14-3557.html.

[14][19][20] 中国两化融合服务平台.【中国两化融合发展数据地图（2016）系列解读之四】我国企业互联网化蓄势待发 [EB/OL]. http://www.fjcio.org/Article/ShowArticle.asp?ArticleID=7031.

[15][16][18] 中国两化融合服务平台.【中国两化融合发展数据地图（2017）系列解读之二】两化融合发展步入快车道：全国两化融合发展实现中等水平跨越后持续强力迈进 [EB/OL]. http://www.sohu.com/a/169389481_286727.

路徑篇

第五章
我国两化融合发展形势及趋势预测

党的"十八大"以来,工业化与信息化的融合有了突破性的发展,在党的"十九大"报告中也提到工业化和信息化在中华民族伟大复兴中占据的重要地位,并强调智能制造和装备制造从量的扩张到质的提升,以及制造业发展向网络化、信息化、绿色化、开放化等方向转变。在两化融合进程的带动下,个人、企业、社会相对应的生活方式、生存方式、运转方式都发生了巨大的变化。但在现实情况下,机会与挑战往往并存,我们不仅要看到取得的成就和发展的态势,更要具有忧患意识,善于发现存在的问题,并以问题为导向,高质量地完成发展规划,从而实现中华民族伟大复兴。

本章基于本书第三、第四章对我国两化融合进展与成效的总体性评估,主要阐述现阶段我国两化融合发展所面临的国内外形势以及融合过程中出现的突出问题,根据国内外发布的工业化和信息化战略规划,对下一阶段我国两化融合发展趋势进行预判。

一、现阶段我国两化融合面临的形势及问题

(一)我国两化深度融合机制需进一步完善统筹与协调

当前我国两化融合管理体系工作正在从试点应用走向全面普及,在凝聚社会共识、转变行业管理方式、激发市场活力、提升企业竞争力等方面取得明显进展,但总体上仍处于起步阶段[1]。

自世界各国经济进入深度调整时期以来，关于制造业的回归与管理建设引起了各国政府的高度重视，多个国家纷纷出台相应政策框架、调整计划以及管理标准，对制造业优势部分开展一系列相关体系建设部署工作。首先，在早期就有信息产业与经济社会各领域的深度融合，无论是农业、工业还是第三产业等不同行业或领域，各国都通过其管理和相应体系部署，先后出台多项举措以加快本国信息化产业与传统产业融合的步伐。如早在2010年，欧盟就发布了《欧盟2020战略——智能、可持续和全面增长的战略》，以统筹部署可持续发展智能制造业的战略方针，并以此规范、强调信息产业发展、融合的作用。再到2013年，日本产业省公布的《2015版制造白皮书》在分析日本制造业的现状和存在的问题的前提下，提出了"重振制造业"的战略目标[2]，并在经营方式、技术开发机制方面进行系统的统筹。北美、欧洲和亚太地区多个政府推出的智慧城市发展计划，对于信息产业在其他领域的应用和融合工作设定了相应体系标准、管理办法及协调政策。

其次，智能绿色发展是建设、部署、融合、协调机制的新诉求。信息技术革新更加强调制造业发展、提质、增益环节的绿色、环保，为各国两化融合工作赋予全新的内涵。各国积极推动信息产业在能源、制造等领域的应用，使其成为智能绿色发展的重要动力。早在2010年，国际经济合作与发展组织(OECD)就发表了《信息通信技术与环境备忘录》，以倡议成员国促进信息通信技术对环境的贡献[3]。倡议的背后少不了新标准的设立与协调政策的支持。以芬兰为例，在实施生物经济战略进程中，用以推动各类促进生态创新的Tekes（芬兰国家技术创新局）项目，如智慧城市、智慧采购、创新城市等[4]，都在围绕推动环境管理模式的新变革展开系列管理机制建设与协调工作。

相较于制造业信息化程度相对成熟的发达国家，我国两化融合管理体系还存在许多问题，如在职责分工上仍然不够细化，统一的组织领导也较为缺乏，配套性政策措施的协调性相对不高，以及项目落实不够彻底等。尤其在标准体系、贯彻广度深度、协同工作机制、社会认可度等方面仍待进一步加强[5]。我国两化深度融合机制的进一步完善统筹与协调，对两化融合有重大意义。中央与地方应协同推进，跨行、跨部门互相监督、共同完善，以发展我国两化深度融合工作。

（二）制造业"双创"服务体系有待优化和健全

大众创业、万众创新是在新时期背景下党中央、国务院的重大战略部署。制造业是国民经济的主体，是技术创新最活跃的领域，也是"双创"的主战场[6]。"双创"服务体系的建设为工业化与信息化的深度融合提供了坚实平台，有力提升了中小型企业信息化公共服务水平和信息化应用水平。"双创"是稳增长、促改革、调结构、惠民生的重要引擎，是我国经济持续健康发展的新动力之源。

我国作为人口大国、制造业大国以及互联网使用大国，"双创"服务平台较好地发挥了互联网的优势作用，加强了制造业发展的黏合度和活跃度。据有关调查研究，到2017年6月底，我国制造业骨干企业"双创"平台普及率达60.0%，向着高层次、宽广度趋势发展。同时，"双创"服务体系起着凝聚合力和汇聚众智的作用，在推进我国供给侧结构性改革、完成"中国制造2025"、实现"换道超车"等方面起着重要作用。

伴随着我国制造业与互联网融合程度不断加深，"双创"服务体系在培育新模式、新业态方面初显成效。由于制造业向互联网化转型较为紧迫，"双创"服务体系在汇聚整合创业、创新资源，带动技术产品、组织管理、经营机制创新方面的潜力还没有全面发挥出来[7]。当前制造业企业与互联网企业优势互补、共建共享，正形成开放型产业体系，使制造业的生产管理、经营管控有了新的发展，但运用信息化服务平台和使用第三方外包服务的意识不强，在加快创新成果向现实生产力转化方面的能力需要协同与跟进。从总的发展阶段来看，制造业与互联网融合整体上仍处于起步阶段，在向前推进的过程中面临着综合集成的困境，而"双创"服务体系为中小型企业提供政策咨询、技术迭代、创新辅导、人才培训、市场拓展的能力有待提高，服务平台需要与大、中、小、微型企业的需求精准对接。除此之外，对于工业网络化发展视角下的工业控制系统以及工业大数据平台安全防护的能力还较为薄弱，"双创"服务体系需提高网络信息保密功能；基于制造业与互联网融合带来的新发展下，更要加强对服务系统的保障。应通过完善相关建设和运营制度，加大对其财政投入等，以建成更精致、更高效的"双创"服务体系。

（三）两化融合基础保障能力规划布局仍有欠缺

两化融合的进程始终围绕着以工业化和信息化为基础提供的保障体系而推进，尤其是在工业互联网基础设施建设的规划和布局方面需要协同发展，甚至超前布局。信息基础设施的良好建设不仅是信息技术产业体系的有力支撑，更能加强信息基础设施的共建共享，从而为两化融合的深度和广度建设提供基础保障。

当前，我国两化融合基础保障能力在信息技术的带动下已有较大发展，但仍存在以下问题。

（1）对于公共信息的基础设施建设不足。虽然当前我国已全面提升网络运营速度，不断完善无线宽带设施建设，但在国际信息技术发展狂潮下，要大力依托5G移动通信技术、量子信息技术等，力争实现公共场所免费无线局域网全覆盖以及推动全球产业生态建设，在信息基础上进行创新性的设施规划、运营和投融资机制，打通信息基础设施建设"最后一公里"。

（2）需要提高基础设施使用的效能与价值。应用基础设施的目的在于通过建设工业公共云服务平台，开展产品设计、制造、管理和商务各环节在线协同，提升产业链运行效率。大、中、小型微型企业，政府以及公共服务网站有效沟通了工业化与信息化的两端发展。例如全国两化融合服务平台的建设做了很好的示范榜样，网站整合了全国两化融合有关资源，为企业提供政策解读宣传、供需链条对接、资金拓展融资、品牌建设、市场推广等方面服务。各类服务网站的建设形成良好的两化融合生态环境，有力支撑了全国的两化融合工作。但部分企业对工业网络化的认识不够，工业互联网普及应用有待加强，以工业软件为核心的新型制造体系的建设还有很大的发展空间，制造业生产装备互联互通水平要切实提升。

（3）需加快建设高速宽带网络，推进新型网络架构升级。目前，我国"宽带中国"战略正在实施，在基本建成低时延、高可靠、广覆盖的宽带网络基础设施上进一步推进；在第四代移动通信技术（4G）网络持续推进的同时，要加快第五代移动通信技术（5G）的研发和标准化架构，并开展商用试点。统筹协调好全国网络建设，完善宽带服务，尤其在农村和中西部地区宽带网络建设上要加大力度,具体落实宽带乡村工程。在全球化发展下,不仅要推动网络关键资源国际共治,加快网络数据中心、商业类网站等升级改造,更要坚持创新,支持国产研发设计工具、制造执行系统、工业控制系统、大型管理软件的研发和产业化,加强国家级未来网络架构的顶层设计,建设好未来网络创新试验平台。

(四)工业应用集成模式陈旧,有待突破

工业应用水平是两化融合评估体系的重要指标,其创新能力的强弱直接关系到两化融合水平的高低[8]。

鼓励数据开放共享是将信息产业具有天然的开放、平等、协作、共享等特征放大并合理运用的集中体现[9]。在信息产业与制造业大融合的潮流中,大数据所蕴含的价值随之引起了发达国家的重视,各国在对于大数据的积极把握和数据挖掘中不断探寻其潜在的机遇和意义,并力求不断加快数据的开放、研发和共享工作。2013年5月,日本发布的《世界最先端IT国家宣言》一文,以公共数据和大数据为核心对日本IT行业在2013—2020年的发展战略展开探索。而美国则通过《大数据的研究和发展计划》《透明和开放的政府》等推动数据开放,共享对科研、环保、国土安全等的促进作用[10],借此不断加强在大数据研发和应用方面的布局,以抢占大数据运用开发战略先机。

在此形势下,我国大数据产业虽具备数据来源丰富、技术创新取得一定突破、相关产业规模壮大等良好发展态势,但所面临的问题依旧不容小觑。数据资源开放共享不畅通是关键问题。数据虽多但质量不高,面对庞杂而又相对低质量的数据,其管理能力也呈现整体偏弱,数据"流动性"和数据的"可获取性"不强,诸如此类的问题同样给数据大规模利用造成阻碍。

大数据背后同样需要强大的技术创新能力做支撑。我国的大数据基础理论和核心技术与国外相比存在较大差距,对开源技术和相关生态的影响力较弱[11]。

我国大数据应用水平整体不高,这也是我国集成模式需要改进和考量的问题。现如今,我国依然存在大数据应用领域不广泛、应用程度不深等

问题，这大大阻碍了我国发展大数据背后的市场优势，同时也阻碍了工业云与智能发展的建设以及整合企业数据进行集成管理、运用、创新等多方面的发展。

（五）财税金融政策有待完善

财税金融是政府优化资源配置、企业发展的基本保障。财税政策可通过税收减免发挥其杠杆作用，短期内可激发市场主体进行两化融合的积极性，长期可形成融合机制良性发展，对促进工业结构优化升级发挥重要的作用。工业企业得到相应的奖励资金、资金支持，在钱的来源和使用上有了保障，就能更好地向升级传统模式、面向行业产业的前沿性技术发展方向快速迈近。财税关乎民生大计，关乎企业发展，财税金融政策在整个两化融合发展进程中地位突出。

当前，支持工业化与信息化建设与发展的财税金融方面仍存在以下几点问题。

① 要与时俱进，创新政府财政资金支持方式。依托互联网发展，云计算、大数据、保障数据安全等专业化的第三方服务平台正如火如荼地"抢占市场"，以自身的平台与技术优势支持中、小型、微型企业信息化能力的提升。除传统财政支持方式以外，政府鼓励采用第三方服务的资金创新方式，适应互联网创新发展的特点和需求，健全多层次的资本市场和融资工具。

② 投融资渠道相对单一，体制机制不够健全。民营企业和社会资本对工业网络领域的投入相对不足，民营企业利用多层次资本市场直接融资能力欠缺。对符合条件的企业在创新活动方面尤其需要金融机构大力可靠的信贷支持。金融机构提供金融产品和服务的方式需要改良和创新，并且对企业两化融合创新项目提供股权和债券相结合的融资服务还需完善。此外，就企业自身而言，鼓励企业利用资本市场、外资、民间资本、风险投资等方式拓宽企业的融资渠道，以企业为核心，推动形成重大技术装备保险补偿机制。

③ 重点城市和重点企业组织开展的产融结合试点相对较少。应以试点为基础，总结经验与不足，以点带面形成全方面多领域的产融发展局面。

中央企业应设立创新投资基金,加大对"双创"平台建设的支持,扶持创业孵化融资,有效引导地方产业投资基金和社会资本。在利用科技重大专项、示范点的项目中,科技企业孵化器建设、重大并购重组以及新技术、新业务商业化等方面则需要相关的财税政策扶持。

(六)两化融合人才队伍供需结构仍需调整

人才队伍是两化深度融合的决定性因素,但人才队伍供需结构不合理也是当今高校与企业在两化融合工作方面所面临的重大问题。

全球信息化产业技术创新进入新一轮加速期,云计算、大数据、物联网、移动互联网、人工智能等新一代信息技术快速演进,引领产业发展新变革[12]。在产业发生生产、管理模式新变革的同时,云计算、大数据、"互联网+"等新兴领域的发展将对人才队伍建设提出更高、更具时代意义的新要求。如何将单点技术和单一产品的创新向复杂、多样化的技术融合、开发转变,将传统集成模式向优化、创新的形式转变,都需要大量优质的人才支撑。此外,当前国际前沿的信息技术、生物技术、新能源技术、新材料技术的飞速发展,对人才队伍交叉融合式培养提出了新的要求和变革。

我国制造业人才培养规模位居世界前列,但对于创新型人才培养以及新型产业、新型信息技术等领域的人才培养仍存在诸多问题。

首先,制造业人才结构性过剩与短缺并存。传统的高校培养模式导致部分领域的领军人才和核心人员出现紧缺、断层等问题,新型制造技术领域人才严重不足,支撑制造业转型升级能力不强,产教融合不够深入,工程教育实践环节薄弱,学校和培训机构基础能力建设滞后[13]。

其次,供需失调同样体现在企业对制造业人才的引导作用不强。除企业总体对技术型人才的社会地位和经济待遇无法吸引优秀人才就职之外,企业参与人才培养的主动性和积极性均不高,企业在培养产、学、研、用综合型人才的工作中精力、经济投入和前瞻性战略、认识均需提高。这些问题皆制约着我国制造业人才信息化的转型升级,须通过深化改革创新加以解决。

表5-1是制造业十大重点领域人才需求预测。预计到2020年,我国信息化技术产业人才需求量将达到1 800万人,而人才缺口将达750万人;就现今信息化技术产业发展态势之迅速而言,到2025年人才缺口将达950

万人。单从人才供需角度来看,我国两化融合发展态势不容乐观,因此加速完善制造业人才队伍建设问题刻不容缓。

表 5-1　制造业十大重点领域人才需求预测　　　　万人

序号	十大重点领域	2015年人才总量	2020年人才总量预测	2020年人才缺口预测	2025年人才总量预测	2025年人才缺口预测
1	新一代信息技术产业	1 050	1 800	750	2 000	950
2	高档数控机床和机器人	450	750	300	900	450
3	航空航天装备	49.1	68.9	19.8	96.6	47.5
4	海洋工程装备及高技术船舶	102.2	118.6	16.4	128.8	26.6
5	先进轨道交通装备	32.4	38.4	6	43	10.6
6	节能与新能源汽车	17	85	68	120	103
7	电力装备	822	1 233	411	1 731	909
8	农机装备	28.3	45.2	16.9	72.3	44
9	新材料	600	900	300	1 000	400
10	生物医药及高性能医疗器械	55	80	25	100	45

数据来源:制造业人才发展规划指南

(七)信息安全形势严峻,安全保障能力亟待升级

伴随着当下信息技术与互联网的迅猛发展,网络安全问题同样上升为事关国家安全的重大问题之一。

据不完全统计,现如今,网络安全状况早已是全球性问题,恶意代码样本数目正以每天可获取 300 万个的速度飞速增长,云端恶意代码样本也从 2005 年的 40 万种增长至目前的 60 亿种[14]。从"震网"病毒席卷全球工业界一事,再到美国"棱镜门"电子监听计划事件曝光,网络基础设施

一次又一次遭遇全球性高危漏洞侵扰。我国诸多境内网站服务器也遭受过如"心脏流血"等漏洞威胁，像 Bash 漏洞的影响范围直接遍及全球约 5 亿台服务器等网络设备。不仅如此，基础通信网络、金融信息网络、工业控制网络等信息系统的安全同样面临极为严峻的挑战。

针对诸多网络安全问题，世界多个国家纷纷开始出台并部署网络空间战略，并对国际互联网治理领域提出了更高、更新的要求。而我国网络信息安全顶层设计还需完善，虽陆续出台了《国家安全法》《网络安全法》等法律法规，但对于实现全面管理、规范网络信息安全的目标还有相当长的路程要走。

此外，我国网络信息安全管理防护措施还不够完善，信息安全的监管体系能力有待提升。只有不断完善网络安全的检测能力，才能保障基础通信、金融信息、工业发展等基础工作的有序进行。

应继续对网络安全技术进行开发和运用，以确保我国产业在信息化发展进程中无论智能制造、智能监管，还是数字化、信息化生产，甚至国家整体安全都能够得到安全保障。

截至 2017 年 11 月初，我国境内被木马或被僵尸程序控制的主机约 19.8 万台，感染飞客（conficker）蠕虫的主机约 12.4 万台（数据来源：CNCERT《网络安全信息与动态周报》）。CNCERT 协调基础电信运营企业、域名注册服务机构、手机应用商店、各省分中心以及国际合作组织共同处理网络安全事件的能力呈逐周上涨态势。在此情形下，我国亟待把握出现的改革契机，积极应对网络安全问题，以进一步加快提升网络信息安全保障能力。

二、我国两化深度融合趋势展望

（一）新时代背景下依托"互联网+"新业态、新模式已现端倪

"互联网+"与制造业的深度融合是在把握工业网络化发展大趋势下，逐渐形成和完善新业态、新模式。借助移动互联网、量子信息、云计算、

大数据、物联网等新一代网络技术,传统的制造产品研发和生产方式被改变甚至颠覆,带动中国制造业的数字化、智能化、网络化转型。实践证明,"互联网+"是推进信息化与工业化深度融合的有效路径,"互联网+制造业"是推动供给侧改革和升级的重要工具。

我国工信部出台的"互联网+"三年行动计划,以加快新一代信息通信技术和工业深度融合为主线,以实施"互联网+制造业"和"互联网+小型微型企业"两项任务为重点,借助高速宽带网络基础设施和信息技术产业两大支撑作用,推进互联网和制造业融合深度发展[15]。此项行动计划为社会各组织部分推进信息化与工业化融合发展提供了行动纲领,指明了方向。国务院印发《关于深化制造业与互联网融合发展的指导意见》,协同推进了"中国制造2025"和"互联网+"行动,加速推进了制造业与互联网全方位、多层次的融合进程。在政策大力指导以及社会各界为建设两化融合的努力下,互联网与制造业融合的趋势定会进一步深化,新一代信息技术与制造技术融合步伐还会进一步加快,工业产品和成套装备智能化水平将显著上升,制造业数字化、网络化、智能化程度会明显加深。跨界融合的新模式、新业态会成为经济增长的新动力和主动力。"双创"平台的基础设施会更加完善,成为中、小、微型企业发展的重要支撑平台,信息化水平将大幅提高;互联网与制造业融合示范企业大批涌现,自主可控的新一代信息技术产业体系可初步形成,同时也会为我国下一代信息基础设施建设奠定基础。

(二)高端制造业领衔"智能+绿色"发展方向

当前,全球经济发展进入深度调整期,数字经济、共享经济、产业协作正重塑传统实体经济形态,全球制造业正处于转换发展理念、调整失衡结构、重构竞争优势的关键节点[16]。主要发达国家正致力于重新改造原有制造业、全力攻坚高端制造领域、实施"再工业化"战略,以增强竞争优势。

习近平总书记强调,我国是个大国,必须发展实体经济,不断推进工业现代化、提高制造业水平,不能"脱实向虚"[17]。在发展实体经济方面,重点在制造业、难点也在制造业。经过改革开放近40年的快速发展,我国成为世界制造业第一大国。伴随新一代信息技术与制造技术的融合发展,很多企业已经开始自觉或者不自觉地推动互联网在研发、生产、经营、管理等各方面的应用，向着数字化、自动化、智能化方向延伸拓展。这大大提高了生产效率，降低了生产成本，提高了产品质量，树立了企业品牌，提升了企业竞争力。立足于现实发展情况，全球新一轮产业变革正与我国制造强国战略交汇，我国正处于变革与发展的新时期，把握战略红利、抓住变革趋势有利于抢占新一轮产业竞争制高点，加快我国产业迈向全球产业价值链中高端的步伐。

信息化和工业化的深度融合有利于增强企业创新能力，推进制造业创新转型；有利于降低配置成本，优化资源配置，促进相关企业的集聚化、协同化、生态化发展；有利于能耗降低、资源利用率提高，实现绿色低碳发展。个性化、协同化、服务化成为制造业发展的主流方向。制造业的关键技术创新与产业化应用不断加强，制造业示范工程持续扩建，相关公共信息服务平台以及金融服务模式不断优化与完善。智能制造业依靠工业互联网服务体系平台不断产出新品、更新模式、呈现形态；利用网络协同打通更广泛的生态价值链；加强与用户互动，大规模提升个性定制的发展，使生产制造与市场需求密切联系。在高端智能再制造方面，我国将实现突破一批制约其发展关键共性技术的目标，如拆解、检测、成形加工等，其中，智能检测、成形加工技术争取达到国际先进水平；建立起可复制、能推广的再制造产品应用市场化机制；建成多家高端智能再制造示范企业，完善示范企业和园区的技术研发中心、信息服务平台、产业集聚区等。结合我党大力提倡的"创新、协调、绿色、开放、共享"五大发展理念，在以工业化和信息化尤其是以制造业与互联网深度融合为核心的新一轮工业革命态势下，制造业向更高端、更智能、更绿色方向的发展势不可挡。

（三）电子信息产业成我国两化融合发展水平的"晴雨表"

电子信息产业在国民经济产业发展中有着战略性、基础性和先导性的地位，发挥着经济增长的"倍增器"、发展方式的"转换器"和产业升级的"助推器"的作用[18]。电子信息产业是当今世界经济和社会发展的重要推动力量，是我国国民经济重要战略性产业，也是两化融合发展下工业互联网方面的有效支撑。

得益于产业规模大、产业关联度强、技术迭代周期快、取得经济效益好等特征，我国电子信息产业取得明显的进步：金融、交通、医疗、教育等行业信息技术应用不断深化；通信设备、平板显示、集成电路等领域在国际竞争上进一步提升实力；手机、微型计算机、网络通信设备等主要电子信息产品的产量居全球第一；部分重点领域的集成电路设计水平达到16/14纳米，已达国际前沿水平，制造水平实现28纳米批量生产；大规模并行计算机系统、计算机产销量、软件开发、集成电路芯片制造等均有质的突破；新型显示领域多项关键材料实现量产应用，等等。

在世界经济深刻调整和国内经济转型升级的背景下，随着云计算、大数据、互联网、物联网、深度学习、人工智能等新一代信息技术的快速推进，信息技术创新将进入新一轮加速期。在电子信息产业结构持续优化发展下，我国政府部门、互联网企业、大型集团企业积累沉淀的大量数据资源将继续丰富和完善；随着产业规模快速增长，一批与电子信息产业相关的知名企业和产品品牌大批涌现，形成优势产业并向产业链、价值链的高端延伸；电子信息技术产业自主科技研发能力将不断增强，如在深度学习、人工智能、语音识别等前沿领域积极布局，抢占技术制高点；世界级电子信息制造业集群在发展趋势下加快建设。综上，电子信息产业的发展将促进两化融合水平稳步提升。

（四）产业协同发展呈辐射态势，促使区域融合水平差异逐年缩减

随着"中国制造2025"及《关于积极推进"互联网+"行动的指导意见》《关于深化制造业与互联网融合发展的指导意见》《国家信息化发展战略纲要》等一系列指导性文件的密集出台，我国两化融合的内涵不断丰富，各级各类国家、地区、产业、企业的两化融合协同工作机制也逐渐体系化。

在两化融合工作意见指导下，我国产业协同机制总体呈辐射态势，"以点带面""以片带区"，在产、学、研、用的统一协调、引导下，逐渐形成"互

联网+"、信息技术和新型制造产业协同发展、联合创新的互联互动式新产业发展模式，促使我国各区域两化融合产业在形成局部聚拢效益的同时"点动成线"，也为形成优质产业链提供较为清晰的战略落脚点和融合发展方向。

纵览2008—2017年我国区域两化融合实践发展历程，我国网络覆盖率进一步提升，其中中西部网络利用率呈上升趋势。新型工业化企业的设区设点以及创新示范领头企业在我国的分布不断深入内陆，使得我国总体优质资源的整合再利用得到贯彻，一定程度上缩减了我国区域两化融合水平的差异。随着新型云工业、工业大数据创新应用试点的落成，新一轮资源整合、"双创"平台建设信息化、互联网化工作积极展开，预示着我国产业协同发展促使用户、企业、产业、区域的链式发展形成更加迅速、深入和开放的新模式。

（五）创新型人才发展满足实现多领域的迫切诉求

当前，我国经济的发展进入新常态，这对我国传统制造业发展带来一定的约束和影响，尤其我国传统人口红利逐渐消失使得创新型人才逐渐表现出其不可替代的资源地位。在全球新一轮科技革命和产业变革中，世界各国纷纷将发展制造业作为抢占未来竞争制高点的重要战略，把人才作为实施制造业发展战略的重要支撑，加大人力资本投资，改革创新教育与培训体系[19]。

人才是实现制造强国的战略目标的关键。2015年，我国高等学校本科工科类专业点数约1.6万个，工科类专业本科在校生525万人、研究生在校生69万人；高等职业学校制造大类专业点数约6 000个，在校生136万人；中等职业学校加工制造类专业点数约1.1万个，在校生186万人[20]。这说明我国制造业人才培养达到世界前列规模。

我国正在从制造大国走向制造强国，传统制造走向智能制造、绿色制造，制造业发展需要的相关人才也将呈梯队进行科学培养：为提升制造业创新能力，培养具有战略思维、创新思维与能力的高端人才、领军人才；为强化工业基础能力，培养能够掌握共性技术与核心技术的专业人才；为加紧工业与信息化融合程度，不断增强从业人员应用信息技术的能力；为满足未来制造业发展趋势，使从业人员在新业态新模式下发挥更大的作用，更加注重复合型、全能型人才的培养。为顺应国际形势，实现打造"中国制造"和"中国品牌"的发展目标，制造业人才发展更强调创新、高效，更具有质量意识，我国更应当发展制造业人才规模这一优势，积极培育创新型人才，配合加强队伍基础建设、优化人才发展环境等工作，力争创新型人才在我国两化融合建设及运用中的作用更优、更合理。

（六）产业创新能力增强加，速研发成果产业化

制造产业历来是创新资源与创新能力最为集中、最为活跃的领域。在国际形势越发复杂的态势下，我国两化融工作不仅要看到面临的巨大挑战，更要把握新的机遇。产业的创新能力在制造业智能化的飞速发展下得到了巨大的提升。新型产业如雨后春笋般兴起，并在我国产业创新能力的推动下，促使我国产业自主研发的集成电路、智能装备，以及各种新材料、医疗、航天产品等创新成果有效产出。

随着制造企业生产设备智能化改造步伐加快，综合集成水平持续提高，一批企业初步具备了探索智能制造的条件，智能机器人、增材制造、智能家电、智能汽车、可穿戴智能产品、移动智能终端等产业快速发展[21]。

优质成果需要信息技术和制造业的良好融合才能形成良性产出，达到两化融合的研发成果真正产业化，这同样也是产业创新能力在企业生产、管理、经营、售后、咨询等各个环节不断渗透和加深的直观体现。现今，我国数字化研发设计工具普及率已经到达 60% 以上，这也预示我国制造业在适应市场这一方面已具备初步的及时响应能力和分析能力，且优势正在不断扩大。

参考文献

[1][5] 信息化和软件服务业司. 三部门关于深入推进信息化和工业化融合管理体系的指导意见 [EB/OL]. http://www.miit.gov.cn/n1146295/n1652858/n1652930/n3757022/c5718612/content.html.

[2] 闫海防. 日本提出重振制造业目标 [N]. 经济日报, 2015-06-18.
[3][4][9][10][12] 中华人民共和国工业与信息化部.《信息产业发展指南》解读之二：正确认识"十三五"我国信息产业发展的总体形势 [EB/OL]. http://www.miit.gov.cn/n1146285/n1146352/n3054355/n3057267/n3057272/c5468054/content.html.
[6] 中华人民共和国工业与信息化部.《制造业"双创"平台培育三年行动计划》解读 [EB/OL]. http://www.miit.gov.cn/n1146295/n1652858/n1653018/c5762414/content.html.
[7] 胡畔. 以"双创"平台促制造业与互联网融合 [N]. 中国经济时报, 2016-05-23(002).
[8] 中国电子信息产业发展研究院. 中国信息化与工业化融合发展水平评估蓝皮书（2015年）[M]. 北京：人民出版社，2016.
[11] 解读《信息产业发展指南》之大数据 [J]. 中国高新科技，2017,1(01):8-9.
[13][19][20] 制造业人才发展规划指南 [J]. 职业技术教育，2017(3).
[14] 中华人民共和国工业与信息化部.《信息产业发展指南》解读之一："十二五"我国信息产业发展的成效和问题 [EB/OL]. http://www.miit.gov.cn/n1146285/n1146352/n3054355/n3057267/n3057272/c5465508/content.html.
[15] 陈昌鹤，姜伟. 互联网+工业：促进两化深度融合 [J]. 世界电信，2015(05):34-39.
[16] 中华人民共和国工业与信息化部. 苗圩解读十九大报告：把发展经济的着力点放在实体经济上 [EB/OL]. http://www.miit.gov.cn/newweb/n1146290/n1146397/c5891420/content.html.
[17] 中国青年网. 非凡五年，触摸国家力量 [EB/OL]. http://news.youth.cn/sz/201710/t20171015_10871560.htm.
[18] 肖华. 加快实施振兴规划 促进电子信息产业发展 [EB/OL]. http://it.sohu.com/20090421/n263531787.shtml.
[21] 信息化和软件服务业司. 信息化和工业化融合发展规划（2016—2020年）解读 [EB/OL]. http://www.miit.gov.cn/n1146295/n1652858/n1653018/c5338384/content.html.

第六章
我国两化深度融合发展的内在规律与战略举措

本章立足产业视角，结合我国两化深度融合的战略方向，深刻阐释并揭示了我国两化深度融合发展的三大规律，提出我国两化深度融合的三大战略举措，构建出我国两化深度融合发展战略体系。该体系的构建动态演示了我国从产业大国向产业强国转变的科学规律和生动图景，对于探索新时期下我国两化深度融合的发展模式与战略方向、提出我国两化深度融合工作的政策建议，具有极其重要的战略意义和现实意义。

一、我国两化深度融合发展的内在规律

结合我国当前形势和前期调研结论，不难发现产业维度的研究是认识我国两化融合发展规律的重要基础。企业是市场的主体，同时又是产业的基础与构成，因此产业是企业和市场的重要载体。我国两化融合的诸多问题和规律都蕴含于以企业为主体、市场为导向的产业体系中。同时，我国通过两化融合走新型工业化道路、调整经济结构、转变经济发展方式、促进产业转型升级的本质规律，归根结底就是产业的发展、产业的融合与产业的升级的规律，是通过信息化对产业的各种影响，包括产业结构、产业融合、产业衍生、产业集群、产业关联及产业链整合、产业竞争力、产业组织和产业政策等，促进产业的发展，最后推动整个社会发展一体化的规律。只有深刻把握我国产业的发展规律与特征、发展路径与模式、演变与

布局，才能真正把握两化深度融合的战略方向和发展规律，才能提出更加科学的战略举措。

根据我国两化融合发展的研究与实践，结合当前政策导向，判断我国未来两化融合的总体规律和战略方向是：以科学发展观为主题，转变经济发展方式为主线，遵循工业和信息化发展的客观规律，适应市场需求变化，根据科技进步新趋势，推动产业转型升级，努力实现从产业大国向产业强国的转变。

结合我国两化深度融合的总体规律和战略方向，构建我国两化深度融合三链动态模型（简称三维柱，图6-1）。三链分别指传统产业链、信息技术产业链和新兴产业链，新兴产业又分为战略新兴产业和衍生服务业。三维柱中的传统产业、信息技术产业和新兴产业三个产业链，不是代表真实的某个具体产业的产业链，而是概念上的简化表示，即无数条与传统产业相关的具体产业链被简化为一条传统产业链来表示，同理，有无数条与信息技术产业和其他新兴产业相关的具体产业链，各简化为一条信息技术产业链、新兴产业链。基于三链动态模型的构建思路，总结出我国两化深度

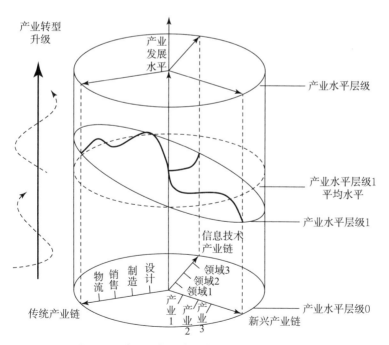

图 6-1　我国两化深度融合三链动态模型演示

融合发展的三大产业动力规律：产业发展规律、产业协同规律和产业升级规律。

（一）产业发展规律——信息化诱发三链协同变化规律

以信息化为中心，向各个产业链辐射、影响，信息化可以促进传统产业链、信息技术产业链和新兴产业链在每一个链条上的发展和升级，如图6-2所示。因此随着信息化对单一产业链影响的深化，底面有不断向外围扩展的趋势，即演示产业大国的实现过程。

信息化与传统产业链条的深度融合，使得信息技术迅速在企业研发设计、生产制造、经营管理、营销物流等环节覆盖渗透、集成应用和融合创新，推动了传统产业各个环节向数字化、网络化、智能化、服务化转变。在信息技术产业链条上，信息化浪潮不断对信息技术产业链条带来剧烈冲击和震荡。当前全球信息产业正处于深刻调整和变革的进程中，产业竞争风云变幻，每一次技术的变革、产品形态的变化、商业模式的调整、竞争格局的演变，都给新一代信息技术产品带来产业发展的新机遇，也为集成电路、软件、关键器件等相关领域的技术跨越带来新机遇。当下全球正进入空前的创新密集和产业振兴时代，重大技术创新将改变人类社会生产方式和生

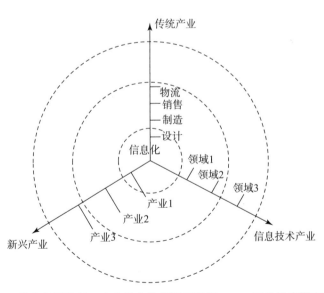

图 6-2　信息化诱发单一产业链变化规律示意图———三维柱底面坐标系

活方式，新兴产业将成为推动世界经济发展的主导力量，新一代信息技术也将是中国战略性新兴产业的主力。根据产业关联理论，信息技术与节能环保、新材料、新能源、高端装备制造等战略性新兴产业的关系十分密切。信息技术的广泛应用，促进了一些新兴服务业态的发展，服务外包、电子商务、互联网信息服务、通信增值服务等生产性服务业将成为新的增长点。

（二）产业协同规律——多因素扰动下三链动态演进规律

在以传统工业为基础的产业经济中，行业与行业之间边界清晰，但随着技术、终端、网络与服务的不断融合，产业边界开始模糊。传统产业链、新兴产业链和信息技术产业链除了通过信息化自身发展变化演进外，各个产业链之间也在信息化浪潮的冲击下相互发生影响、协同和衍生。它们在协同变化的过程中，实现了技术融合、产品融合、业务融合，最终进行产业融合和产业衍生。

传统产业链与信息技术产业链在波动发展过程中，它们之间会发生协同、融合和衍生。信息技术与传统工业技术间协同创新，使得汽车电子、船舶电子、机械电子等工业电子产业[1]不断发展和壮大，同时也催生了工业设计软件、工业自动控制软件、高档数控系统、制造执行系统等工业软件产业。不断衍生的新兴产业链又同时跟传统产业链之间继续发生协同、融合和衍生，衍生出新的工业信息化服务业和生产性服务业，如面向工业企业的电子商务服务、信息化咨询服务、互联网信息服务、数字化设计服务等，促进先进制造业与现代服务业的产业融合；在产业协同过程中，又不断发展衍生出新的科技含量高、有发展潜力的战略性新兴产业，促进高新科技与新兴产业的深度融合。同时，新兴产业链与信息技术产业链也不断地碰撞融合，推动新一代移动通信、互联网核心设备和智能终端的研发，不断开发出集成电路、新一代显示、云计算、物联网等战略性新兴发展领域，形成新的集成化的产业链优势。

（三）产业转型规律——多因素扰动下三链动态演进规律

由于各个产业链的各个环节或者领域的发展水平不同，在复杂多变的多因素扰动下，呈现波动曲线状，任何一个环节或者领域的创新突破或者发展，都会引起产业链的波动和改变，如图6-3所示。

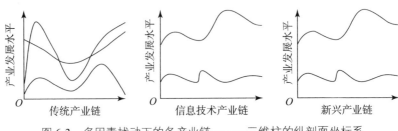

图6-3　多因素扰动下的各产业链———三维柱的纵剖面坐标系

根据我国两化深度融合三链动态模型演示图，传统产业、信息技术产业和新兴产业三大产业链在信息化的作用下不断延长拓展并相互协同衍生，逐步向产业大国迈近。同时，在信息化的推动下，各个产业链的产业整体发展水平得到提升，逐步向三维柱更高层次演进。由于各产业链不断波动和动态演进，形成三维柱不同产业发展水平下的"波动横截面"（如三维柱中"产业水平层级1"），将这个产业发展水平下的"产业水平层级1"进行平均化后，得到"产业水平层级1平均水平"，代表此时我国产业综合发展水平。因此经过信息化和多因素扰动，产业发展水平由最初的"产业水平层级0"到了"产业水平层级1平均水平"，产业整体实现转型升级，逐步向产业强国迈近。

二、我国两化深度融合的战略举措

根据我国两化深度融合三链动态模型总结的三大规律，提出我国两化深度融合发展战略体系：产业发展战略、产业协同战略和综合提升战略，如图6-4所示。

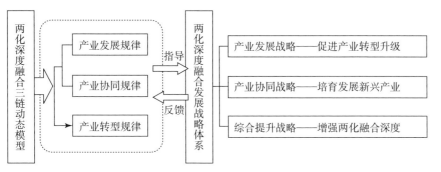

图 6-4　我国两化深度融合发展战略分析体系

（一）产业发展战略——促进我国产业转型升级

1. 信息化促进传统产业转型升级

两化深度融合不仅仅是信息技术在传统制造业的应用，更推动传统制造业从研发、设计、生产、管理和流通各个环节延伸和拓展，促进产品设计方法和工具不断更新。随着物联网、云计算等新一代信息技术在工业领域的推广，商业模式以及现代物流方式不断创新，还不断催生出如车联网、移动医疗等新兴产业，实现产品工业设计制造和企业管理的信息化、制造装备的智能化、生产过程的自动化、咨询服务的网络化，全面提升制造业的综合竞争力和全社会的智能化水平，智慧产业、智慧城市应运而生。

2. 提高信息技术产业国际竞争力

增强核心关键技术的自主创新能力，鼓励发展新一代网络通信系统设备及智能终端、高性能集成电路、新一代显示、云计算、物联网等战略性新兴发展领域。鼓励建设具有较强国际竞争力和影响力的大型科技企业，塑造适合中小型企业发展的良好环境，逐步掌握世界电子信息产业的主导权，以商业模式创新整合产业链资源，抢占产业发展制高点。优化产业布局，发挥珠三角、长三角、环渤海等地区的产业集群优势，建立集成化的产业链优势，开展面向产业链的协同创新，形成技术领先、基础雄厚、自主研发能力强的信息产业体系。

3. 着力提升我国企业数字化、信息化水平

企业应用数字化水平的提高是两化融合进程的核心引擎。加快企业在研发、设计、生产、管理和流通各个领域提高数字化水平，不断研发并推广新一代数字化技术，如集成电路设计、ERP技术、工业软件技术、数控技术、物联网技术、购销链技术等，不断促进产品创新、技术创新、工艺创新和管理创新，提高数控化率和数字化工具普及率，全面提高传统工业附加值。搭建"软件超市"等企业信息化公共平台，促进市场供需双方对接。增强企业主体意识，鼓励并支持中小型企业的自主创新能力。

（二）产业协同战略——培育和发展新兴产业

1. 大力发展战略性新兴产业

战略性新兴产业是以重大技术突破和重大发展需求为基础，知识技术密集、发展潜力大、综合效益好的产业[2]。发展战略性新兴产业已经成为世界主要国家抢占新一轮经济和科技发展制高点的重大战略。要发挥信息化手段在发展战略性新兴产业中的支撑作用，深化先进技术和重大科技产品的应用水平，引导产业链向高附加值方向延伸拓展。不断提高先进核电、高效光电光热、大型风电、高效储能装备、新能源、分布式能源等产品的信息技术含量，加强企业专利信息利用，推动和支持商业模式创新，加快掌握核心关键技术，促进高新科技与新兴产业的融合，组织实施若干重大产业创新发展工程，把战略性新兴产业发展成支柱性产业。

2. 培育和发展生产性服务业

生产性服务业是两化融合进程中的新兴产业，其繁荣发展又为工业结构优化调整、工业发展方式转变提供有效支撑。因此要加快生产性服务业的现代化进程，大力发展面向两化融合的生产性服务业，引导生产性服务业向规模化、集群化发展。积极打造以大型企业为龙头、中小型企业协同发展、产业增值链一体化发展的电子商务价值链，不断培育现代物流服务企业，实现信息流、资金流和物流的有效整合。开展面向生

产的信息服务业务示范工作，扩展数字内容产业发展，发展信息化服务业。优化生产性服务业发展环境，打造形成生产性服务业新的产业聚集区，提升在工业设计研发、信息服务和外包、节能环保和安全生产等重点领域的支撑能力。

3. 进一步促进软件业与工业协同发展

工业软件产业是信息技术产业与传统制造业深度融合的新兴产业。工信部的下一步工作将在工业软件产业为基础下积极开展产品向信息化、智能化方向的升级，并把国产工业软件展示对接作为一项长期工作持续开展下去，积极协调资源，营造良好环境，推动工业软件企业优化产品和服务，促进软件业与工业协同发展。做大做强工业电子和工业软件产业是两化深度融合的重要标志，要站在两化深度融合的战略高度发展工业电子和工业软件产业。不断完善企业为主体、市场为导向、产学研相结合的技术创新体系，不断提高自主创新能力，积极寻求获得技术溢出的途径。面向航空、汽车、船舶等特定行业的需求，促进工业电子和软件提供商与工业企业的供需对接，以应用促发展，鼓励产业联盟，不断完善新兴产业的产业链。

（三）综合提升战略——增强我国两化融合发展的深度

1. 完善国家综合性信息网络基础设施建设

对于面临转型升级压力的传统产业而言，信息技术能否与制造技术有效融合，以促进制造技术水平，给制造技术带来革命性的变化，信息基础设施建设是关系全局成败的关键环节。同时国家信息网络基础设施的完善程度也将是评估两化深度融合的重要标志。2017年6月，在国务院新闻办公室举行的国务院政策例行会议上，工信部副部长陈肇雄表示要大力推进"宽带中国"战略，进一步提高宽带普及率和覆盖率，统筹推进信息通信网络建设，切实提升农村及边远地区信息化水平，缩小数字鸿沟，统筹部署物联网技术研发，推进"三网"融合进程，完善网络信息安全机制。

2. 积极繁荣我国网信事业

我国网信事业的起步时间较晚，但却一直保持着强劲的发展势头，同时也深刻改变着市场和产业结构，改变着相关的产品和服务结构，也改变着消费的方式和价值。中国网信事业的脉搏，日益牵动全球互联网产业的心率[3]，它正向着网络强国新时代昂首迈近。制定国家电子商务进一步发展战略，完善社会信用体系，优化我国网络运行环境，做好网络安全防护工作，推动网络社会服务能力，将为我国向网络强国迈近做好有效衔接和制度性保障。

3. 构建两化深度融合保障平台

两化深度融合保障平台是促进两化深度融合建立长效机制的重要载体，是两化深度融合顺利推进的国家综合性保障，主要包括研发设计类、生产制造类、经营管理类、电子商务服务、产业链协同服务和区域性两化融合服务等多种形式。积极搭建企业公共服务平台，引领和带动服务平台的发展和完善，为区域和行业提供开放性和资源共享性的资源和服务。将电子政务建设与信息技术运营有机融合，提高电子政务的普及面与应用广度，推动电子政务不断向智能化、公共便捷化发展。

4. 促进节能减排和社会公共服务均等化

协同推进两化融合供求的主要目标在于不断优化产业结构，实现转变经济发展方式，建立资源节约型的现代新兴工业体系和新一代信息产业体系，促进资源节约型和环境友好型社会建设。大力发展绿色环保信息技术，推进产业绿色发展，鼓励、引导、支持企业实施节能设计和绿色制造，在材料设置、生产配置、回收处理等环节，应用绿色材料和技术，减少有毒有害物体排放。以两化融合推动我国公共服务均等化建设，推进信息技术在交通运输、医疗卫生、文化教育、就业和社会保障等社会领域广泛和深度应用。

参考文献

[1] 李毅中. 产业集群试水两化深度融合或可举重若轻 [J]. 工程机械，2015.
[2] 马桂祥，严秋萍. 以创新驱动发展战略性新兴产业 [J]. 江苏政协，2013,(06):46-47.
[3] 新华网,（时政）向着网络强国新时代昂首迈近——党的"十八大"以来我国网信事业发展综述 [EB/OL]. http://news.163.com/17/1127/22/D49JGT3V00018AOQ.html.

第七章
我国两化深度融合发展政策建议

目前,两化融合已进入深度融合阶段,为促进下一步我国两化融合工作更好更高效地推进,本章分别从顶层设计、体制机制、保障体系等方面提出相应的政策建议。

一、做好两化深度融合顶层设计与规划

(一)做好两化深度融合顶层设计与规划

我国当前需要深入贯彻党的"十九大"精神,把党的"十九大"精神贯彻落实到工业化和信息化事业发展的全过程和各方面。要坚持质量第一、效益优先,深化供给侧结构性改革,建设现代化经济体系;加快建设实体经济、科技创新、现代金融、人力资源协同发展的产业体系;着力创新行政管理方式,进一步提高行政服务效能[1]。要加快建设制造强国,加快发展先进制造业,推动互联网、大数据、人工智能和实体经济深度融合[2];要支持传统产业优化升级,加快发展现代服务业;要坚持问题导向,推进两化深度融合,在深入分析制约两化融合管理体系工作发展的问题及原因的基础上,研究提出工作任务和落实举措;要以新时期我国两化融合发展的新要求和两化融合管理体系工作深入推进的关键问题为出发点和落脚点,准确把握信息时代发展新形势,及时对两化融合管理体系未来工作的顶层设计和行动纲领进行更新调整。

（二）统筹贯彻落实两化融合发展规划

为贯彻落实《中华人民共和国国民经济和社会发展第十三个五年规划纲要》和"中国制造2025"，推动信息化和工业化的深度融合，工信部编制了《信息化和工业化融合发展规划（2016—2020）》[3]，在两化融合发展规划的实施中，顶层设计统筹实施工业转型升级规划和信息化规划，地方要认真研读两化融合发展规划，理解并贯彻落实国家两化融合战略意图，脚踏实地，大胆创新，结合地方实际，突出地方特色。各省（自治区、直辖市）经济和信息化工作委员会要制定相应地区的两化融合发展规划和目标，促进两化融合，推进工作自上而下有序开展，实现中央和地方各个层面工作的协调和一致，健全责任明确、分类实施、有效监督的两化融合规划体系实施机制。

（三）完善两化融合配套措施体系

一是不断深化对两化融合发展客观规律的认识，统筹协调政府和社会各方力量，形成分工合理、责任明确、运转高效的两化融合组织推进体系；二是完善两化融合的各项相关配套政策，分别从产品、技术、设备、工艺流程、关键领域、产业政策、人才培养等两化融合的切入点，建立系统的配套政策和标准；三是加强两化融合相关领域相关法律法规的制定和修订、废止等清理工作，加快推进电信、有线电视、网络出版、个人信息保护、网络和信息安全以及"三网"融合等法律法规建设，逐步完善电子商务、网上交易税收征管等规章制度，实施两化融合专门立法；四是加快建立以企业为主体，市场为导向，政府引导推动，产、学、研、用相结合的利于两化融合发展的技术创新体系。通过建立和完善两化融合工作各项配套措施，形成中央和地方、政府和企业共同推进两化融合发展的协同工作格局，为有效应对国内外经济发展环境的新变化、把握新一代信息技术发展的新机遇，促进经济平稳较快发展提供有力的组织保证[4]。

（四）加强基础制度建设

深化重点行业体制改革，努力消除产业发展的体制性、机制性障碍，形成平等准入、公平竞争的市场环境[5]。简化审批程序，减少和规范行政审批，减少政府对微观经济运行的干预，落实民间投资进入两化融合相关领域的政策。推进大部门制改革，进一步完善两化融合管理体制，理顺中央和地方在推进两化融合中的关系，加强对地方的统筹规划和分类指导。充分发挥社会组织和中介服务机构等社会中介组织的桥梁作用。实施知识产权战略，加强标准体系建设，建立重点产业知识产权评议机制、预警机制和公共服务平台，完善知识产权转移交易体系，大力培育知识产权服务业。

（五）加强工信部体制机制改革

在推动两化融合工作过程中，工信部应当积极探索既有分工又有合作的部门内外沟通协调机制。外部应注重与发改委、科技部、教育部、财政部、国资委等有关部门的密切联系，形成较为良好的外部支持环境，利于两化融合推进工作任务的协调完成；工信部应继续坚持大部制改革思路，内部急需建立完善的、符合两化融合工作协调统筹的体制机制，探索协同协调的体制机制改革，促进工业化和信息化分管部门的顶层融合，同时努力建立有利于创新的内部协调机制、决策机制、执行机制、激励机制、监督机制。

二、坚持市场机制引导下推进两化融合整体水平

（一）加强两化融合产业的政策引导

在当前我国鼓励扩大内需、发掘内需潜力的战略下，紧紧抓住"互联网+"、"三网"融合、大数据、人工智能等市场机遇，加快推进软件服务、现代物流、电子商务、工业设计以及工业金融等生产服务业的发展，积极开拓新兴消费领域，不断扩大和提升工业行业信息化的应用水平，并面向重点行业信息化建设需求，努力挖掘支撑两化融合发展的新兴技术体系和

产品线，从产业、企业方面促进整体国民消费的结构升级。立足市场机制基础性作用，通过产业政策引导两化深度融合发展，优化两化融合空间布局和产业结构。充分发挥行业协会和行业联盟的桥梁纽带作用，定期开展会议进行交流、协调、磋商和学习。积极布局两化融合区域发展政策，东部地区制定相应两化深度融合政策和规划，西部地区在提高工业技术、信息技术的基础上提高工业化和信息化水平。

加快民爆、危化、食品、稀土以及重点行业智能监测监管体系建设，加强民爆行业实时动态监管试点，开展危险化学品危险特性公示试点，实现食品质量安全信息全程可追溯，促进稀土资源高效开采利用，提高重点行业能源利用智能化水平，推动行业绿色发展、安全发展。

（二）加快推进互联网与工业融合创新

大力发展工业电子商务，提高行业物流信息化和供应链协同水平，创新业务协作流程和价值链创造模式，提高行业整体资源配置效率，增强产业链国际竞争力[6]。积极引导运用互联网技术改造传统产业，推广网络化生产新模式，引导生产方式的持续变革。以工业转型升级为中心，培育平台化服务新业态，推动产业价值链向高端跃升。推动研发设计、生产制造、营销服务、用户消费等全价值链的信息集成和智能交互，变革技术要素和市场要素配置方式，发展众包设计、按需制造、分散式控制等新的生产模式。创新产业形态和产业组织方式，延伸产业链，培育新型业态，推动中国制造向中国设计和中国创造的升级，构建低要素成本和创新创意能力相结合的国际竞争新优势。

（三）构建基于互联网的制造业"双创"新体系

推动大企业"双创"发展。支持大型制造企业建立基于互联网的创业孵化、协同创新、网络众包和投融资等"双创"平台，推动构建基于平台的新型研发、生产、管理和服务模式，激发企业创业、创新活力[7]。出台相关政策，通过鼓励大企业面向社会开放自身平台资源，不断优化平台服务，从而促进创新要素集聚发展。为形成资源富集、创新活跃、高效协同的产业创新集群,各两化融合示范区可以针对产业链竞争开发各自新优势,加强大、中、小、微型企业之间多种形式的协作。

完善中小型企业"双创"服务体系,支持小型微型企业创业、创新基地平台建设。加强与"互联网+"结合的同时,也要坚持绿色发展理念,打造环境友好型的"双创"平台。完善中小型企业公共服务平台网络,发挥国家中小型企业公共服务示范平台作用,开展基于互联网的技术创新、智能制造、质量品牌等服务,发展面向小型微型企业创业、创新的信息化应用服务[8]。支持建设"创客中国"创业、创新平台,利用互联网及各个信息平台集结各类资源,为各种新型众创空间培育创建低门槛、广覆盖、有活力的良好的众创生态环境,促进产需融合、传统产业与新兴产业融合、大企业与中小型企业合作。

加快制造业创新中心建设,推动共性和前沿技术研发、转移扩散和首次商业化应用,打造贯穿创新链、产业链的创新生态系统。推动检验检测、测试认证、知识产权、技术交易等专业研发服务的在线化和平台化,促进研发成果转化和市场拓展。加强产、学、研合作,利用移动互联网、云计算、大数据等新一代信息技术及平台,发展虚拟在线、敏捷高效、按需供给的新型研发服务。

(四)启动中小型企业两化融合工程

加强中小型企业信息化服务体系建设,鼓励建设信息化综合服务平台,为中小型企业提供研发设计、生产制造、企业管理、市场营销等一体化解决方案。全面落实国务院关于进一步扶持中小型企业发展的若干意见,改善中小型企业发展环境,充分利用各种社会资源,支持和引导中小型企业健康协调发展。联合财政部、国家税务总局等部门,通过财税和金融手段引导中小型企业有序开展两化融合建设,提高中小型企业运营效率和信息化应用水平,建立中小型企业两化融合集群。根据行业性质以及企业发展状况,对中小型企业进行分类,通过实行、推广的模式实施中小型企业成长工程,适当培育行业龙头企业。加快建立中小型企业担保机构的速度并加大建设规模。加大对中小型企业担保机构的财政支持力度,适度减免担保机构的营业税,鼓励它们为中小型企业担保。开拓中小型企业的多元融资方式，创新中小型企业金融产品，逐步扩大中小型企业发展专项资金规模。继续做好中小型企业的减负工作。政府牵头建立中小型企业两化融合联盟，促进企业联盟和省内或者跨省软件园区或信息产业园区等信息化企业群合作，推进中小型企业工业化和信息化的纵深融合，有利于提高融合质量和降低融合成本。

（五）引导企业商业运作模式的创新

由工信部牵头，先在两化融合试验区进行试点，设立两化融合企业信息化综合集成专项基金，推动企业、行业间信息共享、系统整合和业务协同，发展协同设计制造，促进产业链协同、经营管理与生产控制一体化、全流程无缝衔接，利用信息化手段创新商业模式，使信息化综合集成和融合创新成为企业的核心竞争优势，提高精准制造、高端制造、敏捷制造的能力。针对重点行业中企业集成应用的瓶颈和行业共性关键问题，开展企业集成应用示范，形成行业共性解决方案，并加快推广普及，探索全业务链高度数字集成应用模式。以高等学校、科研院所和高新技术产业开发区为依托，积极建立行业和重点试验区的网络交互协同平台，探索重大关键技术的突破和研制，特别是 ERP 与 PDM 的集成，实现企业产销一体化和管控一体化，组织实施产业链协同应用软件开发与示范应用，扶持一批优秀的供应链管理协同软件提供商，制定行业供应链协同应用的相关标准。工信部联合国家标准化委员会以及相关行业协会、产业链厂商等机构联合组建产业标准总体组。

三、围绕工信部立部之本建立多维、系统推进体系

（一）建立两化融合长效机制

建立工信部两化融合推进系统，建立从宏观、中观、微观，点（项目）、线（行业、企业）、面（区域、试验区）、体（顶层设计）和关键领域的多维、

系统的推进体系，建立两化融合长效推进机制。设立两化融合专项资金，建立利益补偿机制，用于弥补两化融合过程中短期内产生的不经济，以改变部分行业、企业融合动力不足的现象。对各省重点两化融合工程予以支持；对推进两化融合关键信息技术研究予以专项资金支持，作为风险补贴资金；对拥有较强两化融合发展潜力，但短期内进行改造会造成企业经济效益不良、融合动力不足的企业和行业进行风险补贴。

充分利用科技重大专项、技术改造资金、工业转型升级资金、专项建设基金等渠道，加大对两化融合公共平台、试点及两化融合管理体系贯标的支持。完善和落实研发费用加计扣除、高新技术企业、科技企业孵化器等税收优惠政策。积极发挥政策性金融、开发性金融和商业金融的优势，加大对高端装备、智能制造、工业互联网等重点领域的支持力度。引导中央企业创新投资基金、地方产业投资基金和社会资本，支持成套装备、高端智能产品、工业软硬件、工业互联网等重大技术研发、成果转化和并购重组。

（二）完善两化融合金融支持政策体系

加快出台两化融合财税和金融支持指导意见，通过税收优惠、财政支持等手段予以鼓励、引导和促进。财税政策可通过税收减免发挥其杠杆作用，短期内激发市场主体进行两化融合的积极性，形成长期良性的融合机制。制定推进两化融合发展核心行业认定标准，对该行业进行一定税收优惠，对两化融合不同发展阶段的企业给予税收差别优惠待遇，并定期重新评定。对运用信息技术改造传统产业、信息技术含量较高的产业基于贷款贴息优惠。财税资金由中央和地方政府共同承担。通过调整利息杠杆引导和鼓励社会投资，对进行传统工业改造升级。对发展新型信息化产业的企业给予优惠利率，对两化融合不同程度的企业实行差别贷款利率。完善两化融合型企业信贷体系和保险、担保联动机制，促进知识产权质押贷款等金融创新。

（三）加强两化融合的区域分类指导

根据我国区域经济发展不平衡现象，东部、中部和西部的工业化和信息化水平都有较大差异。对于东部沿海两化融合水平较高的地区，建立创新型工业体系，注重在稳定工业化发展的基础上，加大科技创新力度，突破一体化进程中的壁垒。对于中游地区的中部地区，加大产业结构转型升级力度，加大工业产业集中度，努力向东南沿海城市工业化质量靠近，着重突出信息化建设，为一体化建设发展提供坚实的基础。对于经济较为落后的西部地区，根据当地环境和特点，积极承接发达地区产业链转移，逐步形成适合当地环境的健全的工业体系，不断扩大信息化普及范围，加快信息基础设施建设。针对东北地区等老工业基地国有企业比重大、生产力不集中、运行机制落后等现状，应继续推进国有企业战略调整，加大现代制造业等利润价值较大的工业产业规模，适当控制能源、重工业产业发展，积极承接东部产业链转移，提高资源利用率。对于我国经济最活跃的长江三角洲地区，主要优化工业产业结构，发挥其在全国范围内的带动和辐射作用。认真落实西部大开发战略，利用资源开发优势，积极培养和壮大优势产业，形成有特色的新兴优势产业。

（四）优化两化融合空间布局

继续推进两化融合试验区，充分发挥政府在推进两化融合中的主导地位，出台阶段性行动计划，积极搭建信息化服务综合平台，支持重大工程建设。充分调动运营商积极性，由运营商提供网络支持、技术支持，突出企业作为信息化的主体地位。积极建设现代产业园区，大力发展现代服务业，建立基于信息化平台的新型供销模式，以示范企业为切入点，充分发挥示范模式的带动作用。继续掌握两化融合试验区、示范企业、示范项目的实际变化情况，实施动态调整，查补缺漏，纠正不足，切实解决实施过程中的问题。建立各试验区之间的联合联动机制，加强各试点示范的评估工作，政府主导、鼓励社会组织和企业参与，积极搭建展示平台，宣传、推广试点示范在技术改造和更新、产业优化和升级、能耗降低、污染减少等方面的成绩。

四、完善两化深度融合发展的保障措施

（一）完善两化融合人才队伍建设

依托重大科技专项，重点在制约融合发展的核心技术和关键领域，着重在包含信息技术在内的高科技、经营管理、节能减排等方面加强高端人才的引进和培养。完善院校和企业两化融合人才联合培养机制，依托重点院校，抓紧研究两化融合人才培养规划和培养大纲，启动两化融合人才"回炉"研修班。鼓励企业设立两化融合人才实习基地，积极推进两化融合人才接洽工作，完善技术人才的评估标准，形成与两化融合相适应的复合型人才引进与流动机制，完善柔性引才、用才机制。工信部应当加快两化融合人才优先发展战略布局，把两化融合人才培养工作提升到更高的战略位置，成立两化融合人才建设管理的专门组织和部门，促进两化融合人才建设工作走向体系化和规范化。

完善激励创新的股权、期权等风险共担和收益分享机制，创造有利于两化融合优秀人才脱颖而出的环境。围绕两化融合急需短缺人才，在重点院校、大型企业和产业园区，建设一批产、学、研相结合的专业人才培训基地。支持高校针对培养两化融合人才开设课程，把两化融合人才培养作为专业技术人员知识更新工程、企业经营管理人才素质提升工程等国家人才培养计划的优先领域。加强中西部地区两化融合人才培养和引进。推广企业首席信息官制度，鼓励企业引入和培养复合型人才，提升信息化与业务部门之间的协同对接能力。

（二）完善两化融合管理体系标准

建立健全标准化组织体系。推动组建全国两化融合管理体系标准化技术委员会，加强与其他相关标准化技术委员会的协作，加快标准制修订和产业化应用。鼓励行业组织、重点企业、服务机构、科研院所等积极参与，

适时组织成立重点领域与行业分技术委员会,共同形成产、学、研、用协同创新的标准化组织体系[8]。广泛听取、整合各类主体意见,形成两化融合管理体系标准化建设意见册。明确两化融合管理体系总体架构,构建两化融合管理体系的标准体系,发布基础共性、关键技术、行业和参考模型等标准目录。滚动制定两化融合管理体系标准化发展规划,明确不同时期的发展目标、重点、方法和路径等,指导各类主体协同开展标准制定。及时修订两化融合管理体系标准。建立标准应用效果评估和改进完善机制,推动整个机制良性循环。加快推进两化融合管理体系的国际标准化,针对重点领域与行业的各自特点成立国际标准化工作组,在国际标准化组织中推动筹建围绕两化融合的工作机构,加快推进两化融合管理体系国际标准化工作。推动建设两化融合管理体系国际应用推广平台,构建线上线下合作渠道,在学术交流、标准研制、课题研究、最佳实践和应用推广等方面加强国际交流与合作。

(三)普及两化融合管理体系标准

加快两化融合管理体系标准普及推广。完善两化融合管理体系基础标准,制定分类标准、组织管理变革工具和方法等新标准,研究制定引导企业互联网转型的新型能力框架体系和参考模型[9]。组织两化融合管理体系实施与推广,分行业、分领域培育一批示范企业,加快构建开放式、扁平化、平台化的组织管理新模式,打造基于标准引领、创新驱动的企业核心竞争力。完善两化融合管理体系市场化服务体系,建立线上线下协同推进机制,加强政策引导和资金支持,加快形成两化融合管理体系评定结果的市场化采信机制。

持续开展两化融合评估诊断和对标引导。结合智能制造和"互联网+"新趋势,优化企业两化融合评估指标体系和评估模型,完善国家、地方政府、企业等多层次的两化融合评估协同工作体系。建设企业两化融合评估大数据平台,周期性组织开展企业两化融合自评估、自诊断、自对标,围绕两化融合现状识别、效益分析、问题诊断、趋势预测等,形成区域、行业、企业等两化融合数据地图,提高政府精准施策、机构精准服务、企业精准决策水平。

以工信部牵头，科技、教育等部门的相关领导、专家参与，以国家科学技术专项基金的方式，稳定持续资助两化融合发展战略方面的研究工作，动态全面地掌握在创新驱动发展模式下两化融合建设状况并进行系统评估。充分发挥高校战略智库作用，站在科技发展和产业需要的高度，进行系统调研、跟踪研究和科学分析，对我国两化融合进行第三方评估的辅助工作，定期发布《我国推进两化深度融合进展研究报告》，以便为国家有关部门提供权威的、实时的决策依据。

同时帮助企业建立实施和持续改进信息化管理体系，引导企业打造和提升信息化环境下的竞争能力。2020年之前建立完善的第三方认定服务体系，并全面推广企业信息化管理体系建设和相关认定服务。

（四）完善两化融合社会化服务体系

促进两化融合服务型市场的发育，弥补市场空缺，建立两化融合公共服务机构，依托行业协会、大学和有关科研机构，建设两化融合促进中心。政府牵头建立企业两化融合联盟，促进企业联盟和省内或者跨省软件园区或信息产业园区等信息化企业群合作，推进企业工业化和信息化的纵深融合，有利于提高融合质量和降低融合成本。积极搭建企业公共服务平台，完善带动服务平台的发展，建立联合工作机制，加强沟通，形成合力，共同推进我国产业转型升级和改善人民生活，实现"五位一体"的一体化建设。

参考文献

[1][2] 苗圩. 认真学习贯彻落实党的"十九大"精神，扎实推动工业和信息化持续健康发展 [EB/OL]. http://www.zgg.org.cn/ywjj/qmlscyzd/sjzx/bwdzsj/201711/t20171121_670512.html.

[3] 工业和信息化部、关于印发信息化和工业化融合发展规划（2016—2020年）的通

知 [EB/OL]. http://www.miit.gov.cn/n1146295/n1652858/n1652930/n3757016/c5338237/content.html.

[4] 徐愈. 全面推进两化融合评估工作 [J]. 中国经济和信息化, 2012(6):18-19.

[5] 胡冰. 企业两化融合指标体系设计与评估方法研究 [D]. 天津大学, 2011.

[6][7] 中国两化融合服务平台. 两化融合"十三五"发展规划 [EB/OL]. http://www.cspiii.com/xzzx/?pi=2.

[8][9] 工业和信息化部, 国务院国有资产监督管理委员会, 国家标准化管理委员会. 关于深入推进信息化和工业化融合管理体系的指导意见（工信部联信软〔2017〕155 号）[EB/OL]. http://www.miit.gov.cn/n1146295/n1652858/n1652930/n3757022/c5718612/content.html.

证据篇

第八章
我国两化融合综合调研证据分析报告

本章是第三章内容的证据分析部分,完整地呈现了第三章2008—2013年我国两化融合情况实施进展评估的全过程,并向读者展现了此次进展评估中所有原始数据的收集及分析处理过程,以佐证此次进展评估的科学性以及评价结论的合理性。

一、两化融合评估调研情况介绍

(一)调研目的

基于前期对文献资料和数据的分析,筛选出有代表性的区域、企业与行业,通过问卷调查和深入的专家访谈,获得我国当前两化融合的基础建设、信息应用、取得绩效以及国内外环境情况第一手资料,充分验证我国两化融合进展成效与存在问题的评估结论。

通过调研,拟达到以下目的:掌握国内重点区域、行业与企业的基础建设情况;了解企业两化融合进展及趋势预测情况;总结两化融合的产出绩效,包括竞争力和经济、社会效益;分析两化融合的国内外环境,包括政策环境、企业环境、市场环境、国际环境等;探寻两化融合存在的问题;明确指出两化融合政策需求。

(二)问卷设计

1. 调查重点

通过文献调研、资料收集与政策研究,确定全国两化融合重点区域、典型行业与企业并进行问卷调查;在全国选出 800 余家典型企业为样本企业进行调研,大体掌握我国当前两化融合的基础建设、信息应用、取得绩效以及国内外环境情况。

2. 问卷设计的理论基础

对调查问卷的设计,主要基于国内外环境、企业特征、融合现状与融合绩效的研究,总结两化融合现阶段存在的问题,提出相应的政策建议。

其中,国外环境方面主要掌握国外典型行业与企业两化融合的需求、标准与技术;国内环境包括政策、企业与市场环境;企业方面主要总结企业的性质与经营状况;我国两化融合现状主要从信息化投入、应用软件、信息化保障与发展阶段几个方面来考虑;两化融合绩效主要从竞争力、经济效益、社会效益、融合进展与配套服务方面进行评估。具体理论模型如图 8-1 所示。

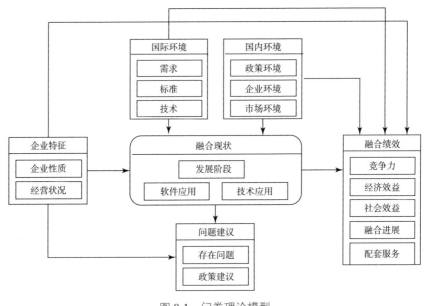

图 8-1 问卷理论模型

3. 问卷的实施

组织专家进行座谈,讨论问卷的可行性与存在的问题,对问卷进行反复修改、删减。最后由评估承担方组织问卷的发放与回收工作。

二、两化融合评估调研内容

（一）重点区域、行业和企业的基础建设

基于企业基本情况，了解企业所处行业，对企业分级、分类，从而掌握不同规模、类型的企业在两化融合开展中的总体情况。调研的内容包括行业、产业类型、主营业务、发展规模、两化融合发展阶段及未来 5 年发展预期。

（二）企业两化融合进展及趋势预测情况

基于两化融合的信息技术角度对企业两化融合程度进行定位，了解现有信息化技术在不同行业、不同类型企业中的应用情况。调研的重点包括单位/企业网络化、智能化、云计算技术、电子商务应用及信息化软件集成情况。

（三）两化融合的产出绩效，包括经济绩效与社会绩效

基于经济效益与社会效益等指标，掌握企业近 5 年来两化融合的产出绩效，进而了解两化融合为企业竞争力提升做出的贡献。调研的重点包括：

（1）单位/企业近 5 年开展两化融合以来，综合竞争力水平提升情况，包括发展速度、劳动生产率、企业产品开发、增加附加值、管理模式创新（纵向、横向）及协同创新等作用程度。

（2）单位/企业近 5 年开展两化融合以来，节能减排、安全生产、产业升级、培育战略型新兴产业、提高用户满意度等社会效益的显著程度。

（四）两化融合的国内外环境，包括政策环境、企业环境、市场环境、国际环境等

基于对国内外环境的评估，了解两化融合开展中的推动力与阻力，综

合掌握两化融合的环境支撑程度。调查内容包括：

(1) 政府层面对两化融合的推动、引导作用以及现有的激励、保障措施。

(2) 单位内部对于两化融合的理解及企业高层、中层、基层对两化融合的支持态度，以及人才队伍的建设情况。

(3) 国际市场环境的推动作用以及单位/企业未来的可为空间。

(五) 两化融合存在的问题

基于定性认识，分析企业面临的内、外部问题和困难，调查的主要内容包括：

(1) 单位/企业在政策环境、市场情况以及产业上下游等方面面临的外部困难。

(2) 单位/企业在规划管理、自身需求、人才素养等方面存在的内部问题。

(六) 两化融合政策需求

基于单位/企业对自身两化融合现状的认识，了解企业的外部支撑需求。调查的内容主要包括：

(1) 政策、法规、标准体系建设等管理体系需求。

(2) 人才培育、外部服务、金融等市场支撑需求。

(3) 顶层规划、产学研技术支持、示范企业等路径引导需求。

三、两化融合进展评估实证分析的评估发现

(一) 被评估企业特征明显，呈现多样化

此次问卷设计中对单位（企业、机构）基本情况的调查主要包括单位全称、所在省（自治区、直辖市）、单位网址、单位性质、所属行业、产

业类型、主营业务、单位规模、两化融合发展阶段和未来趋势，共10个统计量。

被调研企业所在城市中，甘肃省兰州市与辽宁省沈阳市的被调研企业最多，分别占总量的34.7%与32.7%，合计占被调研企业的67.4%。其次为河南省郑州市和陕西省西安市，分别占被调研企业的10.2%。再次为陕西省咸阳市，占被调研企业的4.1%。最后为山东省滨州市、山西省太原市、陕西省兴平市和浙江省东阳市，分别占被调研企业的2.0%。

被调研企业有效样本量为49个。其中，国有企业与民营企业占比最多，分别为57%与33%，合计占所有被调研企业的90%，如图8-2所示。被调研企业中非央企占71%，央企仅占29%，如图8-3所示。

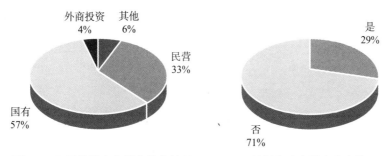

图8-2 不同性质企业样本分布情况　　图8-3 是否为央企样本分布情况

数据来源：项目组调研整理汇总

被调研企业中各行业类别占比如图8-4所示。被调研企业有效样本量为49个，占比最大的行业类别为机械行业，占比达到32.65%；其次为电子信息行业，占比仅次于机械行业，为18.37%；第三大类别为石化行业，占比10.20%。三个行业的被调研企业累计占被调研企业总数的61.22%。

被调研企业中集团型企业占比如图8-5所示。被调研企业中超过一半都是集团性企业，集团性企业占被调研企业的76%，其余为非集团性企业。被调研企业中超过一半都属于大型企业，占比达到61%；中型企业占比为31%；小型企业占比为8%，如图8-6所示。

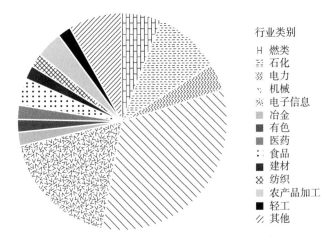

图 8-4 被调研企业中各行业类别分布情况

数据来源：项目组调研整理汇总

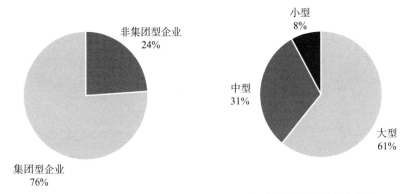

图 8-5 集团型企业分布情况　　图 8-6 各企业规模类型分布情况

数据来源：项目组调研整理汇总

被调研企业战略新兴产业样本分布情况如图 8-7 所示。有效样本量为 41 份，被调研企业中属于高端装备制造的企业有 15 家，占比为 36.6%；其次为属于新一代信息技术的企业 10 家，占比为 24.4%；属于生物产业、新能源产业的企业分别有 4 家，占比 9.8%。

数据经过处理后，得到的有效样本量为 53 份，被调研企业中目前处于综合集成阶段的企业有 34 家，占比为 64.2%；其次为处于协同创新阶段的企业有 15 家，占比为 28.3%；合计占比为 92.5%，如图 8-8 所示。

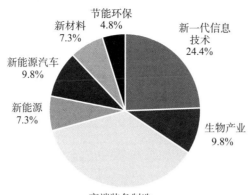

图 8-7　战略新兴产业企业样本分布情况

数据来源：项目组调研整理汇总

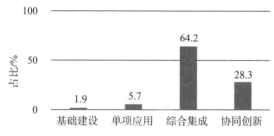

图 8-8　企业两化融合发展所处阶段分布情况

数据来源：项目组调研整理汇总

数据经过处理后，得到的有效样本量为 53 份，被调研企业中未来 5 年预期处于协同创新阶段的企业有 41 家，占比为 77.4%，如图 8-9 所示。处于综合集成阶段的企业有 10 家，说明预期 5 年的两化融合水平基本可达到综合集成阶段。

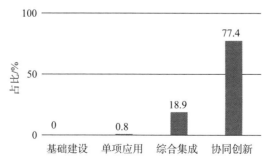

图 8-9　企业两化融合预期发展所处阶段分布情况

数据来源：项目组调研整理汇总

（二）两化融合综合绩效显著提升

1. 两化融合促进企业经济效益、社会效益显著提升，对劳动生产率贡献尤为突出，企业竞争力得到明显加强，生产性服务业有待加强

如表 8-1 所示，通过对企业竞争力、经济效益、社会效益等指标的分析可知，近 5 年来被调研企业两化融合综合进展如下：通过两化融合，企业各方面良性变化均有较快或显著提升，各统计量的均值维持在 3.10～4.44（"一般"与"非常快"之间）。两化融合对劳动生产率的提升最为显著，说明两化融合加快了信息技术应用、业务流程改进，直接推动了劳动生产率的提高。

表 8-1　两化融合整体进展描述统计量

项目	极小值	极大值	均值	标准差	方差
融合对劳动生产率的提升	3	5	4.441 2	0.560 9 1	0.35
融合对安全生产的作用	3	5	4.272 7	0.674 2	0.45
融合产生的社会效益	3	5	4.181 8	0.583 87	0.31
融合对竞争力提升作用	3	5	4.176 5	0.458 63	0.21
融合产生的经济效益	3	5	4.176 5	0.520 52	0.21
融合对节能减排的效果	3	5	4.090 9	0.723	0.53
两化融合发展速度	3	5	4	0.603 02	0.34
融合对战略新兴产业的作用	3	5	4	0.707 11	0.5
融合推动产业升级作用	3	5	3.838 7	0.637 54	0.46
融合的纵向进展	3	5	3.818 2	0.464 66	0.26
融合对国际竞争力提升作用	1	5	3.812 5	1.029 8	1.06
融合的横向进展	3	5	3.787 9	0.599 87	0.36
单位经济效益提升	2	5	3.764 7	0.553 71	0.37
业务协同与创新模式发展	1	5	3.424 2	0.936 43	0.87
融合带动生产性服务业情况	1	5	3.1	1.465 54	2.148

*1 表示"没变/没有"；2 表示"较慢/较小"；3 表示"一般"；4 表示"很快/显著"；5 表示"非常快/很显著"。

数据来源：项目组调研整理汇总

2. 推动产业升级集中表现在精细管理、流程再造方面，增长方式转变方面仍待改进

如表 8-2 所示，两化融合推动产业升级具体表现在业务集成、精细管理、流程再造、节能减排等多方面。总体来看，精细管理、流程再造所带来的表现最为显著，有 66.7% 的企业认为两化融合在这两方面推动了产业升级；有 60.6% 的企业认为两化融合在业务集成方面推动了产业升级；而 39.4% 的企业认为两化融合在节能减排方面推动了产业升级；比较而言，在增长方式转变方面推动产业升级的作用不十分明显，只有 30.3% 的企业选择该选项，在此方面有待加强。

表 8-2 两化融合推动产业升级的具体表现

项目		响应		个案百分比
		N	百分比	
推动产业升级表现	业务集成	20	22.7	60.6
	精细管理	22	25.0	66.7
	流程再造	22	25.0	66.7
	节能减排	13	14.8	39.4
	增长方式转变	10	11.4	30.3
	其他	1	1.1	3.0
总体		88	100.0	266.7

数据来源：项目组调研整理汇总

（三）两化融合技术应用多样化突出，发展良好

1. 企业网络化应用普及，在业务层面应用比例最高

如表 8-3 和图 8-10 所示，网络化在企业当中已经相当普及，样本中有 54.1% 的企业将网络化应用于产品，有 83.8% 的企业将网络化应用于技术，有 94.6% 的企业将网络化应用于业务流程，说明企业在业务流程中的网络化应用程度最高，其次为技术环节，最后为产品环节。该结论说明现代企业的眼光已经不只局限在产品层面、技术层面的改进，而是更有战略高度

的业务层面，寻求从本质上将两化融合深深扎根于企业的各个环节，利用两化深度融合完成企业的整体变革。此外，由抽样样本反映出的另一个问题是，在企业间存在着网络化应用的不均匀格局，一些企业在每一个层次上都未能应用网络化，而有些企业将网络化全方位地覆盖到企业的各个层面上。

表 8-3 企业网络化应用比例分布

项目		响应		个案百分比
		N	百分比	
网络化应用 a	产品	20	23.3	54.1
	技术	31	36.0	83.8
	业务	35	40.7	94.6
总计		86	100.0	232.5

a 表示组
数据来源：项目组调研整理汇总

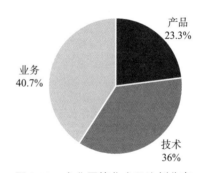

图 8-10 企业网络化应用比例分布

数据来源：项目组调研整理汇总

2. 暂未实现智能化应用的企业比例较高

智能化应用是两化深度融合的体现，样本中有 7.1% 的企业暂没有将智能化应用于企业的发展中，这个比例较高。另外有 50.0% 的企业将智能化应用在产品环节，有 66.7% 的企业将智能化应用在技术环节，还有 76.2% 的企业将智能化应用在业务环节，如表 8-4、图 8-11 所示。分析发现，样本中没有实现企业智能化应用的企业占比较大。此外，与企业网络化应用相似之处为：现代企业的眼光同样不局限在产品层面、技术层面，而是转向业务层面，利用智能化在企业内部的深度融合，实现企业向现代化的迈近。

表 8-4 企业智能化应用比例分布

项目		响应		个案百分比
		N	百分比	
智能化应用 a	无	3	3.6	7.1
	产品	21	25.0	50.0
	技术	28	33.3	66.7
	业务	32	38.1	76.2
总计		84	100.0	200.0

a 表示组
数据来源：项目组根据调研资料整理汇总

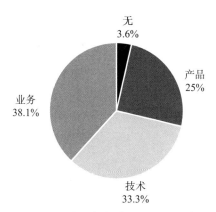

图 8-11 企业智能化应用比例分布

数据来源：项目组调研整理汇总

3. 物联网应用不足，但后期发展劲头充足

如表 8-5、图 8-12 所示，除去缺失值，统计出企业暂无计划应用物联网的比例为 9.3%，没有物联网但是正在筹划的企业比例为 41.9%，已经应用物联网的比例为 48.8%。目前，物联网的应用水平在一定程度上能够体现出两化融合的水平，但是也受到企业性质、规模等因素的制约。此外，从所抽取的样本看，企业将物联网应用在车联网上的比例最高，这是因为车联网是物联网在汽车行业的应用，从属于物联网的范畴内。其余各个应用领域比较分散。

表 8-5　企业物联网应用比例分布

	项目	频率	百分比	有效百分比	累积百分比
有效	暂无计划	4	8.2	9.3	9.3
	没有，正在筹划	18	36.7	41.9	51.2
	有	21	42.9	48.8	100.0
	合计	43	87.8	100.0	
缺失	系统	6	12.2		
合计		49	100.0		

数据来源：项目组调研整理汇总

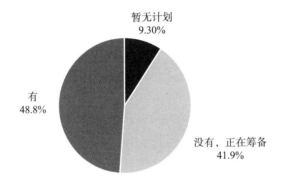

图 8-12　企业物联网应用有效比例分布

数据来源：项目组调研整理汇总

4. 云计算技术应用薄弱，企业发展空间充裕

如表 8-6、图 8-13 所示，目前企业暂无计划应用云计算的比例为 16.3%，没有应用云计算但是正在筹划的企业比例为 53.5%，已经应用云计算的比例为 30.2%。云计算相对物联网而言，是更为前沿的技术，也正因为如此，企业对云计算的运用比例明显较低，反过来也说明当时大多数企业的发展阶段还没能和世界前沿技术接轨。同时，半数以上的企业都意识到了云计算对企业发展的影响，将云计算的应用工作提上日程。

表 8-6　企业云计算技术应用比例分布

	项目	频率	百分比	有效百分比	累积百分比
有效	暂无计划	7	14.3	16.3	16.3
	没有，正在筹划	23	46.9	53.5	69.8

续表

	项目	频率	百分比	有效百分比	累积百分比
有效	有	13	26.5	30.2	100.0
	合计	43	87.8	100.0	
缺失	系统	6	12.2		
合计		49	100.0		

数据来源：项目组调研整理汇总

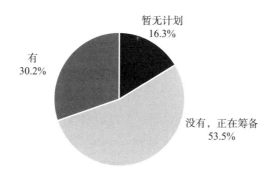

图 8-13　企业云计算技术应用有效比例分布

数据来源：项目组调研整理汇总

5. 近半数企业应用电子商务，发展空间较大

如表 8-7、图 8-14 所示，目前企业暂无计划应用电子商务的比例为 9.5%，没有应用但是正在筹划的企业比例为 38.1%，此外还有 52.4% 的企业已经应用了电子商务。电子商务是现代企业交易方式的创新，近半数的企业应用了电子商务，说明企业在交易方式上实现了两化融合，快捷的有保障的采购、销售以及交易的完成，为企业的进一步发展提供了保障。

表 8-7　企业电子商务应用比例分布

	项目	频率	百分比	有效百分比	累积百分比
有效	暂无计划	4	8.2	9.5	9.5
	没有，正在筹划	16	32.7	38.1	47.6
	有	22	44.9	52.4	100.0
	合计	42	85.7	100.0	
缺失	系统	7	14.3		
合计		49	100.0		

数据来源：项目组调研整理汇总

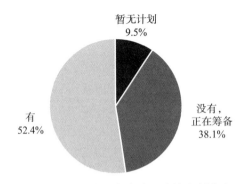

图 8-14 企业电子商务应用有效比例分布

数据来源：项目组调研整理汇总

6. 企业在多数业务实现信息化软件集成比例近半，高水平集成不足

企业信息化软件的集成程度依次可划分为：局部集成、多数业务集成、全部集成以及融合创新 4 个层次。如表 8-8、图 8-15 所示，样本中有 21.4% 的企业处于局部集成阶段，有 54.8% 的企业处于多数业务集成阶段，有 9.5% 的企业处于全部集成阶段，有 9.5% 的企业处于融合创新阶段，有 4.8% 的企业处于由局部集成向多数业务集成过渡的阶段。从这个比例中可见，较低层次的集成比例较高，随着层次的提升，集成的比例逐渐下降；近半数的企业在多数业务上实现了信息化集成，说明信息化集成的程度和广度仍需加强。

表 8-8　信息化软件集成程度

	项目	频率	百分比	有效百分比	累积百分比
有效	局部集成	9	18.4	21.4	21.4
	多数业务集成	23	46.9	54.8	76.2
	全部集成	4	8.2	9.5	85.7
	融合创新	4	8.2	9.5	95.2
	局部和多数并行	2	4.1	4.8	100.0
	合计	42	85.7	100.0	
缺失	系统	7	14.3		
	合计	49	100.0		

数据来源：项目组调研整理汇总

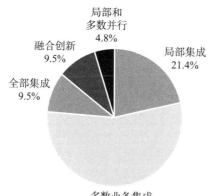

图 8-15 信息化软件集成程度有效比例分布

数据来源：项目组调研整理汇总

7. 两化融合提升企业各个方面的作用差异性突出，企业对各方面的认可度也不同

评估从 10 个方面考察两化融合所带来的变化情况，按照打分均值排序，10 项改变由高到低的排序为管理精细化、成本节约、企业形象提升、生产自动化、新产品开发、用户满意度提升、自主创新能力提升、产品智能化、附加值增加以及绿色生产，说明两化融合为企业带来的变化中最显著的是管理精细化、成本节约以及企业形象的提升。从偏度看，绿色生产、附加值增加、产品智能化属于低度左偏分布，新产品开发、自主创新能力提升等属于中度左偏分布，而其余均处于高度左偏分布，说明两化融合提升 10 个方面作用的不对称性突出，并且有所差异。而从峰度看，绿色产品、附加值增加、产品智能化、新产品开发、自主创新能力提升、生产自动化均属于扁平分布，说明企业对这几项的打分数值较为分散，即企业认定的提升水平有差异，而用户满意度提升、企业形象提升、成本节约以及管理精细化属于尖峰分布，说明企业对这几项的打分较为集中，即意见较为一致，如表 8-9、图 8-16 所示。

表 8-9 两化融合带来的变化情况

项目		新产品开发	附加值增加	绿色生产	成本节约	用户满意度提升	产品智能化	生产自动化	管理精细化	自主创新能力提升	企业形象提升
N	有效	35	32	32	39	36	32	39	41	34	37
	缺失	14	17	17	10	13	17	10	8	15	12
均值		3.400 0	2.687 5	2.468 8	3.717 9	3.388 9	2.781 3	3.512 8	4.000 0	3.382 4	3.648 6
方差		3.012	3.383	3.805	1.839	2.359	3.983	2.888	1.800	2.546	1.790
偏度		−1.165	−.369	−.158	−1.523	−1.106	−.457	−1.244	−2.024	−1.056	−1.146
峰度		.093	−1.224	−1.540	2.367	.543	−1.485	.382	3.969	.219	1.377

数据来源：项目组调研整理汇总

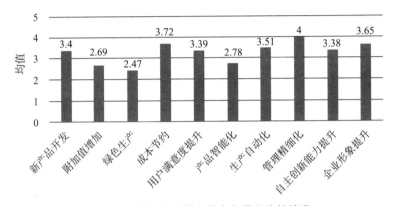

图 8-16 两化融合带来的变化得分均值情况

数据来源：项目组调研整理汇总

（四）两化融合政府推动作用显著，尚缺稳定人才队伍

从表 8-10、图 8-17 中可以看出，融合评估的推动作用、融合金融支持的作用、融合实验区的作用、融合培训的效果均处于"很好"的程度，说明前四项政策的作用是非常明显的；高层、中层、基层对两化融合的态度均介于"支持"与"非常支持"之间，说明企业领导对两化融合的态度端正，认识水平很高；员工对两化融合的理解处于"比较清楚"的阶段；融合人才队伍呈现偏短缺状态；国际市场推动融合的作用和企业未来在两化融合上的可为空间均处于"很大"的程度。

表 8-10 两化融合国内外环境的描述性统计分析

项目	N	全距	均值	标准差	方差
高层对融合的态度	48	3.00	4.729 2	.573 88	.329
中层对融合的态度	48	2.00	4.541 7	.544 15	.296
基层对融合的态度	48	2.00	4.375 0	.530 96	.282
可为空间	47	1.00	4.191 5	.397 73	.158
融合实验区的作用	48	3.00	4.041 7	.797 83	.637
融合评估的推动作用	48	3.00	4.041 7	.797 83	.637
融合金融支持的作用	47	3.00	3.808 5	.900 20	.810
融合培训的效果	48	3.00	3.770 8	.750 59	.563
国际市场推动融合的作用	48	3.00	3.770 8	.750 59	.563
员工对融合的理解	48	3.00	3.395 8	.916 51	.840
融合人才队伍	48	3.00	2.729 2	.818 39	.670
有效的 N（列表状态）	46				

数据来源：项目组调研整理汇总

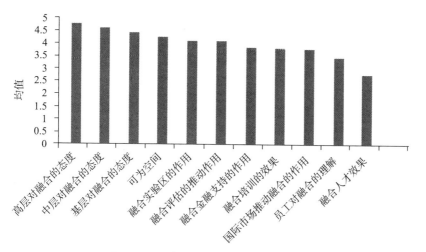

图 8-17 两化融合国内外环境打分均值

数据来源：项目组调研整理汇总

两化融合的政策效果一般分为融合培训的效果、融合金融支持的作用、融合评估的作用以及融合实验区的作用。由图 8-18 可知，这四者的效果基本相同，融合评估和融合实验区的作用略高于其他两者。

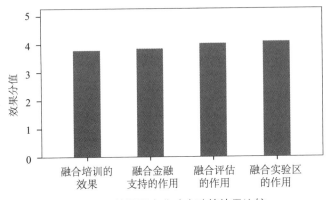

图 8-18 被调研企业政府政策效果比较

数据来源：项目组调研整理汇总

政府在企事业两化融合进程中已有的激励和保障措施中，实施比例较高的为"提供专项资金""搭建交流平台，向先进单位学习""搭建信息化服务平台""出台行业或区域政策"。"'两化'融合人才培训"和"将'两化'融合水平作为考评企业的指标之一"的实施比例都较低，如表8-11、图8-19所示。

表 8-11 政府保障措施描述性分析

	项目	响应		个案百分比
		样本量	百分比	
政府保障措施	出台行业或区域政策	30	16.9	62.5
	搭建信息化服务平台	31	17.5	64.6
	提供专项资金	38	21.5	79.2
	两化融合人才培训	23	13.0	47.9
	将两化融合水平作为考评企业的指标之一	23	13.0	47.9
	搭建交流平台，向先进单位学习	32	18.1	66.7
总计		177	100.0	368.8

数据来源：项目组调研整理汇总

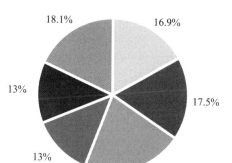

图 8-19 政府各项保障措施比例

数据来源：项目组调研整理汇总

由表 8-12 可以分析出，在受访企业中，"提供专项资金""将'两化'融合水平作为考评企业的指标之一""搭建交流平台，向先进单位学习"均占中型企业政府保障措施的 83.3%，说明中型企业对这几项政策较为熟悉。而大型企业对"提供专项资金""出台行业或区域政策"最为熟悉。

表 8-12 单位规模类型与政府保障措施交互性分析

项目			政府保障措施 a						总数
			出台行业或区域政策	搭建信息化服务平台	提供专项资金	两化融合人才培训	将两化融合水平作为考评企业的指标之一	搭建交流平台，向先进单位学习	
单位规模类型	中型	分值	3	4	5	4	5	5	6
		百分比	50.0	66.7	83.3	66.7	83.3	83.3	
	大型	分值	17	16	20	11	13	14	23
		百分比	73.9	69.6	87.0	47.8	56.5	60.9	
总计		分值	20	20	25	15	18	19	29

数据来源：项目组调研整理汇总

1. 两化融合存在的问题梳理

通过文献阅读、资料收集与政策研究，项目组对典型地区各企业两化融合现状进行分析，总结出 11 条制约企业两化融合的主要因素，认为"机制和政策环境不足"和"人才缺乏"是制约企业两化融合进展的主要因素。

各因素的描述统计量分析情况如表 8-13、图 8-20 所示。

表 8-13　各因素描述统计量分析

项目	N	极小值	极大值	均值	标准差	方差
制约因素——机制和政策环境不足	0.693 878	1.00	5.00	3.382 4	1.015 48	1.031
制约因素——成本投资过大	0.551 02	1.00	5.00	3.185 2	1.075 50	1.157
制约因素——人才缺乏	0.693 878	1.00	5.00	3.088 2	1.215 25	1.477
制约因素——信息化支撑环境不足	0.489 796	1.00	5.00	3.000 0	1.179 54	1.391
制约因素——宏观规划不足	0.387 755	1.00	5.00	2.894 7	1.410 07	1.988
制约因素——IT 服务的支撑不足	0.551 02	1.00	4.00	2.851 9	1.026 71	1.054
制约因素——业务流程不规范	0.428 571	1.00	5.00	2.714 3	1.309 31	1.714
制约因素——管理部门规划不足，推进力度不够	0.346 939	1.00	5.00	2.705 9	1.311 71	1.721
制约因素——缺乏标准	0.489 796	1.00	5.00	2.666 7	1.090 14	1.188
制约因素——自身需求动力不足	0.367 347	1.00	5.00	2.111 1	1.182 66	1.399
制约因素——项目效果不明显	0.306 122	1.00	4.00	1.866 7	0.99043	0.981

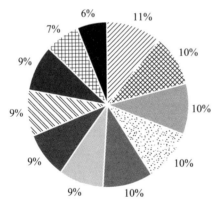

图 8-20　两化融合制约因素重要性程度

数据来源：项目组调研整理汇总

通过对调查问卷的统计分析可知，不同企业两化融合面临的问题不同：69.38% 的企业认为"机制和政策环境不足"和"人才缺乏"是制约本企业两化融合的主要因素；55.1%的企业认为"成本投资过大"是制约本企业两化融合的主要因素，企业两化融合人才队伍中最紧缺的是战略层面与组织层面的人才。对目前企业两化融合人才队伍中最为紧缺的人才进行量化分析得到，最紧缺人才是战略层面的人才，选择概率占总数的48.3%，其中选择企业数占比60.9%。其次为组织层面人才，选择概率占总数的22.4%，其中选择企业数占比28.3%。由此可以得到，当今两化融合人才队伍中缺乏的是战略层面与组织层面的人才，如表8-14所示。

表8-14 两化融合紧缺人才描述分布

项目		频率		个案百分比
		N	百分比	
最为紧缺的人才 a	战略层面人才	28	48.3	60.9
	组织层面人才	13	22.4	28.3
	操作层面人才	8	13.8	17.4
	应用层面人才	9	15.5	19.6
总计		58	100.0	126.1

数据来源：项目组调研整理汇总

2. 两化深度融合的路径和资源支持

根据对参与问卷调查企业的数据收集，政府推动企事业单位实现两化融合的需求排序如图8-21所示。

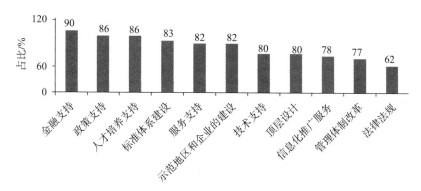

图8-21 政府推动企事业单位实现两化融合的需求排序

数据来源：项目组调研整理汇总

企业对政策、金融、服务等支持的需求程度降序排列依次为：金融支持、政策支持、人才培养支持，分别占 90%、86%、86%；对法律法规的支持需求相对较少，占 62%。关于企业对政府推动企事业单位实现两化融合建议的统计数据的描述分析如表 8-15 所示。

表 8-15 对政府推动企事业单位实现两化融合建议描述性分析

项目	N	极小值	极大值	均值	标准差	方差
对策建议——政策支持	43	.00	5.00	4.093 0	1.359 52	1.848
对策建议——金融支持	45	.00	5.00	4.066 7	1.483 24	2.200
对策建议——人才培养支持	43	.00	5.00	3.581 4	1.483 76	2.202
对策建议——服务支持	40	.00	5.00	3.075 0	1.858 97	3.456
对策建议——信息化推广服务	35	.00	5.00	3.057 1	1.814 04	3.291
对策建议——示范地区和企业的建设	40	.00	5.00	3.000 0	1.797 43	3.231
对策建议——技术支持	36	.00	5.00	2.861 1	1.838 52	3.380
对策建议——标准体系建设	41	.00	5.00	2.731 7	1.857 75	3.451
对策建议——顶层设计	36	.00	5.00	2.694 4	2.067 70	4.275
对策建议——管理体制改革	34	.00	5.00	2.588 2	1.971 27	3.886
对策建议——法律法规	31	.00	5.00	2.161 3	1.933 85	3.740
有效的 N（列表状态）	31	.00	5.00			

数据来源：项目组调研整理汇总

根据相关支持项目的重要程度均值可知，企业对政策、金融、服务等需求的关注程度降序排列依次为：政策、金融、人才培养支持，分别为 4.09、4.07、3.58；对法律法规的关注程度最低，为 2.16。

综上所述，政策、金融、人才培养这些因素都可以立竿见影对两化融合产生推动作用，而法律法规等效应相对滞后，需要中长期的调控和规划；企业在两化融合的推进期，需要和市场相结合，发挥短期政策的效应，加快融合进程。

四、两化融合评估的调研发现与结论

（一）不同企业特质与其两化融合发展现状相关性不同

1. 统计学角度分析，企业所在地区与其两化融合发展阶段无显著相关关系

如图 8-22 所示，在 0.05 的显著性水平下，企业所在地区与两化融合发展阶段方差分析显著水平为 0.525，大于 0.05，说明从统计学角度上讲，企业所在地区与两化融合发展阶段没有明显的相关关系。

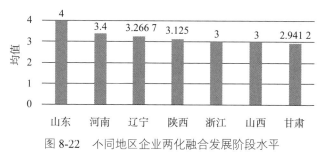

图 8-22　不同地区企业两化融合发展阶段水平
纵坐标：1.基础建设；2.单项应用；3.综合集成；4.协同创新

数据来源：项目组调研整理汇总

基于以上分析，从样本结构上看，不同地区的企业两化融合发展阶段有所不同。

（1）样本量中有辽宁省沈阳市的企业15家，甘肃省兰州市的企业17家，山东省滨州市的企业1家，浙江省东阳市的企业1家，山西省太原市的企业1家，陕西省西安、咸阳和兴平市的企业共8家，河南省郑州市的企业5家。

（2）调研地区的两化融合发展阶段均值为2.94～4。山东省最高，分值为4，即该地区或被调研企业目前的两化融合现状整体上处于协同创新阶段，辽宁省、陕西省和河南省等均处于综合集成至协同创新阶段。甘肃

省尚处于单项应用至综合集成阶段。

（3）所调研地区企业整体上所处的现状较高，其中甘肃省兰州市急需大力改善单项应用的现状，向综合集成迈进。

由此可以看出，地区两化融合水平不一，存在较大差异。

分析原因如下：

（1）地区经济发展水平不同，对两化融合重视程度不同；拥有企业规模、性质、经济效益等各不相同，对两化融合发展影响不同。

（2）各地区所取企业样本量不同，对分析结果造成一定影响。

由此给出的初步政策建议为：

（1）对落后地区实施政策倾斜，帮助其打好信息化基础，为两化融合做好准备工作。

（2）加强两化融合落后地区与先进地区的交流工作，先进地区的两化融合可以为落后地区的两化融合发展提供借鉴与支持。

2. 统计学角度分析，企业性质与企业两化融合发展阶段无显著相关关系

如图8-23所示，在0.05的显著性水平下，企业性质与两化融合发展阶段方差分析显著水平为0.801，大于0.05，说明从统计学角度上讲，企业性质与两化融合发展阶段没有明显的相关关系。

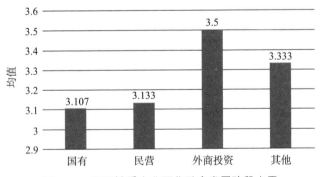

图8-23 不同性质企业两化融合发展阶段水平

纵坐标：1.基础建设；2.单项应用；3.综合集成；4.协同创新

数据来源：项目组调研整理汇总

基于以上分析，从样本结构上讲，不同性质的企业两化融合发展阶段有所不同。国有企业的两化融合发展阶段分值为3.107，民营企业的两化融合发展阶段分值为3.133，外商投资企业的两化融合发展阶段分值为3.5，其他性质的企业主要有现代生产性服务业，分值为3.333。五大类企业的两化融合发展阶段平均值为3.107～3.5，即位于综合集成与协同创新阶段。其中外商投资企业两化融合水平较高，达到3.5，即处在由综合集成向协同创新发展阶段，已经达到了较高水平；后面依次为其他类型企业、民营企业和国有企业，分别为3.333、3.133和3.107，即基本处于综合集成阶段。由此可见，企业性质对两化融合发展阶段的影响较为明显，外资由于外国资本和技术的融入，两化融合的发展层次明显较高。

分析原因如下：

（1）外国资本和先进技术的融入为两化融合提供了资金的支持和技术的保障，对两化融合起到了积极作用。

（2）民营企业由于自身性质的原因，对两化融合可能尚未重视，在两化融合方面投入的人力、物力等资源有限，制约了两化融合的发展。

（3）国有企业可能由于企业规模大、管理流程烦琐等原因，实施两化融合较复杂，进程不易控制，制约了两化融合的发展。

给出的初步政策建议：

（1）在民营企业内加强政策学习，普及两化融合，提高民营企业对两化融合的重视程度，为民营企业两化融合设立专项资金，督促其两化融合建设。

（2）国有企业应加快两化融合发展的进程，在企业内部设立督促机构进行专门监督，以保障两化融合更好更快进行。

3. 统计学角度分析，企业所处行业类别与企业所处两化融合发展阶段无显著相关关系

如图8-24所示，在0.05的显著性水平下，企业所处行业类别与两化融合发展阶段方差分析显著水平为0.950，大于0.05，说明从统计学角度上讲，企业所处行业类别与两化融合发展阶段没有明显的相关关系。

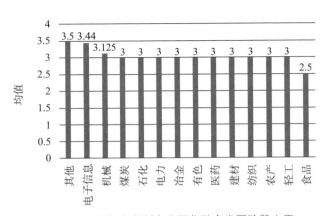

图 8-24 不同行业类别企业两化融合发展阶段水平

纵坐标：1. 基础建设；2. 单项应用；3. 综合集成；4. 协同创新

数据来源：项目组调研整理汇总

基于以上分析，从样本结构上看，不同行业类别的企业两化融合发展阶段有所不同。

（1）两化融合发展阶段平均值为 2.5～3.5，也就是企业两化融合所处阶段处在单项应用与协同创新阶段。

（2）食品行业两化融合程度最低，目前所处阶段尚处于单项应用阶段，不过由于样本量有限，结论尚需讨论；电子信息行业两化融合程度为 3.44，所处阶段稍稍高于综合集成阶段；机械行业两化融合程度为 3.125，所处阶段也稍高于综合集成阶段。

（3）煤炭、石化、电力、冶金、有色、医药、建材、纺织、农产品加工和轻工行业的两化融合阶段均为 3，所处阶段为综合集成阶段。

分析原因：

（1）行业的特殊性质决定了某些行业的两化融合水平，例如，电子信息、机械行业和信息化紧密结合，两化融合水平自然较其他行业有优势。而食品行业由于自身条件欠缺，信息化基础薄弱，两化融合水平较低。

（2）传统行业两化融合阶段多数处于综合集成阶段，两化融合发展水平乐观，有进一步提高的空间。

给出的初步政策建议：实施政策向行业倾斜，对弱小行业如食品业进行帮扶培养，对重点行业进行重点培养，完成两化融合的行业均衡发展。

4. 企业的规模对两化融合发展阶段有显著影响

如图 8-25 所示,在 0.05 的显著性水平下,企业的规模与两化融合发展阶段方差分析显著水平为 0.007,小于 0.05,说明从统计学角度上讲,企业的规模与两化融合发展阶段有明显的相关关系。

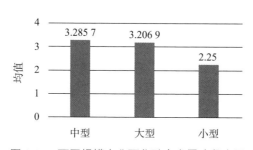

图 8-25　不同规模企业两化融合发展阶段水平

纵坐标:1. 基础建设;2. 单项应用;3. 综合集成;4. 协同创新

数据来源:项目组调研整理汇总

基于以上分析,得到以下结论:

(1)两化融合发展阶段平均值为 2.25～3.285 7,即企业两化融合处在单项应用与协同创新阶段。

(2)大中型企业两化融合发展阶段明显高于小型企业的两化融合发展阶段。大型企业两化融合发展水平达到 3.206 9,中型企业两化融合发展水平为 3.285 7,均处于综合集成阶段。小型企业两化融合发展水平仅为 2.25,尚处在单项应用阶段,需要进一步加强工业化与信息化的融合。

分析原因:

(1)大中型企业通过政策、资金等各方面支持两化融合的进展,而小型企业条件不足,两化融合工作不到位。

(2)大中型企业形成规模,两化融合易于开展;小型企业底子薄,两化融合开展较为困难。

(3)大中型企业落实国家政策更加彻底,两化融合开展早,基础好,需求高,同小型企业拉开了差距。

给出的初步政策建议:

(1)为小型企业两化融合提供平台,实行政策倾斜,针对小型企业两化融合需求做出针对性支持。

（2）针对大中型企业两化融合的高要求、高标准大力推广，平衡不同单位规模企业均衡发展。

（二）部分企业特质决定企业两化融合的效益

1. 企业性质（国有、民营、港澳台投资、外商投资）对两化融合提升企业形象影响程度的分析

如图 8-26、表 8-16 所示，在 95% 的置信水平下，检验结果说明企业性质（国有、民营、港澳台投资、外商投资）对两化融合提升企业形象程度产生了影响，即不同性质企业的两化融合水平对其形象的改变作用不同。从表中不同性质企业的形象提升程度均值看，确实存在着较大的差别，两化融合对外商直接投资企业的形象提升效果最为明显。

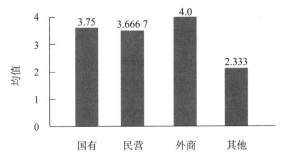

图 8-26　不同性质企业两化融合对企业形象提升影响的打分均值情况

数据来源：项目组调研整理汇总

表 8-16　不同性质企业两化融合对企业形象提升影响的概况

项目		N	均值	标准差	标准误差	均值的 95% 置信区间	
						下限	上限
企业形象提升	国有	24	3.750 0	.989 07	.201 89	3.332 4	4.167 6
	民营	12	3.666 7	1.669 69	.482 00	2.605 8	4.727 5
	外商投资	1	4.000 0	.	.	.	.
	其他	3	2.333 3	2.081 67	1.201 85	−2.837 8	7.504 5
	总数	40	3.625 0	1.314 37	.207 82	3.204 6	4.045 4

数据来源：项目组调研整理汇总

2. 企业规模（小型、中型、大型）对两化融合经济效益的影响程度分析

在 95% 的置信水平下，检验结果说明企业规模对两化融合经济效益产生影响。如表 8-17、图 8-27 所示，从小型、中型、大型企业的两化融合经济效益均值数据中发现，中型企业与小型、大型企业的差异比较明显。小型企业由于自身规模小，经济效益相比大中型企业来说欠佳；但是一旦两化融合应用介入，其发展的速度就很快。对大型企业而言，两化融合能够为其带来新的突破，使其发展进入一个新高度。而中型企业处在转变的瓶颈阶段。这个发展阶段里有两个门槛值，企业只要迈过第一个门槛值，就能获得两化融合较为突出的效益；第二个门槛值相对较高，要求企业深度应用两化融合才能实现经济效益的提升。

表 8-17　不同规模企业两化融合经济效益的概况

项目		N	均值	标准差	标准误差	均值的 95% 置信区间	
						下限	上限
融合产生的经济效益	小型	4	4.250 0	.957 43	.478 71	2.726 5	5.773 5
	中型	14	3.857 1	.534 52	.142 86	3.548 5	4.165 8
	大型	29	4.275 9	.454 86	.084 47	4.102 8	4.448 9
	总数	47	4.148 9	.550 84	.080 35	3.987 2	4.310 7

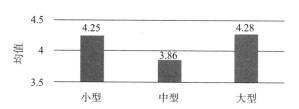

图 8-27　不同规模企业两化融合影响经济效益的打分均值情况

数据来源：项目组调研整理汇总

3. 企业产业类型（7 大战略新兴产业）对两化融合提升企业自主创新能力的影响效果显著

在 95% 的置信水平下，企业的产业类型（节能环保、新一代信息技术、生物产业、高端装备制造业、新能源、新能源汽车、新材料等）在"企业

自主创新能力的提升"方面产生了显著的影响。自主创新是企业发展的根本,尤其是对战略新兴企业而言,因此战略新兴产业对两化融合的自主创新能力提升有着比较显著的影响。

4. 企业所属行业影响了企业用户满意度的提升以及两化融合对企业形象的提升程度

如表 8-18、图 8-28 所示,在 95% 的置信水平下,企业所属行业(煤炭、石化、电力、机械、电子信息、冶金、有色、医药、食品、建材、纺织、农产品加工以及轻工)在"用户满意度提升"和"企业形象提升"两方面产生了显著的影响。从各个行业的"用户满意度提升"数值和"企业形象提升"改变程度的均值数据可知,差异比较明显。因为行业不同,两化融合在应用中的具体表现不同,具体到用户那里,有些行业可能直接体现不出两化的效果,这样就造成了企业形象提升程度的不同。

表 8-18 不同行业的企业两化融合效益的概况

项目		N	均值	标准差	标准误差	均值的 95% 置信区间	
						下限	上限
用户满意度提升	煤炭	2	2.500 0	2.121 32	1.500 00	−16.559 3	21.559 3
	石化	3	4.666 7	.577 35	.333 33	3.232 4	6.100 9
	电力	2	4.000 0	1.414 21	1.000 00	−8.706 2	16.706 2
	机械	14	3.214 3	1.188 31	.317 59	2.528 2	3.900 4
	电子信息	7	3.142 9	1.573 59	.594 76	1.687 5	4.598 2
	冶金	1	.000 0	.	.	.	.
	有色	1	.000 0	.	.	.	.
	医药	1	5.000 0	.	.	.	.
	食品	1	4.000 0	.	.	.	.
	建材	0	.	.	.	.	.
	纺织	1	4.000 0	.	.	.	.
	农产品加工	2	4.000 0	1.414 21	1.000 00	−8.706 2	16.706 2
	轻工	1	3.000 0	.	.	.	.
	其他	4	4.500 0	.577 35	.288 68	3.581 3	5.418 7
	总数	40	3.400 0	1.464 10	.231 49	2.931 8	3.868 2

续表

项目		N	均值	标准差	标准误差	均值的95%置信区间	
						下限	上限
企业形象提升	煤炭	3	4.000 0	1.732 05	1.000 00	−.302 7	8.302 7
	石化	3	4.000 0	1.000 00	.577 35	1.515 9	6.484 1
	电力	2	4.500 0	0.707 11	.500 00	−1.853 1	10.853 1
	机械	14	3.071 4	1.141 14	.304 98	2.412 6	3.730 3
	电子信息	7	4.428 6	.786 80	.297 38	3.700 9	5.156 2
	冶金	1	.000 0	.	.	.	.
	有色	1	3.000 0	.	.	.	.
企业形象提升	医药	1	5.000 0	.	.	.	.
	食品	1	4.000 0	.	.	.	.
	建材	1	4.000 0	.	.	.	.
	纺织	1	4.000 0	.	.	.	.
	农产品加工	1	1.000 0	.	.	.	.
	轻工	1	3.000 0	.	.	.	.
	其他	4	4.750 0	.500 00	.250 00	3.954 4	5.545 6
	总数	41	3.658 5	1.315 48	.205 44	3.243 3	4.073 8

数据来源：项目组调研整理汇总

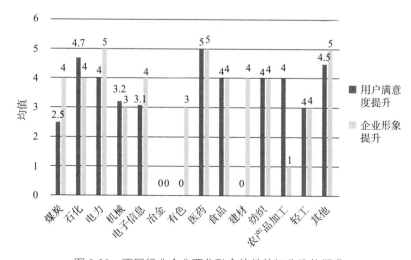

图8-28 不同行业企业两化融合效益的打分均值概况

数据来源：项目组调研整理汇总

5. 企业是否央企直接影响两化融合对企业的成本节约效果研究

在 95% 的置信水平下,央企和非央企对企业成本节约效果产生影响。如表 8-19 所示,两化融合对央企成本节约改变量的均值为 2.73,对非央企成本节约改变量的均值为 4.11,说明两化融合对非央企的成本节约影响更为明显,由此说明,两化融合对非央企的提升作用更大,有利于其未来的进一步发展。

表 8-19 企业是否央企的组统计量

	是否央企	N	均值	标准差	均值的标准误差
成本节约	是	11	2.727 3	1.420 63	0.428 34
	否	28	4.107 1	1.133 31	0.214 18

数据来源:项目组调研整理汇总

(三)不同发展现状下内外部环境对企业两化融合有推动作用

如图 8-29 所示,通过发展阶段与政府环境的分析可以看出:一,政府环境推动作用的均值为 3.406～4.25,即处在"一般"与"非常大"之间,说明政府环境起到了较大的推动作用。二,对于处在协同创新阶段的企业

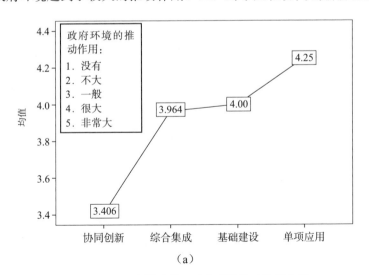

(a)

图 8-29 不同发展阶段下政府环境推动作用分析

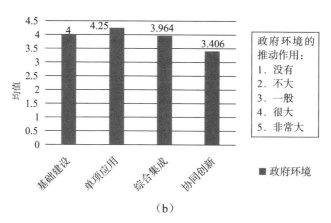

(b)

图 8-29 不同发展阶段下政府环境推动作用分析（续）

数据来源：项目组调研整理汇总

来说，政府环境的推动作用一般，而对于处在单项应用和基础建设阶段的企业来说，政府环境普遍起到很大的推动作用。但是总体来说，政府环境都起到了一定推动作用。三，政府环境对企业所处发展阶段的推动作用按从大到小排序依次为：单项应用、基础建设、综合集成、协同创新。

如图 8-30（a）所示，通过发展阶段与内部环境的分析可以看出：一，内部环境的推动作用为 3.40～3.878，即处在"一般"与"很大"之间，说明内部环境起到较大的推动作用。二，对于处在协同创新阶段的企业来说，内部环境的推动作用一般，而对于处在单项应用、基础建设和综合集

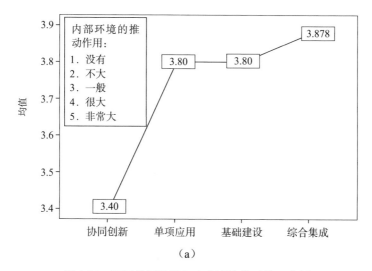

(a)

图 8-30 不同发展阶段下内部环境推动作用分析

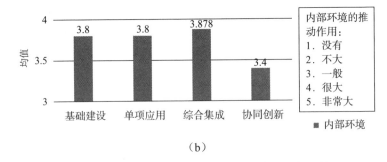

(b)

图 8-30 不同发展阶段下内部环境推动作用分析（续）

数据来源：项目组调研整理汇总

成阶段企业来说，内部环境普遍起到很大的作用。但是总体来说，内部环境都起到了一定的推动作用。三，内部环境对处在不同发展阶段的企业推动作用按从大到小排序依次为：综合集成、基础建设、单项应用、协同创新。

如图 8-31 所示，通过发展阶段与国际环境的分析可以看出：一，国际环境的推动作用为 3.0～4.0，即处在"一般"与"很大"之间，说明国际环境起到一定的推动作用。二，对于处在基础建设阶段的企业来说，国际环境的推动作用一般，而对于处在单项应用和协同创新阶段的企业来说，国际环境普遍起到很大的推动作用。但是总体来说，国际环境都起到了一定的推动作用。三，国际环境对企业所处发展阶段的推动作用按从大到小排序依次为：单项应用、协同创新、综合集成、基础建设。

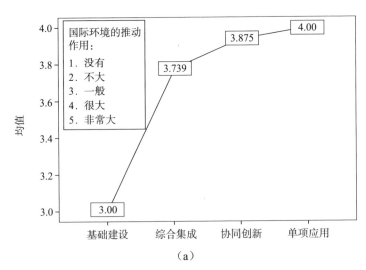

(a)

图 8-31 不同发展阶段下国际环境推动作用分析

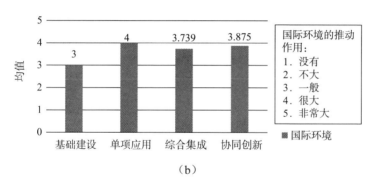

(b)

图 8-31 不同发展阶段下国际环境推动作用分析（续）

数据来源：项目组调研整理汇总

如图 8-32 所示，通过发展阶段与未来发展空间的分析可以看出：一，未来发展空间的推动作用为 4.0～4.25，即处在"很大"与"非常大"之间，说明国际环境起到很大的推动作用。二，对于处在基础建设阶段和单项应用阶段的企业来说，未来发展空间的推动作用很大，而对于处在综合集成和协同创新阶段的企业来说，未来发展空间的推动作用则又进一步。总体来说，未来发展空间起到了较大的推动作用。三，未来发展空间对企业所处发展阶段的推动作用按从大到小排序依次为：协同创新、综合集成、单项应用、基础建设。

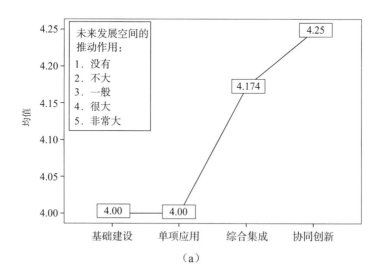

(a)

图 8-32 不同发展阶段下未来发展空间推动作用分析

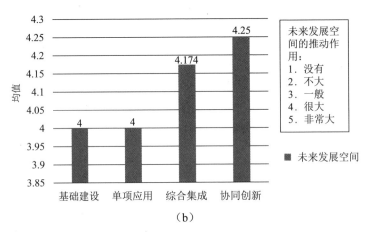

图 8-32　不同发展阶段下未来发展空间推动作用分析（续）

数据来源：项目组调研整理汇总

从不同发展阶段与政府环境、内部环境、国际环境及未来发展空间的综合分析来看，这些环境对发展现状都起到了一定的推动作用。未来发展空间表现出的推动作用，由于调查问卷的数据量较少，可能导致一定的偏差；同时对于未来发展空间的调查评估只有一个指标，也可能导致一定的偏差。总体来说，处于基础建设阶段企业普遍认为环境对其的推动作用一般，处于单项应用和协同创新阶段的企业普遍认为环境对其的推动作用较大。

（四）内外部环境对企业两化融合效益影响显著

分析得出，内部环境、国际环境、政府环境对两化融合效益水平的影响很明显。

从表 8-20、图 8-33 中就可以明确看出，在 0.01 的显著性水平下，内部环境、国际环境、政府环境与两化融合效益水平的相关性很大，但是和两化融合的变化没有很明显的相关关系。同时未来发展空间指标较为单一，所以和两化融合效益及变化均没有很大的相关性。此结论说明环境因素对于企业的两化融合效益，即对经济效益、劳动生产率、竞争力等指标有直接、明显的影响，企业如果要提高效益水平就要综合考虑内外部的环境因素；而两化融合带给企业的变化则与环境因素关系不甚明显，说明企业的变化更多还是与自身联系较多，技术创新、管理流程等这些因素才是导致企业变化的根本原因。

表 8-20 融合绩效与环境的相关分析

项目		内部环境	国际环境	未来发展空间	政府环境
两化融合效益	Pearson 相关性	.552**	.465**	.120	.611**
	显著性（双侧）	.001	.006	.499	.000
两化融合变化	Pearson 相关性	.081	.010	.056	-.027
	显著性（双侧）	.651	.953	.752	.880

**. 表示在 0.01 水平（双侧）上显著相关。
数据来源：项目组调研整理汇总

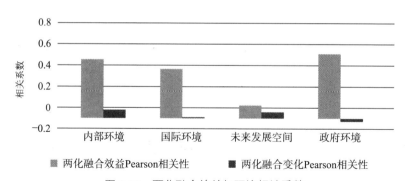

图 8-33 两化融合效益与环境相关系数

数据来源：项目组调研整理汇总

从图 8-34 可以看出，政府环境因素如融合评估作用、融合金融支持作用、融合实验区作用和融合培训效果都与融合绩效及融合变化等有相关关系，如与"单位经济效益提升""融合对竞争力提升作用""融合对战略新兴产业的培养作用""对劳动生产率的提升""业务协同与创新模式发展""融合推动产业升级作用""企业形象提升"等，均有很显著的相关性，表明政府环境因素对企业效益方面的因素有较明显的推动作用。

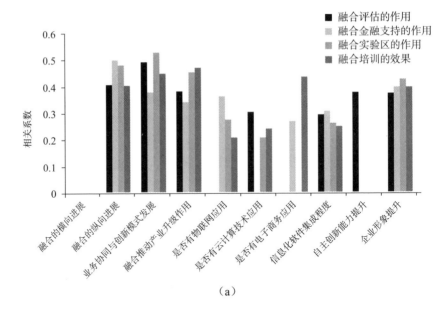

(a)

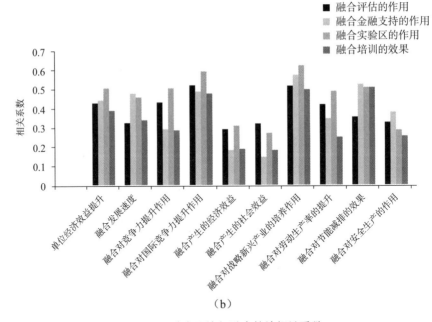

(b)

图 8-34 政府环境与融合绩效相关系数

数据来源：项目组调研整理汇总

从图 8-35 可以看出，内部环境因素如高层对融合的态度，员工对融合的理解，融合人才队伍与融合绩效及融合变化的部分因素呈现出相关关系，如与"单位经济效益提升""融合对竞争力提升作用""融合对战略新兴产业的培养作用""融合对劳动生产率的提升""融合的纵向进展""信息化软件集成程度"等,均有很显著的相关性;中层和基层对融合的态度与大部分融合绩效变化因素没有明显的相关关系,这和样本数量有一定关系。以上分析表明内部环境因素对企业绩效方面的因素有一定的作用。

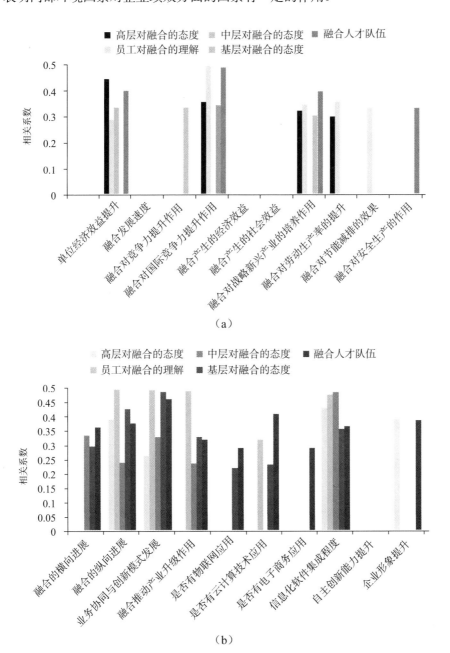

图 8-35 内部环境与融合绩效相关系数

数据来源:项目组调研整理汇总

从图 8-36 可以看出，国际环境因素与融合绩效及融合变化的部分因素呈现出相关关系，如与"融合对竞争力提升作用""融合对战略新兴产业的培养作用""融合对劳动生产率的提升""融合对节能减排的效果""融合的纵向进展""业务协同与创新模式发展""融合推动产业升级作用""信息化软件集成程度"等，均有较显著的相关性；而未来发展空间因素与大部分融合绩效变化因素没有显著的相关关系，这和问卷调查指标单一有一定关系。以上分析表明国际环境对融合绩效变化有一定的推动作用。

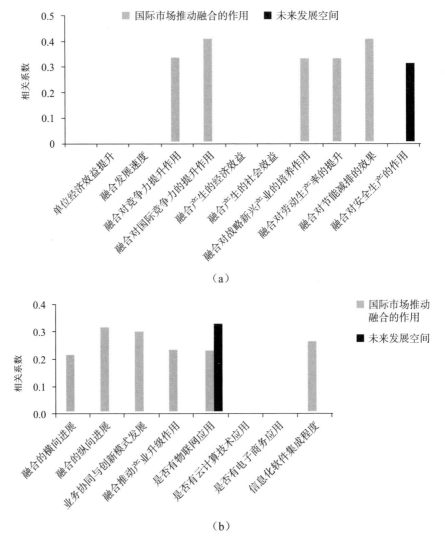

图 8-36 国际环境、未来发展空间与融合绩效相关系数

数据来源：项目组调研整理汇总

综上所述，企业融合效益与环境的相关性显著，内部环境、国际环境、政府环境对两化融合效益水平的影响很明显，具体分析如表 8-21 所示。

表 8-21 融合效益与环境的相关分析（a）

项目		单位经济效益提升	融合发展速度	融合对竞争力提升作用	融合对国际竞争力提升作用	融合产生的经济效益	融合产生的社会效益	融合对战略新兴产业的培养作用	融合对劳动生产率的提升	融合对节能减排的效果	融合对安全生产的作用
融合评估的作用	相关系数	.427**	.324*	.428**	.517**	.291*	.319*	.514**	.418**	.355*	322*
	Sig.（双侧）	.002	.024	.002	.000	.045	.029	.000	.003	.014	.029
	N	48	48	48	46	48	47	47	48	47	46
融合金融支持的作用	相关系数	.436**	.471**	.286	.485**	.177	.144	.565**	.344*	.516**	.375*
	Sig.（双侧）	.002	.001	.051	.001	.235	.339	.000	.018	.000	.011
	N	47	47	47	45	47	46	46	47	46	45
融合实验区的作用	相关系数	.501**	.455**	.500**	.588**	.307*	.272	.617**	.486**	.507**	.284
	Sig.（双侧）	.000	.001	.000	.000	.034	.065	.000	.000	.000	.056
	N	48	48	48	46	48	47	47	48	47	46
融合培训的效果	相关系数	.385**	.338*	.283	.472**	.187	.178	.494**	.248	.508**	.254
	Sig.（双侧）	.007	.019	.051	.001	.204	.232	.000	.089	.000	.089
	N	48	48	48	46	48	47	47	48	47	46
高层对融合的态度	相关系数	.440**	.209	.242	.352*	.154	−.033	.319*	.295*	.226	.122
	Sig.（双侧）	.002	.154	.098	.017	.297	.828	.029	.042	.127	.419
	N	48	48	48	46	48	47	47	48	47	46
员工对融合的理解	相关系数	.286*	.242	.234	.492**	.229	.207	.343*	.354*	.327*	.171
	Sig.（双侧）	.049	.097	.109	.001	.118	.162	.018	.014	.025	.257
	N	48	48	48	46	48	47	47	48	47	46

续表

项目		单位经济效益提升	融合发展速度	融合对竞争力提升作用	融合对国际竞争力提升作用	融合产生的经济效益	融合产生的社会效益	融合对战略新兴产业的培养作用	融合对劳动生产率的提升	融合对节能减排的效果	融合对安全生产的作用
中层对融合的态度	相关系数	.332*	.112	.216	.186	.087	-.057	.156	.143	.127	.064
	Sig.（双侧）	.021	.447	.141	.217	.556	.703	.294	.333	.394	.672
	N	48	48	48	46	48	47	47	48	47	46
基层对融合的态度	相关系数	.167	.049	.332*	.341*	.099	.065	.299*	.224	.235	.148
	Sig.（双侧）	.257	.742	.021	.020	.503	.666	.041	.125	.113	.325
	N	48	48	48	46	48	47	47	48	47	46
融合人才队伍	相关系数	.397**	.058	.234	.486**	.124	.094	.392**	.068	.226	.323*
	Sig.（双侧）	.005	.697	.109	.001	.402	.530	.006	.647	.126	.029
	N	48	48	48	46	48	47	47	48	47	46
国际市场推动融合的作用	相关系数	.250	.275	.328*	.404**	.253	.010	.325*	.327*	.403**	.212
	Sig.（双侧）	.086	.059	.023	.005	.082	.946	.026	.023	.005	.157
	N	48	48	48	46	48	47	47	48	47	46
未来发展空间	相关系数	-.042	.063	.054	.042	.073	.076	.174	.072	.261	.306*
	Sig.（双侧）	.780	.676	.718	.783	.626	.618	.248	.630	.080	.041
	N	47	47	47	45	47	46	46	47	46	45

数据来源：项目组调研整理汇总

表8-21 融合效益与环境的相关分析（b）

项目		融合的横向进展	融合的纵向进展	业务协同与创新模式发展	融合推动产业升级作用	是否有物联网应用	是否有云计算技术应用	是否有电子商务应用	信息化软件集成程度
融合评估的作用	相关系数		.403**	.488**	.379*		.301*		.295*
	Sig.（双侧）		.005	.001	.010		.040		.047
	N		47	46	45		47		46

续表

项目		融合的横向进展	融合的纵向进展	业务协同与创新模式发展	融合推动产业升级作用	是否有物联网应用	是否有云计算技术应用	是否有电子商务应用	信息化软件集成程度
融合金融支持的作用	相关系数	.144	.494**	.371*	.336*	.361*	.142	.267	.301*
	Sig.（双侧）	.340	.000	.012	.026	.014	.347	.076	.045
	N	46	46	45	44	46	46	45	45
融合实验区的作用	相关系数	.069	.479**	.522**	.452**	.274	.209	.148	.258
	Sig.（双侧）	.644	.001	.000	.002	.062	.159	.325	.084
	N	47	47	46	45	47	47	46	46
融合培训的效果	相关系数	.184	.400**	.446**	.468**	.204	.236	.429**	.250
	Sig.（双侧）	.217	.005	.002	.001	.169	.110	.003	.094
	N	47	47	46	45	47	47	46	46
高层对融合的态度	相关系数	.102	.387**	.258	.186	.156	.131	.021	.428**
	Sig.（双侧）	.495	.007	.084	.222	.294	.382	.890	.003
	N	47	47	46	45	47	47	46	46
员工对融合的理解	相关系数	.193	.491**	.490**	.482**	.165	.316*	.090	.475**
	Sig.（双侧）	.194	.000	.001	.001	.267	.031	.552	.001
	N	47	47	46	45	47	47	46	46
中层对融合的态度	相关系数	.331*	.236	.325*	.233	.091	.141	.162	.482**
	Sig.（双侧）	.023	.110	.027	.123	.545	.346	.282	.001
	N	47	47	46	45	47	47	46	46
基层对融合的态度	相关系数	.294*	.424**	.483**	.324*	.216	.230	.088	.356*
	Sig.（双侧）	.045	.003	.001	.030	.144	.120	.559	.015
	N	47	47	46	45	47	47	46	46
融合人才队伍	相关系数	.360*	.375**	.459**	.317*	.286	.406**	.287	.364*
	Sig.（双侧）	.013	.009	.001	.034	.051	.005	.053	.013
	N	47	47	46	45	47	47	46	46
国际市场推动融合的作用	相关系数	.209	.310*	.295*	.227	.224	.048	.126	.255
	Sig.（双侧）	.158	.034	.047	.134	.130	.749	.403	.088
	N	47	47	46	45	47	47	46	46
未来发展空间	相关系数	.037	.030	.193	−.096	.323*	−.039	.111	.173
	Sig.（双侧）	.809	.845	.205	.534	.028	.797	.467	.257
	N	46	46	45	44	46	46	45	45

数据来源：项目组调研整理汇总

（五）不同企业在两化融合过程中的问题及政策诉求各不相同

1. 不同规模企业与两化融合过程中的问题及政策诉求之间没有明显的相关关系

在 0.05 的显著性水平下，所有问题均不显著，说明企业的规模与两化融合过程中的问题及政策诉求之间没有明显的相关关系。不同规模企业对两化融合过程中问题的重要性程度选择水平如表 8-22 所示。

表 8-22 不同规模企业与两化融合中存在问题统计量描述

项目		N	均值	标准差	标准误差	均值的95%置信区间		极小值	极大值
						下限	上限		
制约因素——宏观规划不足	小型	1	4.0000	.	.	.	.	4.00	4.00
	中型	8	2.8750	1.45774	.51539	1.6563	4.0937	1.00	5.00
	大型	9	2.7778	1.56347	.52116	1.5760	3.9796	1.00	5.00
	总数	18	2.8889	1.45072	.34194	2.1675	3.6103	1.00	5.00
制约因素——机制和政策环境不足	小型	3	3.6667	.57735	.33333	2.2324	5.1009	3.00	4.00
	中型	12	3.4167	1.08362	.31282	2.7282	4.1052	1.00	5.00
	大型	18	3.3333	1.08465	.25565	2.7939	3.8727	1.00	5.00
	总数	33	3.3939	1.02894	.17912	3.0291	3.7588	1.00	5.00
制约因素——管理部门规划不足，推进力度不够	小型	1	3.0000	.	.	.	.	3.00	3.00
	中型	7	2.7143	1.25357	.47380	1.5549	3.8736	1.00	4.00
	大型	8	2.7500	1.58114	.55902	1.4281	4.0719	1.00	5.00
	总数	16	2.7500	1.34164	.33541	2.0351	3.4649	1.00	5.00
制约因素——自身需求动力不足	小型	0	.	.	.	.	.	.	.
	中型	7	2.2857	.95119	.35952	1.4060	3.1654	1.00	3.00
	大型	10	2.1000	1.37032	.43333	1.1197	3.0803	1.00	5.00
	总数	17	2.1765	1.18508	.28742	1.5672	2.7858	1.00	5.00
制约因素——业务流程不规范	小型	1	3.0000	.	.	.	.	3.00	3.00
	中型	9	3.0000	1.41421	.47140	1.9129	4.0871	1.00	5.00
	大型	10	2.4000	1.34990	.42687	1.4343	3.3657	1.00	5.00
	总数	20	2.7000	1.34164	.30000	2.0721	3.3279	1.00	5.00

续表

项目		N	均值	标准差	标准误差	均值的95%置信区间		极小值	极大值
						下限	上限		
制约因素——成本投资过大	小型	2	4.000 0	.000 00	.000 00	4.000 0	4.000 0	4.00	4.00
	中型	8	3.000 0	1.069 04	.377 96	2.106 3	3.893 7	1.00	4.00
	大型	16	3.125 0	1.147 46	.286 87	2.513 6	3.736 4	1.00	5.00
	总数	26	3.153 8	1.084 15	.212 62	2.715 9	3.591 7	1.00	5.00
制约因素——项目效果不明显	小型	0	.	.	.	.	.	.	.
	中型	6	1.666 7	.816 50	.333 33	.809 8	2.523 5	1.00	3.00
	大型	8	2.125 0	1.125 99	.398 10	1.183 6	3.066 4	1.00	4.00
	总数	14	1.928 6	.997 25	.266 53	1.352 8	2.504 4	1.00	4.00
制约因素——信息化支撑环境不足	小型	1	4.000 0	.	.	.	.	4.00	4.00
	中型	10	2.800 0	1.398 41	.442 22	1.799 6	3.800 4	1.00	5.00
	大型	12	3.083 3	1.083 62	.312 82	2.394 8	3.771 8	2.00	5.00
	总数	23	3.000 0	1.206 05	.251 48	2.478 5	3.521 5	1.00	5.00
制约因素——人才缺乏	小型	4	4.000 0	.816 50	.408 25	2.700 8	5.299 2	3.00	5.00
	中型	12	2.666 7	1.154 70	.333 33	1.933 0	3.400 3	1.00	4.00
	大型	17	3.176 5	1.286 24	.311 96	2.515 1	3.837 8	1.00	5.00
	总数	33	3.090 9	1.233 99	.214 81	2.653 4	3.528 5	1.00	5.00
制约因素——IT服务的支撑不足	小型	3	4.000 0	.000 00	.000 00	4.000 0	4.000 0	4.00	4.00
	中型	8	2.375 0	1.060 66	.375 00	1.488 3	3.261 7	1.00	4.00
	大型	15	2.866 7	.990 43	.255 73	2.318 2	3.415 1	1.00	4.00
	总数	26	2.846 2	1.046 61	.205 26	2.423 4	3.268 9	1.00	4.00
制约因素——缺乏标准	小型	1	2.000 0	.	.	.	.	2.00	2.00
	中型	8	2.500 0	.925 82	.327 33	1.726 0	3.274 0	1.00	4.00
	大型	14	2.785 7	1.251 37	.334 44	2.063 2	3.508 2	1.00	5.00
	总数	23	2.652 2	1.112 27	.231 93	2.171 2	3.133 2	1.00	5.00

数据来源：项目组调研整理汇总

从表8-22可得到如下分析：

（1）不同类型企业在"宏观规划不足""机制和政策环境不足""管理部门规划不足""人才缺乏""成本投资过大""信息化支撑环境不足"等方面都广泛存在问题，且重要性水平较高，为2.50～4.00。

（2）不同规模企业在两化融合过程中的问题具有一定的差异。

①小型企业问题最集中、最显著，其中"宏观规划不足""人才缺乏""成

本投资过大""信息化支撑不足"与"IT服务的支撑不足"等问题的重要程度均值为4.00;"机制和政策环境不足"的均值达到3.67;其他问题重要性程度均值均在3.00以下。

②中型企业在各个方面普遍存在问题,最显著的问题是"机制和政策环境不足",均值为3.42;其次为"成本投资过大"与"业务流程不规范",均值为3.00;"管理部门规划不足""宏观规划不足""信息化支撑环境不足""人才缺乏""缺乏标准"等方面,均值为2.50~2.87;其余问题的重要性程度均在2.50以下。可以看出,中型企业发展两化融合最大的制约在于基础条件的搭建需要投入大量的人力和财力,从而困难较突出,进而延伸出管理层意识上规划、管理不足的问题。

③与中型企业相比,大型企业两化融合方面的问题相对比较集中。"机制和政策环境不足"重要程度均值降到3.33;"业务流程不规范""自身需求动力不足"等问题已经基本得到有效改善;其他问题的重要性程度均有所上升。这说明大型企业自身有强烈的信息化意愿,也能够很好地控制已有的项目效果。

④大型企业两化融合最显著的问题是"机制和政策环境不足""人才缺乏""成本投资过大""信息化支撑环境不足""IT服务的支撑不足"等,均值为2.87~3.33。以上分析说明对于两化融合已经取得一定成效的大型企业,外部环境的支撑不足是其两化深度融合的制约因素,需要政府进一步营造良好的发展环境。

不同规模企业两化问题的重要性水平如图8-37所示。

2. 不同性质企业与两化融合过程中问题及政策诉求之间没有明显的相关关系

在0.05的显著性水平下,企业的性质与两化融合过程中的问题及政策诉求之间没有明显的相关关系。

(1)如图8-38所示,不同性质企业在两化融合过程中的问题具有明显的差异。

①国有企业最突出的问题是"机制和政策环境不足",其均值高达3.59;其次为"成本投资过大"与"人才缺乏"问题,均值分别为3.38与3.37;"管理部门规划不足,推进力度不够""IT服务的支撑不足""信息化支撑环

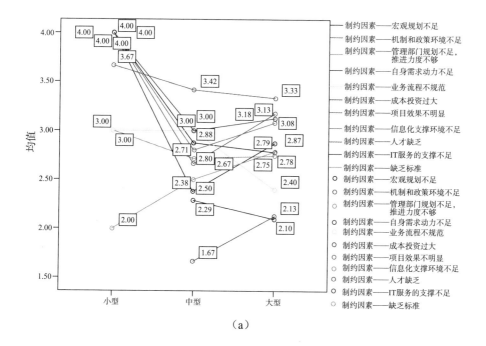

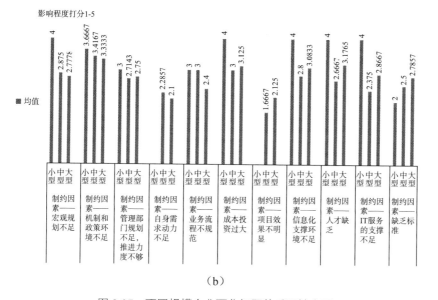

图 8-37 不同规模企业两化问题的重要性水平

数据来源：项目组调研整理汇总

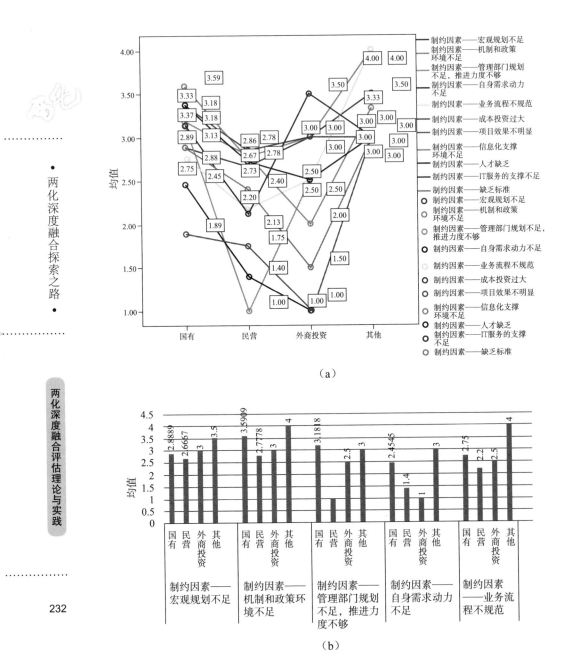

图 8-38 不同性质企业两化问题的重要性水平

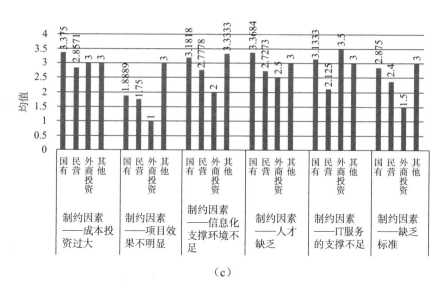

(c)

图 8-38　不同性质企业两化问题的重要性水平（续）

数据来源：项目组调研整理汇总

不足"等问题的均值范围为 3.10～3.20；其他问题的重要性均值均在 3.00 以下。以上说明对国有企业来说，国家的政策引导和自身宏观规划是最重要的方向性问题，同时由于国有企业盘子大，对人才和资金的需求问题比较突显。

②与其他性质企业相比，民营企业所反映的问题是最小的。其最显著的问题为"成本投资过大"，重要性均值为 2.86；"机制和政策环境不足""信息化支撑环境不足""人才缺乏""宏观规划不足" 4 个方面，均值范围为 2.67～2.78；其他各类问题的重要性程度均值均在 2.40 以下。但现实中，民营企业的两化融合程度明显无法与国有企业相比，问题较小的原因或许是其发展阶段所致。

③外资企业的问题主要为"IT 服务的支撑不足""成本投资过大""机制和政策环境不足""宏观规划不足"，而其他方面的问题相对集中，重要性程度较小。以上说明外资企业在与国内市场对接中，对环境和服务具有更高的要求。

④其他性质企业（生产性服务业等）各方面存在的问题都很明显，均值范围 3.0～4.0。其中最显著的问题为"机制和政策环境不足""业务流程不规范"，均值高达 4.00；"宏观规划不足""信息化支撑环境不足"均

值分别为 3.5 与 3.33；其他问题的重要性程度均为 3.00。以上说明其他性质的企业，在两化融合方面具有更高的发展需求，存在更多的问题。

"管理部门规划不足，推进力度不够"和"自身需求动力不足"这两个问题的重要性水平对于央企与非央企有一定区别，而其他问题对于央企与非央企没有明显差异。

由表 8-23 可知，在 0.05 的显著性水平下，"管理部门规划不足，推进力度不够"和"自身需求动力不足"这两个问题的重要性水平对于央企与非央企有一定区别，说明央企或非央企在两化融合过程中对于规划与需求存在区别；而其他问题，央企与非央企没有明显差异，说明是否央企对其他问题影响不大。

表 8-23　是否央企与两化融合中存在问题的统计量

项目	是否央企	N	均值	标准差	均值的标准误差
制约因素——管理部门规划不足，推进力度不够	是	5	3.800 0	.836 66	.374 17
	否	12	2.250 0	1.215 43	.350 86
制约因素——自身需求动力不足	是	5	3.400 0	.894 43	.400 00
	否	13	1.615 4	.869 72	.241 22

数据来源：项目组调研整理汇总

央企与非央企对两化融合过程中问题重要性程度的选择水平如图 8-39 所示。

由图分析得知，央企与非央企在两化融合过程中遇到的问题具有明显的差异。

①非央企各问题的重要性程度比较集中。其最显著的问题为"机制与政策环境不足"，重要性程度均值达到 3.36；其次为"成本投资过大""人才缺乏""信息化支撑环境不足""宏观规划不足""IT 服务支撑不足"问题，重要性程度均值依次为 3.24、3.04、3、2.8 与 2.7；其他问题的重要性程度均在 2.58 以下。以上说明非央企注重国家的政策与规划以及资金、人才、信息等的支撑体系。

②央企与非央企中各问题的重要性程度相差较大。"管理部门规划不足"上升为显著性问题，重要性程度由非央企的 2.25 上升为 3.8；其次为

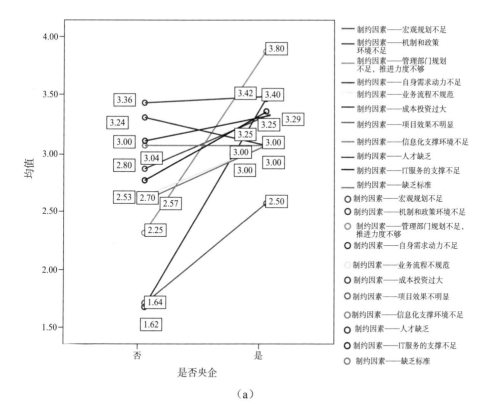

(a)

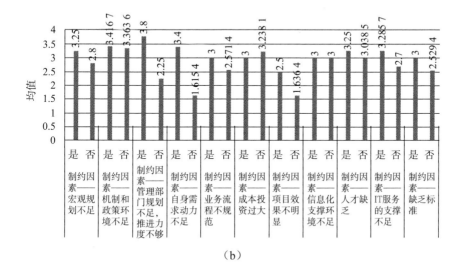

(b)

图 8-39 央企与非央企两化问题的重要性水平

数据来源：项目组调研整理汇总

"机制与政策环境不足",重要性程度由非央企的 3.36 上升为 3.42;"自身需求动力不足"重要性程度由非央企的 1.62 上升为 3.4;"IT 服务的支撑不足""宏观规划不足""人才缺乏""业务流程不规范""缺乏标准""项目效果不明显"这些问题的重要性程度相比非央企均有大幅度上升,重要性均值在 2.5 以上。

3. 不同行业类别的企业与两化融合过程中问题及政策诉求之间没有明显的相关关系

不同行业类别两化融合过程中的问题及政策诉求并未呈现出明显的差异性。从图 8-40 所示数据可得到如下分析:

①煤炭行业中最显著的问题是"宏观规划不足"与"管理部门规划不足",重要性程度均值均为 5;其次为"机制和政策环境不足",均值为 4.3。"人才缺乏""缺乏标准"问题的重要性均值都为 4。

②电力行业最显著的问题为"人才缺乏""业务流程不规范",均值均为 2.7;"机制和政策环境不足""缺乏标准""成本投资过大""IT 服务的支撑不足"的重要性程度均值为 2.5。但项目效果已经开始显现,所以已没有太大问题。信息化人才向传统行业转移是需要关注的重点问题。

③机械行业最显著的问题为"机制和政策环境不足""IT 服务的支撑不足""信息化环境支撑不足",均值范围为 3.36～2.33。外部支撑环境和信息化人才向传统行业转移是需要关注的重点问题。

④电子信息行业面临的问题相对集中,问题程度也比较一致所以电子信息行业在两化融合的过程中具有一定的优势,应在相对较为明显的环境问题上给予更好的支撑和引导。

⑤纺织行业企业问题比较集中,说明传统纺织业在两化融合过程中最主要的问题为转型过程中的基础设施建设。

⑥轻工业企业问题也比较集中,最显著的问题为"机制和政策环境不足""管理部门规划不足,推进力度不够",说明轻工业在两化融合过程中最主要的问题在于政策与管理建设。

⑦其他行业企业最突出的问题为"投资过大""人才缺乏""管理部

门规划不足，推进力度不够"，说明其他行业企业除了面临转型中的人力、财力问题外，还需要管理部门的有力推进、规划引导。

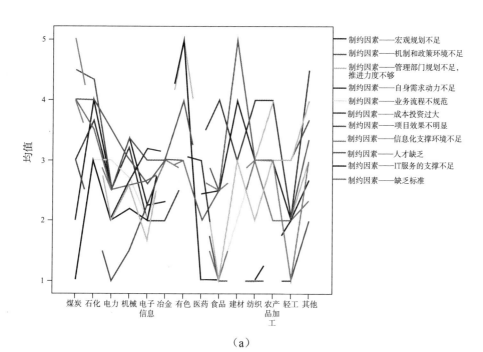

(a)

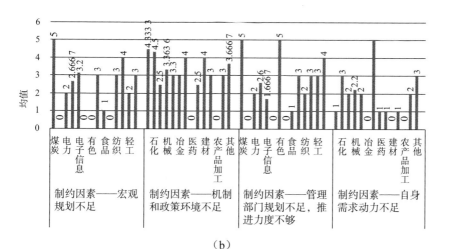

(b)

图 8-40 不同行业类别的企业两化融合过程中问题的重要性水平

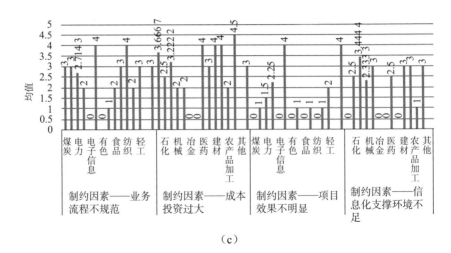

（c）

图 8-40　不同行业类别的企业对两化融合过程中问题的重要性水平（续）

数据来源：项目组调研整理汇总

4. 不同产业类型企业与两化融合过程中问题及政策诉求之间没有明显的相关关系

在 0.05 的显著性水平下，不同产业类型两化融合过程中的问题及政策诉求没有明显的差异。不同产业类型的企业对两化融合过程中问题重要性程度的选择水平如图 8-41 所示。经过分析可知：除了节能环保与新材料产业以外，在其他几个产业中"宏观规划不足"问题表现较为明显，均值大部分在 2.0 以上；"机制和政策环境不足"问题在所有产业中表现都较为明显，均值都在 3.0 以上；"管理部门规划不足，推进力度不够"问题影响最大的是新能源产业与不属于列示类的其他产业；"自身需求动力不足"主要集中在新能源产业，对节能环保和新材料产业影响很小；"业务流程不规范"问题对新一代信息技术和新能源产业影响最高，均值为 4；"成本投资过大"问题在高端装备制造产业和新材料产业中影响较大，均值都大于 3.7；"项目效果不明显"问题对于各个产业的影响都比较低；"信息化支撑环境不足""IT 服务的支撑不足""缺乏标准"问题影响普遍较高，说明该问题对于各个产业影响较大。

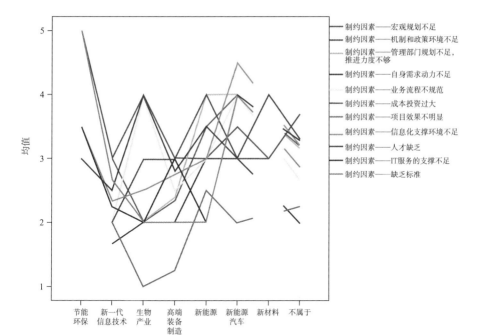

(a)

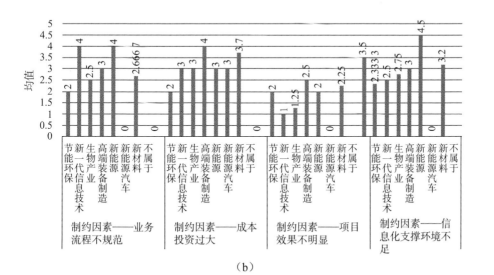

(b)

图 8-41 不同产业类型企业两化问题的重要性水平

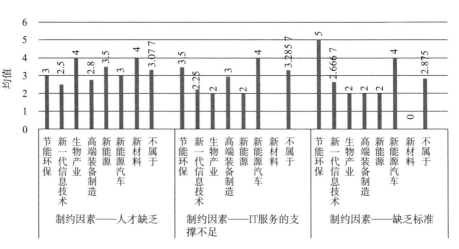

(c)

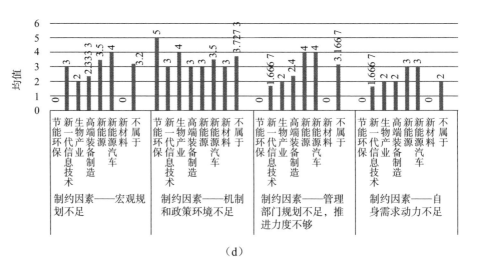

(d)

图 8-41　不同产业类型企业两化问题的重要性水平（续）

数据来源：项目组调研整理汇总

（六）不同两化融合阶段下遇到的问题及政策诉求各不相同

基于调查数据生成了表 8-24、表 8-25 和图 8-42，就企业在两化融合阶段不同阶段下遇到的问题及政策诉求进行分析，可得到如下结论：

（1）各个阶段的企业对政策支持、金融支持、人才培养支持都具有广泛的需求，且需求度很高。

（2）处于两化融合不同阶段的企业对政策诉求有一定的差异，分析各个阶段需求值最高的三项可看出：

①基础建设阶段的企业需求比较零散，对自身如何发展还没有明确定位，更多依赖于政策支持、金融支持以及人才支持，尤其是政策支持。说明两化融合最初的推动力来源于政府行为。

②单项应用阶段的企业对各方面的支持都有较强的需求，且比较均衡，可以说需要全面支撑提升，顶层设计需求提高，说明这一阶段需要从规划上开始指导。

③综合集成阶段的企业各项需求度平均值是最高的，意味着企业两化融合处于向深度融合转化的关键期，需要强有力的支撑。

④协同创新阶段的企业除政策支持和金融支持诉求较强外，管理体系、法律法规建设与处于前三阶段的企业比较相对减弱，说明该阶段企业已进入两化融合的稳定推进期，管理已有一定程度的磨合，但是政府行为的推进对这一阶段企业依然有效。同时，示范企业的导向需求度提高，说明向深度融合转型的企业自身完善的目标已经确定，在未来发展空间上需要方向性、标准性的指导和借鉴。

表8-24 企业在不同阶段对政策需求度分析

项目	对策建议——政策支持		对策建议——服务支持		对策建议——金融支持		对策建议——信息化推广服务	
	平均	计数	平均	计数	平均	计数	平均	计数
基础建设	5.00	1	4.00	1	4.00	1		1
单项应用	1.33	3	3.00	3	4.33	3	2.67	3
综合集成	4.17	32	2.72	32	4.10	32	3.00	32
协同创新	4.60	12	3.82	12	3.91	12	3.38	12

项目	对策建议——顶层设计		对策建议——管理体制改革		对策建议——法律法规		对策建议——标准体系建设	
	平均	计数	平均	计数	平均	计数	平均	计数
基础建设		1		1		1		1
单项应用	1.67	3	1.33	3	.67	3	2.33	3
综合集成	2.71	32	2.91	32	2.35	32	2.82	32
协同创新	3.00	12	2.13	12	2.25	12	2.60	12

续表

项目	对策建议——人才培养支持		对策建议——技术支持		对策建议——示范地区和企业的建设	
	平均	计数	平均	计数	平均	计数
基础建设	4.00	1		1		1
单项应用	4.00	3	2.33	3	2.67	3
综合集成	3.79	32	2.91	32	3.00	32
协同创新	2.91	12	2.90	12	3.10	12

数据来源：项目组调研整理汇总

表 8-25 企业在不同阶段对政策需求度汇总

项目	政策支持	服务支持	金融支持	信息化推广服务	人才培养支持	技术支持	顶层设计	管理体制改革	法律法规	标准体系建设	示范地区和企业的建设
基础建设	4.47	3.48	3.98	2.97	3.49	2.98	2.98	2.97	2.99	2.98	2.99
单项应用	4	3.98	4.46	3.63	3.7	3.27	3.49	3.49	2.48	3.27	2.99
综合集成	4.23	3.49	4.4	3.45	3.68	3.28	3	3	2.75	3.26	3.45
协同创新	4.23	3.4	4.43	3.47	3.66	3.29	2.99	2.99	2.77	3.26	3.49

数据来源：项目组调研整理汇总

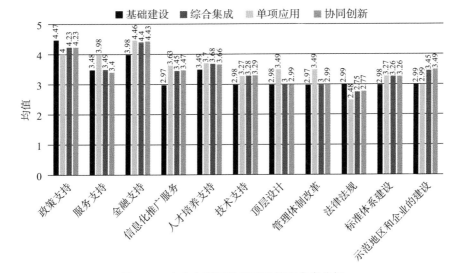

图 8-42　企业在不同阶段对政策需求度分析

数据来源：项目组根据调研资料整理所得

⑤四阶段企业对政策的需求度基本保持稳定，如图 8-43 所示。每个阶段都需要政策不同方面的引导。在单项政策的需求上有阶段性上升后下降的趋势，说明在不同阶段对政策需求有不同的侧重。

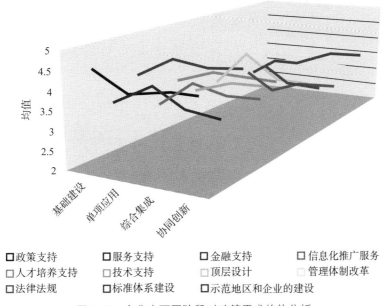

图 8-43　企业在不同阶段对政策需求趋势分析

数据来源：项目组调研整理汇总

附 件

工业与信息化融合进展调研问卷

为全面了解近五年来（2008年至今）我国工业与信息化融合（后简称两化融合）进展情况，特组织如下问卷。作为推动我国两化融合建设的骨干力量，诚邀您如实、客观、公正地填写下列问题，对您的支持与配合致以衷心的感谢。如无特别说明，所有题目为单选。

第一部分 单位（企业、机构）基本情况

1-1 单位全称	
1-2 所在省市	
1-3 单位网址	
单位性质	1-4 □国有□民营□港澳台商投资□外商投资□其他（请注明）
所属行业	1-5 是否为中央企业 □是 □否 1-6 如果是，信息化评级 1-7 □煤炭□石化 □电力 □机械 □电子信息□冶金 □有色 □医药□食品 □建材 □纺织□农产品加工□轻工□其他
产业类型	1-8 是否属于以下7大战略新兴产业 □节能环保□新一代信息技术□生物产业□高端装备制造业 □新能源□新能源汽车□新材料□不属于
主营业务	1-9 □设计研发（非信息产品）□生产制造（离散型）□生产制造（流程型） □生产制造（混合型）□市场流通□其他＿＿＿＿
单位规模	1-10 是否集团型□是□否 1-11 规模类型□大型□中型□小型
两化融合 发展阶段	1-12 贵单位目前两化融合所处于哪个阶段？ □基础建设□单项应用□综合集成□协同创新
未来趋势	1-13 预期未来5年贵单位两化融合水平处于哪个阶段最为合理？ □基础建设 □单项应用 □综合集成 □协同创新 1-14 贵单位未来推进两化深度融合的具体措施？

第二部分 近五年来两化融合整体进展评估

2-1 贵单位经济效益提升	□没变□较慢□一般□很快□非常快
2-2 贵单位两化融合发展速度	□没变□较慢□一般□很快□非常快
2-3 两化融合对于贵单位竞争力的提升作用	□没有□较小□一般□显著□很显著
2-4 两化融合对国际竞争力的提升作用	□没有□较小□一般□显著□很显著
2-5 两化融合所产生的经济效益	□没有□较小□一般□显著□很显著
2-6 两化融合所产生的社会效益	□没有□较小□一般□显著□很显著
2-7 两化融合对培育战略型新兴产业的作用	□没有□较小□一般□显著□很显著
2-8 两化融合对劳动生产率的提升作用	□没有□较小□一般□显著□很显著
2-9 两化融合促进节能减排的效果	□没有□较小□一般□显著□很显著
2-10 两化融合促进安全生产的作用	□没有□较小□一般□显著□很显著
2-11 两化融合横向（产供销）进展	□没变□较慢□一般□很快□非常快
2-12 两化融合纵向（管控一体化）进展	□没变□较慢□一般□很快□非常快
2-13 跨企业的业务协同与创新模式发展	□没变□较慢□一般□很快□非常快
2-14 两化融合推动产业升级的作用	□没变□较慢□一般□很快□非常快
2-15 两化融合推动产业升级的具体表现（如果有作用则填写，可多选）	□业务集成□精细管理□流程再造 □节能减排□增长方式转变□其他
2-16 两化融合带动生产性服务业的情况	
流通服务	□没变□较慢□一般□很快□非常快
金融服务	□没变□较慢□一般□很快□非常快
商务服务（含租赁、商务服务业）	□没变□较慢□一般□很快□非常快
信息服务（电信、计算机、软件服务）	□没变□较慢□一般□很快□非常快
2-17 贵单位网络化应用领域（多选）	□无□产品□技术□业务□全寿命周期管理
2-18 贵单位智能化应用领域（多选）	□无□产品□技术□业务□全寿命周期管理
2-19 贵单位物联网应用情况	□暂无此计划□没有，正在筹划 □有，应用领域：
2-20 贵单位云计算技术应用	□暂无此计划□没有，正在筹划 □有，应用领域：

续表

2-21 贵单位电子商务应用	□暂无此计划 □没有，正在筹划 □有，应用领域：
2-22 贵单位信息化软件的集成程度	□没有 □局部集成 □多数业务集成 □全部集成 □融合创新

2-23 两化融合为贵单位带来的变化（多选）变化程度打分 5 为最明显，1 为最不明显

□新产品开发	变化程度	□产品智能化	变化程度
□附加值增加	变化程度	□生产自动化	变化程度
□绿色生产	变化程度	□管理精细化	变化程度
□成本节约	变化程度	□自主创新能力提升	变化程度
□用户满意度提升	变化程度	□企业形象提升	变化程度

第三部分 环境

（1）政府环境

3-1 两化融合评估的推动作用	□没有 □不大 □一般 □很大 □非常大
3-2 两化融合金融支持的推动作用	□没有 □不大 □一般 □很大 □非常大
3-3 国家级两化融合试验区的促进作用	□没有 □不大 □一般 □很大 □非常大
3-4 两化融合相关培训的效果	□没有 □不大 □一般 □很大 □非常大
3-5 政府在企事业两化融合进程中已有的激励和保障措施（多选） □出台行业或地区政策 □搭建信息化服务平台 □提供专项资金 □两化融合人才培训 □将两化融合水平作为考评企业的指标之一 □搭建交流平台，向先进单位学习	

（2）内部环境

3-6 贵单位多数员工对两化融合的理解 □不了解 □了解一点 □比较清楚 □清楚 □非常清楚其含义
3-7 贵单位内部对两化融合的态度 高层□非常不支持 □不支持 □中立 □支持 □非常支持 中层□非常不支持 □不支持 □中立 □支持 □非常支持 基层□非常不支持 □不支持 □中立 □支持 □非常支持
3-8 贵单位目前两化融合人才队伍 □十分短缺 □短缺 □适中 □齐备 □非常齐备

（3）未来发展前景

3-9 国际市场环境对两化融合的推动作用	□没有 □不大 □一般 □很大 □非常大
3-10 贵单位未来在两化融合上的可为空间	□没有 □不大 □一般 □很大 □非常大

第四部分 问题及对策

（1）存在问题

4-1 制约贵单位实现两化融合的主要因素
（可多选，对选出的因素按影响程度由小到大按 1～5 分打分）

□推动两化融合的宏观规划不足	影响程度
□两化融合推进机制和政策环境不足，如财税、技术、人才等政策	影响程度
□行业管理部门、上级总公司规划不明确，推进力度不够	影响程度
□企业自身需求动力不足	影响程度
□企业业务流程不规范，推行两化融合难度大	影响程度
□配套基础设施投资成本过大，超出企业负荷，资金筹措难	影响程度
□信息化建设项目效果不明显，信心不足	影响程度
□上下游产业链、社会服务平台目前所提供的信息化支撑环境不足，如支付、物流、信用、网络等商业环境	影响程度
□复合性人才缺乏，员工整体 IT 素养不足	影响程度
□IT 服务企业的服务支撑不足	影响程度
□信息化技术和产品缺乏标准	影响程度

4-2 贵单位两化融合人才队伍中，目前最为紧缺的人才是

□战略层面人才 □组织层面人才 □操作层面人才 □应用层面人才

（2）对策建议

4-3 政府推动企事业单位实现两化融合的建议
（可多选，对选出的因素按重要程度由小到大按 1～5 分打分）

□政策支持，如对企业的考核，两化融合项目列入技改给予扶持	重要程度
□服务支持，即规范产品、服务商的管理和服务，推动信息化应用公共服务平台及网络的建设，支持第三方中介机构提供专业服务	重要程度
□金融支持，即对信息化项目给予资金、税收支持	重要程度

续表

□信息化推广服务，加强基地建设和交流	重要程度
□人才培养支持，专业培训	重要程度
□技术支持，推动产学研合作	重要程度
□顶层设计，加强对地区、行业两化融合总体规划	重要程度
□加强两化融合管理体制改革	重要程度
□强化两化融合法律法规	重要程度
□两化融合标准体系建设	重要程度
□加强示范地区和示范企业的建设	重要程度

□其他意见与建议，请说明：